你不需治療，只需說出口

心理師和那群拯救我的人

Christie Tate
克莉絲蒂・塔特——著
魯宓——譯

GROUP

How One Therapist and a Circle of Strangers Saved My Life

獻給我的心理治療師與小組成員
我有幸與他們共享一個圈子

各界好評

在閱讀這本書時，我對於作者寫「要成爲一個眞實的人」非常有感觸。我們活在一個強調快樂的世界，社群網站的興盛更讓人與人之間的連結不再眞實，而是充滿了比較和展示。要成爲一位眞實的人，就要好好面對自己——去面對和感受自己的所有情緒，情緒不需要被趕走，只需要一個被見證、被傾聽的空間。我非常感激作者如此眞摯地分享她生命中經歷的議題，以及她如何在團體治療中，慢慢讓自己成爲一個眞實的人。希望這本書可以幫助每一個人開始看見自己，以及開始分享眞實的自己。

——留佩萱，美國諮商教育博士

有些故事使人愛不釋手，便想一口氣讀完；有些故事讓人縈繞心頭，更願一次次回味——我認爲這本書兩者皆是！閱讀本書，我們將隨著一同見證與重新發現：祕密對生命的戕害、勇氣是改變的因也是果、敞開是親密的必要條件（但脆弱不安總伴隨而來）、而允許受傷才能依附相伴……身爲心理師，跟著體驗團體治療與生命的歷程，縱有部分驚訝，但更多的是感動！我已推薦本書給許多案主，而我相信任何一個重視關係的人，都能從這本書得到共鳴！

——黃天豪，新田／初色心理治療所首席顧問臨床心理師

雖然早知道心理治療從來就不只有一種方式，讀完這本書仍讓我大開眼界——原來團體治療有如此多的可能、原來治療者與個案的關係可以如此眞誠。我們時常知道，卻又不夠相信的是，親近的關係終將帶來療癒，能拯救彼此的，也就只有彼此。

——方格正，臨床心理師

在團體治療中，精神科醫師或心理師的角色，總是耐人尋味。在團體動力的舞臺上，帶領者如同手持一面神奇的魔鏡，反映著團體參與者的生命，讓他們看見自己如同編、導、演，改寫著自己的人生腳本。時而扮演主角，時而轉爲配角，時而化身觀衆，一次、一次又一次，整合了自己的過去、現在與放眼未來。擺好姿勢，舞動自己的人生。

——王意中，王意中心理治療所所長、臨床心理師

很多人都知道心理治療是一對一、個別性的，卻不知道還有所謂的「團體心理治療」。這本書讓你一窺團體治療的究竟，如何運作、如何發揮療效。不只是治療師，坐在

你身旁一同接受治療的陌生人，都可能是使你人生蛻變的貴人。

——陳志恆，諮商心理師、暢銷作家

雖然書裡羅森醫師使用的治療策略，有些值得商榷之處。但做爲一個故事，本書劇情一邊發展的同時，也讓許多團體治療的療效因子慢慢浮現。我們得以看見團體治療如何慢慢地轉化參與者的生命，一次一次地、一點一點地。

——蘇益賢、臨床心理師

這本令人難以置信的書，讓我在閱讀每一頁時都在想：「眞希望我二十五歲時能讀過這本書。這對我有很大幫助！」不管日子是好是壞，我們都需要彼此。請與你所珍惜的一群朋友一起閱讀這本書。

——瑞絲．薇斯朋，演員、好萊塢超級閱讀推手

在諮商師面前展現自己的靈魂需要勇氣，但加上六個陌生人時，這便成爲一種信仰行爲。在本書中，作者帶領我們踏上令人心碎又令人驚訝的救贖之旅，並在最後證明了這種聯繫的力量。最勇敢的舉動，也許就是作者與我們分享了她的故事，以及我們多幸運能見證她所做的一切。

——蘿蕊．葛利布，《也許你該找人聊聊》作者

普希金使我想要搬到俄羅斯、《小婦人》使我想要有姐妹，而這本書則讓我想倒退十年，與許多陌生人和一名薩滿醫師坐在一起，赤裸裸地活著。這本不受控的回憶錄是我讀過最令人震驚的書籍之一。它將使你想要變得更好。

——麗莎．塔迪奧，紐約時報暢銷書《三個女人》作者

這本書深深地吸引了我。眞正的轉變並不適合膽小的人，在書中，作者捕捉了她在所有痛苦和歡喜中的演變，以及隨著我們成長而互相見證的美麗。這本書提醒我們：我們受到他人的傷害，但我們也可以被他人治癒。該死！我現在就想加入聚會。

——莎拉．海波拉，紐約時報暢銷書《關機：回想我藉酒遺忘的事》作者

在令人嘆爲觀止的美麗和脆弱中，這本書從內到外講述一個身體的故事。痛苦和快樂之間有一段距離，而作者的身體就是這個詞。這本書將提醒你，即使你想放棄，也要回到自己身邊，去做讓你笑、讓你哭，幫助你呼吸的事情。這本書將挽救許多生命。

——莉迪亞．約克娜薇琪，《格格不入的人生宣言》作者

絕望對我們有什麼實質上的幫助？在這本深具治療性的精采作品中，作者講述自己如

何克服創傷並找到愛情的故事。對那些遭受失落、孤獨或冒牌者症候群的女性而言，這本書正是一個福音。她辛苦得來的致勝策略，就跟她說的一樣說來容易做來難：持續參與就對了。

——艾達・卡胡恩，《什麼我們無法入睡》作者

本書展現了從人生低谷攀向正常時，所展現的誠實、心碎和歡樂樣貌。說「這本書讓你又哭又笑」聽來很老套，但我保證你絕對會在閱讀時進入這樣的狀態，並進一步檢查自己的生活和幸福……即使你不想。

——莎拉・蓋爾曼，亞馬遜編輯，年度好書評語

作者克莉絲蒂・塔特來之不易的愛與被愛意願，最終塑造了一個直達混亂世界中心的故事，暗示著我們自己的局限和最深切的渴望，無論這場旅途將帶我們走向何方。

——《紐約時報》

這條坦率的康復之路既有趣，最終也非常令人感動。

——《時人雜誌》

作者克莉絲蒂・塔特的寫作，使讀者成爲她的見證者，在她爲自己的心理健康奮鬥的過程一邊看著、歡呼著……她不以成功治療者的身影出現，而是聚會的固定班底，並爲此

自豪，更有幸擊敗一些非凡的惡魔。這本書中有著始終如一的堅定和感激，以及對這群聚會成員的深厚情感。

——美國國家公共電臺

有趣、充滿情感和見地。這本表現出色的書使讀者深入了解集體療法，肯定會引起轟動。

——《早安美國》

無所畏懼的坦率和脆弱性。

——《時代雜誌》

狂野的旅程……完全是人生的眞實寫照。

——《波士頓環球報》

令人眼花撩亂的回憶錄……讀者將被作者尋求眞實而持久愛情的熱情和機智所吸引。

——《出版者週刊》（「星」級推薦）

這本作品展現了清晰、簡單、閃閃發光和智慧的奇妙組合。裡頭充滿引人入勝的敘事，使讀者能更了解自己的生活。

——《書目雜誌》（「星」級推薦）

這本書使讀者踏上改變人生的復興之路，從而找到希望、人脈和新的生活方式。

——CNN

— CONTENTS 目錄 —

— CONTENTS 目錄 —

CONTENTS 目錄

— CONTENTS 目錄 —

※編按：文中使用之「治療師」稱謂為美國當地文化，與臺灣的正統說法並不一定相通。

第一部

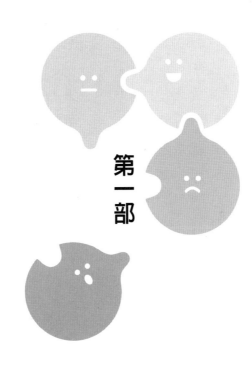

1

我第一次渴望死神——真心希望死神的骷髏手碰觸我的肩膀，說著「跟我來」——我坐在駕駛座，身旁放著兩袋超市的蔬果。包心菜、胡蘿蔔、幾顆梅子、青椒、洋蔥，還有二十幾顆蘋果。三天前我去過獎學金辦公室，法學院的教務處把成績單交給我，上面的數字糾纏著我。我轉動鑰匙，等待引擎在炎熱的天氣中發動。我從袋子中拿出一顆梅子，摸摸軟硬度，咬了一口。皮很厚，但果肉很軟。我讓汁液流下臉頰。

那是週六上午八點半。我不需要去任何地方做任何事。沒有人等著我，要到週一早上才需要去上班。我在一家勞工法律公司當夏季實習生，只有公司的總機與雇用我的那位合夥人老闆知道我的存在。週三是七月四日國慶日，意味著我又將面對窒息而空虛的一天。我會找個戒癮聚會，希望散會後有成員願意一起喝咖啡。也許有位寂寞的人願意去看場電影或吃點東西。引擎轟然運轉，我急駛出了停車場。

我希望有人一槍打爆我的頭。

這個想法有如黑曜石般冰冷而堅硬。如果我死了，就不用設法填補這個週末的四十八小時，或週三的假日，或之後的週末。就不用忍受攤開在面前、數小時炎熱而沉重的寂寞——數小時會變成數日、數月、數年。一輩子的空虛，只有我、一袋蘋果，與聚會後有人想找個同伴的一絲希望。

我想到最近的新聞，芝加哥惡名昭彰的國宅發生致命槍擊。我朝南開去然後左轉。也許會有一顆流彈擊中我。

拜託，給我一槍吧。

我默念著，有如唱誦咒語，或一個不太可能實現的祈禱。因爲我是個二十六歲的白人女性，駕駛著十年舊的本田轎車，在這個晴朗的夏日上午，誰要開槍打我？我沒有敵人；我幾乎不存在。反正這個幻想需要運氣——好運或壞運因人而異——但其他幻想也隨之而來。從高樓跳下、臥軌……我停在十字路口，想著更奇特的自縊方式，如一邊手淫一邊上吊。但我要騙誰啊？我過於拘謹，那是不可能的。

我咬出梅子的果核，把其餘的果肉丟入口中。我眞的想死嗎？這些想法究竟來自何處？這是輕生意念嗎？沮喪？我會付諸行動嗎？我應該嗎？我搖下車窗，用力把果核抛得遠遠的。

我申請法學院時，描述自己夢想爲身體非正常（肥胖）的女性發聲——但那只是部分實情。我對女性運動的興趣是眞的，但那不是主要動機。我也不是爲了追求高薪或權勢。我上法學院是因爲律師一週工作六十到七十小時，在聖誕假期還有視訊會議，在勞動節會被召喚到董事會。律師在辦公桌上吃晚餐，周圍都是捲著袖子滿是汗漬的同事。律師的另一半就是工作——非常重要的工作，讓他們不介意或注意到私人生活有如午夜的停車場一樣空蕩蕩。法律工作可以成爲文化上的盾牌，遮住我可悲的私人生活。

我第一次參加法學院的入學測驗模擬考時，正做著毫無前途的祕書工作。我有一個用不上的碩士學位，與一位不上床的男友。多年後，我說彼得是個工作狂酒鬼，但當時我說他是我今生唯一。每天晚上準備睡覺時，我會在九點半打到他的辦公室，指控他從來都沒有時間陪我。「我必須工作。」他說，然後掛掉電話。我再打回去時，他就不接了。週末時，我們去廉價酒吧，他就可以喝當地的啤酒，高談搖滾樂團專輯，而我祈禱他不要太醉，可以做愛。他很少做到。最後，我決定要找到更花時間的東西，來消耗我投注在這段可悲感情的精神。一位女同事秋季要上法學院。「你的測驗參考書可以借我嗎？」我問。

我讀了第一道試題：

一位教授必須於一天內的七個不同連續時段，安排會見七位學生，請從一排到七。接下來是一連串的問題如：瑪莉與奧利佛的時段必須是連續的，謝爾頓則必須排在尤萊亞之後。測驗規定用三十五分鐘來回答關於這位教授安排困難的六道複選題。我花了將近一小時。一半都答錯了。

然而，掙扎著準備法學院入學測驗與進入法學院，似乎都比修補我與彼得的關係容易，更不用說每天晚上持續相同的爭吵。

法學院可以滿足我成爲另一種人的渴望，並把我的渴望與他們的渴望相提並論。

§

我在德州就讀女子高中時，選修了陶藝入門課。我們從捏陶罐開始，慢慢學到拉坯機。等到做出容器，老師再教導我們如何加上把手。要連結兩塊陶土——例如杯子與把手——必須在雙方表面刮線，就是在陶土上畫出水平與垂直的線條，幫助兩者在窯中燒製時結合。我坐在自己的位子上，拿著我做的杯子與一個C型的把手，老師正在示範刮線。我不想破壞細心製作的杯子光滑表面，所以沒有刮線就黏上把手。幾天之後，我們燒好的閃亮作品展示在教室後方的架子上。我的杯子沒有破，但把手脫落了。「刮線不良。」老師看到我失望的表情後說。

想像中，我的心也有如此的表面——光滑、平整，無法被附著。什麼東西都抓不住。沒有刮線。當生命的高溫無可避免地降臨後，就沒有人可以附著於我。我覺得這個比喻可以更深入——我畏懼自己的心被人們之間自然的刮線所弄髒，無可避免地碰撞到情感關係中司空見慣的欲望、要求、小氣、偏私等等互動。要刮線才能附著，而我的心缺少了線條。

§

我也不是孤兒，雖然讀到這裡會覺得我是。但我的父母仍有快樂的婚姻，住在我從小長大的德州紅磚農舍中。如果開車經過那條路的六六四四號，會看到一個破舊的籃球框，陽臺上有三面旗：星條旗、德州州旗，與一面有德州農工大學標誌的舊旗。那是我爸的母校，也是我的母校。

我父母每個月會打幾次電話來查看我，通常是在週日的彌撒之後。聖誕節時，我則都會回家。搬去芝加哥時，他們買了一件綠色大風衣給我。我媽寄五十美元的支票給我當零用錢；我爸在電話上分析我的車子煞車問題。我妹妹研究所畢業，準備與她的長期男友訂婚；我哥哥與嫂嫂是大學情侶，住在亞特蘭大，附近都是他們的大學朋友。

他們都不知道我未刮線的心。對他們而言，我是他們的古怪女兒與妹妹，投給民主黨、喜歡讀詩、住在北方。他們愛我，但我並不眞正適合他們或德州。小時候，我媽會在鋼琴上彈奏球隊的歌，我爸會放開喉嚨一起唱。他帶我參觀德州農工大學，當我選擇了這所大學——主要是因爲負擔得起——他眞的非常高興家中又有一位農工大學的校友。他雖然沒有那麼說，但一定很失望得知足球賽時，兩萬名球迷跺腳歡呼，得分時圖書館的牆壁都爲之震動的當下，我待在圖書館研讀《湖濱散記》。我的家人與所有德州人似乎都熱愛美式足球。

我是個怪胎。我深藏的祕密是：我並不屬於任何地方。每天，我有一半的時間執迷於食物與我的身體，以及如何控制兩者的奇怪方法；另一半的時間，則試圖用學業來逃避孤獨。我高中是模範生，大學時每學期都得院長獎，法學院時則一週七天塡鴨法律理論。我夢想著有一天回到老家，有著理想的體重，挽著一位健康的男士，挺直的背脊高聳入雲。

當我的死亡願望浮現時，我沒有想到要告訴家人。我們可以談天氣、我的車與球隊，但我的祕密恐懼與幻想都不符合這些話題。

我被動地希望死亡，但沒有囤積藥丸或加入協助自殺組織的郵寄名單。我沒有搜尋如何取得槍枝或用皮帶來做吊圈。我沒有擬定計畫或方法或日期。但我感覺到一種不安，有如牙疼般持續。感覺並不正常，被動地希望被死神攫走。我的生活中有某種東西讓我不想活下去。

我不記得思考自己症狀時使用了什麼字眼。我知道自己感覺到一種無法言喻的渴望，不知道如何滿足。有時我告訴自己，我只是想要一個男友，或我害怕自己死時孤單一人。這些話都屬實。它們碰觸到我渴望的架構，但沒有到達我絕望的核心。

在我的日記中，我使用不適與不安的含糊字眼：**我對自己感到害怕與焦慮。我怕我不好，永遠不會好，我完蛋了。這讓我非常不愉快。我是怎麼搞的？**當時我不知道有一個字眼可以完美描述我的狀況：寂寞。

教務處的單子上有我在班上的名次，第一名。班上的一百七十位同學平均分數比我低。我超越了自己想要名列前半段的目標。當初法學院入學測驗的表現平平，想要名列前半段似乎有點勉強。我現在應該感到高興。應該拿出信用卡，購買名牌高跟鞋、簽下新公寓租約。我是班上第一名，我卻嫉妒死於窒息式性愛的搖滾歌手。

我到底怎麼了？我穿六號褲子、D罩杯，有足夠的學生貸款來住芝加哥北區的高級公寓。八年來，我參加戒癮聚會，教導我如何進食而不會在三十分鐘後用手指伸入喉嚨催吐。我的未來閃亮得有如老祖母擦亮的銀器。我有一切樂觀的理由。但對於自身困境感到的自我厭惡——我距離其他人或談戀愛都很遙遠——深深卡在我的每一個細胞中。我感到如此疏離與孤獨，我的心會如此冷硬是有一些原因，我不知道是什麼，但當我入睡而希望不再醒來，就可以感覺到它蠢蠢欲動。

我已經參加了戒癮聚會。我與住在德州的輔導人做了四步清單，對自己傷害的人表達歉意。我回到高中，賠償了一百美元的支票，因爲我在高一收取停車費時偷了這些錢。戒癮聚會平息了我最惡劣的飲食失調，我認爲它救了自己一命。爲什麼現在我卻希望結束生命？我對德州的輔導人坦承，我有這些黑暗的念頭。

「我每天都想死。」她要我把參加聚會的次數加倍。

我增加了三倍，卻感到前所未有的孤獨。

2

得知自己在班上的名次後，過了幾天，一位名叫瑪妮的女子在戒癮聚會之後邀請我共進晚餐。

像我一樣，她是戒癮中的暴食症者；不像我的是，她過著超級緊湊的生活：她只比我大幾歲，但在實驗室研究尖端的乳癌療法；她與丈夫最近重漆了房子門廊；她追蹤自己的排卵。她的生活並不完美，婚姻常有爭執，但她追求自己想要的。

我的直覺反應是拒絕她的晚餐邀請，讓我可以回家，脫下胸罩，自己在電視機前吃我的火雞肉與烤蘿蔔。聚會後有人邀請我喝咖啡或吃晚餐時——他們稱之爲團體情誼——我通常都託辭婉拒。但在我拒絕之前，瑪妮碰碰我的手肘。「來吧。老公出城了，我不想一個人吃。」

我們面對著所謂的「健康」晚餐，有發芽麵包與炸番薯條。瑪妮看起來精神特別好。她有塗上亮唇膏嗎？

「你看起來很快樂。」我說。

「因爲我的新心理治療師。」

我用叉子在餐盤中追逐一根菠菜葉。一個心理治療師能幫助我嗎？我讓這個希望閃爍著。上法學院之前的夏天，我參加了一位社工的八次免費諮商。這是員工協助計畫。指派給我的是一位羞澀的女子，穿著沒燙的花裙。我沒有告訴她任何祕密，因爲我怕讓她難過。心理治療需要與人有眞實的接觸，似乎不是我會主動參與的經驗，但我又感到好奇。

「我參加了一個全女性的團體。」

「團體？」我的脖子立刻緊了起來。

我對團體有很深的不信任感，因爲小學五年級時，我父母把我從班級數量減少的天主教小學，轉學到當地的公立小學。在新學校中，我加入了受歡迎的女孩團體，老大名叫碧安卡，她會在午餐時發送軟糖，脖子上掛著全金的珠子項鍊。我在碧安卡家中待過一夜，她母親開著銀色賓士轎車帶我們去看卡通電影。但她在學期中與我反目，以爲她男友喜歡我，因爲我們倆在歷史課坐得很靠近。一天，午餐時她給全桌的人軟糖，就是沒有給我。她在我的午餐袋下放了一張紙條：**我們不要你來我們這桌**。其他女孩都簽了名。

那時候，我知道自己與其他人的溝通出了問題。我內心知道自己不懂如何溝通、如何不被排擠。我能容忍戒癮聚會，是因爲每次聚會的成員都會改變。你可以隨意加入或離開，沒人知道你的姓氏。這裡沒有老大——沒有碧安卡女王來驅逐其他成員。它也有一套靈性原則：匿名、謙遜、正直、團結、服務。如果沒有這些原則，我永遠不會繼續參加。況且，聚會幾乎不用花錢，即便他們建議捐款兩美元。

只要一罐低卡可樂的費用，我就可以花六十分鐘坦白自己的飲食失調、聆聽其他人對於食物的痛苦與勝利。

我叉起一塊番茄，想著自己可以告訴瑪妮的有趣話題：奧克拉荷馬市恐怖攻擊的炸彈客被槍決，或國務卿在幹什麼。我覺得有股衝動，想用自己對時事的關注來取悅她，顯示我自己的生活有多緊湊。但我對她的治療團體感到好奇。因此故作平淡地問她情況如何。

「全是女性。瑪麗快要聾了；桑妮雅因爲被控醫療疏失，快要失去她的醫療執照；艾蜜莉的父親是個毒蟲，會在自己的公寓寫信罵她。」瑪妮舉起手臂，指著多肉的手腕，「有個新來的女孩會割腕。總是穿著長袖。我們還不知道她的故事，但一定非常黑暗。」

「聽起來很激烈。」不是我所想像的，「但你可以告訴我這些事情嗎？」

她點點頭。「我們的心理治療師認爲保守祕密是有毒的，所以我們的團體成員可以談任何自己想談的，在任何地方都可以談。治療師要遵守醫病保密關係的限制，但我們不用。」

不用保密？我往後坐，搖著頭。在桌下用餐巾扭繞著我的手腕。我絕對做不到。有次我的高中社會正義課老師暗示我的飲食不太正常，建議我父母帶我去諮商，我媽非常憤怒。我邊看電視邊吃一盤餅乾時，她衝進客廳，如少了一隻翅膀的黃蜂般瘋狂亂轉。「你爲什麼把自己的事情告訴其他人？你必須保護自己！」

我媽是個端莊的南方淑女，一九五〇年代在巴頓魯治長大。認爲把自己的事情告訴其他人是缺乏教養，可能有嚴重的社交後果。她相信，如果其他人知道我有心理問題，我會被排擠。她想保護我。

當我在大學開始參加戒癮聚會，我必須鼓起所有的勇氣，信任其他人會如我一樣嚴格遵守匿名的原則。

「那樣怎麼會有幫助？」瑪妮顯然比我的情況更好。如果我們在拍衛生棉的廣告，我就是裡頭那個因爲外漏而丟臉的人，而她在量多的日子也敢穿著雪白的褲子。

她聳聳肩。「你可以自己來看看。」

我參加過其他的心理治療。高中時，我父母在老師告知我有飲食問題後，送我去看一位穿著粉色褲裝的女士。但我忙著遵守保護自己的命令，從來沒有說出自己的感受，只是閒聊我是否該在暑假去賣場打工。有次她要我回家寫張有五百個問題的心理問卷。我勾選答案時，希望這些問題終於可以揭露我暴食的原因。爲什麼我總覺得自己格格不入？爲什麼沒有男生對我感興趣？爲什麼其他女生都忙著舌吻與愛撫？

褲裝女士以完美的諮商師腔調讀著測試結果：「克莉絲蒂是個完美主義者，畏懼蛇。理想職業是手錶修理師或外科醫生。」她微笑，昂起腦袋，「蛇很可怕，對不對？」

我從來沒想到要讓她看到我的眼淚或恐慌。如果要我打開自己，心理治療師必須可以從我的沉默中聽到痛苦的回音、從我的否認中看到眞相的痕跡。褲裝女士沒有。那次諮商後，我告訴我的父母，我已經從心理治療畢業，現在一切都好多了。他們倆相當自豪，我媽分享了她的生命哲學：「你必須自己決定要快樂。專注於正面；不要把任何精神放在負面念頭上。」我點頭。好主意。走回臥室時，我進入浴室吐出我的晚餐。自從我在書上讀到一位體操選手會吐出食物，就養成了這個習慣。我喜歡這種清空身體的感覺，以及保有祕密的刺激。十六歲時，我認為暴食是控制自己無底胃口的天才方法，讓我享受餅乾、麵包與義大利麵。直到我開始戒癮，才明白自己的暴食是用來控制無盡的恐慌、孤獨、憤怒與悲傷，因爲我不知道如何釋出。

瑪妮拿著另一根薯條劃過番茄醬。「羅森醫師會認爲你……」

「羅森？強納森．羅森？」

我絕對不能找羅森醫師。布雷克就看過羅森醫師。布雷克是我上法學院之前的夏天，在派對上認識的一個人。他坐在我旁邊說：「你有什麼樣的飲食失調？」指著我盤中的胡蘿蔔，「別用這種眼光看我。我跟一位厭食症、兩位希望自己是厭食症的暴食者交往過。我知道你們這種類型的人。」他參加戒酒無名會，待業中，邀請我去搭帆船。我們騎單車到湖邊看國慶日煙火。我們躺在他的帆船甲板上，肩並肩，眺望著芝加哥天際線，談著戒癮。我們品嘗芝加哥餐館的素食，在他週六下午的戒酒無名會前去看電影。當我問他是不是我男友，他沒回答。有時候，他會失蹤幾天，在自己漆黑的公寓聆聽強尼·凱許的專輯。

就算我可以去看瑪妮的心理治療師，也無法去看我那個前什麼朋友布雷克的治療師。難道我要打電話給這位羅森醫師說：「記得秋天跟布雷克口交，以治療他沮喪的那個女孩嗎？就是我！你接受健保嗎？」

「這個心理治療要花多少錢？」問一問也無妨，反正我不打算加入團體治療。

「超級便宜，一週只要七十美元。」

我吐了一口氣。七十塊對瑪妮來說是零錢，她在西北大學管理一間實驗室，丈夫將繼承家族財富。如果我省點菜錢，搭巴士而不開車，也許下個月底可以存到七十塊。但是每週？我的夏季實習工作一小時賺十五塊，我父母只會叫我快樂一點，所以我不能問他們。兩年後，我就一定有工作，但我目前的學生身分沒有這種預算。

瑪妮大聲說出羅森醫師的電話號碼，但我沒寫下來。

然後她又說了一件事。

「他剛再婚，整天笑口常開。」

我立刻想像出羅森醫師的心：幼稚園情人節的紅色剪紙，表面有尖銳的痕跡，彷彿冬天的枯樹。我投射出羅森醫師，一個我沒見過的人、悲痛的離婚、單人公寓中的孤單夜晚、微波加熱的晚餐，但是加上一點轉折：有第二次的機會與新妻子展開戀情。在這個微笑的治療師胸膛中，跳動著一顆刮了線的心。我充滿了好奇與一點微薄的希望——他也許可以幫助我。

那天晚上我睡在床上，想著瑪妮團體中的女人：可能的割腕者、罪犯、一個毒蟲的女兒。我想到布雷克，他與他團體中的男性成員建立緊密的關係。他在療程之後帶著各種故事回家：有充氣娃娃女友的艾斯拉、妻子離婚時把對方所有東西都丟在人行道上的陶德。我真的比這些人都糟糕嗎？我的病症，不管是什麼，都無藥可救嗎？

我從來沒有給真正的心理治療一個機會。精神科醫師有醫學學位——也許我的問題需要一個受過心臟解剖訓練的專業人士。也許羅森醫師可以給我一些建議——一次或兩次的療程就能完成。也許他可以開一種藥丸，消除我的憂愁，刮線我的心。

3

我從電話簿找到羅森醫師的號碼，在他的答錄機留了言，那是我與瑪妮的晚餐結束兩小時之後。他第二天回電。我們的談話不到三分鐘。我預約看診，他給了我時間，我接受。我掛上電話後，在辦公室中站起來，全身顫抖。我坐下來兩次繼續研讀法律，兩次都在三十秒後從椅子中跳起來踱步。

我的心一直告訴我，與醫生約診沒什麼大不了，但我的腎上腺素並不同意。那天晚上我寫下：**我掛電話後哭了出來。覺得自己說錯話，他不喜歡我，我感覺暴露了自己，**很脆弱。我不在乎他是否能幫助我；我在乎的是他喜不喜歡我。

候診室跟一般醫生的辦公室差不多：一盆麝香百合花、一張黑白照片，上面是一個男人張開雙臂面向太陽。書架上的書包括了《不再依賴》與《被破壞的愛情地圖》，還有幾十份無名戒酒協會通訊。內門旁有兩個按鈕：一個寫著「團體」，另一個寫著「羅森醫師」。我按下羅森醫師的按鈕，說出自己的名字，然後坐在面對著門的椅子上。爲了安撫緊張情緒，我拿起一本《國家地理雜誌》，看到北極海獅在空曠原野上的壯觀照片。羅森醫師在電話上聽起來很認真。我聽到了東岸口音。我聽到了沒有微笑的嚴肅。我聽到了一個嚴格而無幽默感的傳教士。部分的我希望他約診繁忙，必須在數週或數月後才有時間，但他說四十八小時之後就可以看診。

候診室的門在一點半打開。門後有位中年男子，穿著紅色高爾夫球衫、卡其褲、黑皮鞋。他臉上有一絲笑容——友善而專業——稀疏的灰髮往上直衝，有點像愛因斯坦。如果在街上遇到他，我不會多瞧一眼。乍看之下，我會說他當我父親太年輕，一起上床又太老，這樣似乎很理想。

我跟著他走到辦公室，朝北的窗戶眺望著高樓。有幾張座椅可選擇：一張看起來陳舊的沙發、一張直挺的辦公室椅，或辦公桌旁一張黑色的大扶手椅。我選擇黑扶手椅。幾張裱框的哈佛文憑吸引了我的眼睛。我尊重哈佛的玩意兒。我有常春藤的夢想，但只有州立學校的預算與分數。對我而言，這些常春藤證書意味著這個傢伙是頂級角色、菁英分子、優秀人物。但也意味著，如果連他都無法幫助我，那我就真的完蛋了。

我坐進椅子後，好好端詳了他的臉。我的心跳加速，看著他的鼻子、眼睛與嘴唇的線條。我看入這一切，然後發現：我認識他。我抿緊嘴唇，接受這個事實。我完全認識這個傢伙。

這個羅森醫師就是我三年前在飲食失調聚會上見到的同一個強納森R。在戒癮聚會中，大家只用名與姓氏縮寫來保持匿名。飲食失調的戒癮聚會就像戒酒無名會，大家相聚在教堂地下室，分享食物如何毀掉他們生活的故事。就像電影與電視上常見的，食物成癮者也會得到時間徽章，還會有位輔導人幫助大家學習如何不暴食、嘔吐、挨餓與殘害身體。不像戒酒無名會的是，我參加的飲食失調聚會大多是女性。十年來，我只見到幾個男的。其中一位就是哈佛畢業的精神科醫師，坐在我面前六十公分之遙，等待我開口說話。

我知道強納森R這個人的一些事情。此人有飲食失調。我記得他分享的故事，關於他母親、他生病的孩子、他對自己身體的感覺。

心理治療師應該是一張白紙，而羅森醫師的紙上都是汗跡。

我轉動身體，讓他可以看到我的正面。認出我之後，他是否會立刻趕走我？他的表情仍然很開放、很好奇。五秒鐘過去了，他似乎沒有認出我，只等著我開口。現在，這哈佛的玩意兒讓我害怕。我要如何表現得機智卻又悲苦？我要這位羅森醫師認眞看待我最新的死亡執迷，但又覺得我很有魅力，也許可以帶上床。我想，如果他覺得我迷人，也許更願意幫助我。

「我很不擅長情感關係，我擔心死時孤單一人。」

「怎麼說？」

「我無法親近他人。有東西阻止了我，就像一道隱形的圍牆。我感覺自己卻步，永遠不前進。對於男人，我總是找上那些喝到嘔吐或昏過去的……」

「酒鬼。」不是問句而是陳述。

「對。我的高中初戀男友每天抽大麻、欺騙我。大學時愛上英俊的哥倫比亞男生，他酗酒還有女友，然後我與大麻成癮者約會。後來有位不錯的男生，但我甩了他——」

「爲什麼？」

「他陪我走路上課，買他喜歡的書送我，親吻我時先詢問我。他讓我起雞皮疙瘩。」羅森醫師笑了。「你畏懼情感上可付出的男人。我猜對於女性也是如此。」更多陳述。

「穩重的男人對我表達興趣會讓我想吐。我猜對於女性也是如此。」我心中閃現了上一次聖誕節，我回德州探望家人，在服飾店碰到一位高中朋友，她叫我的名字，熱情擁抱我時，我僵住了。她後退，臉上有著驚訝的表情——像在說**我以爲我們是朋友**——然後她問了我關於芝加哥與法學院。我們閒聊著，周圍是尋找聖誕節降價商品的購物者，我心中不停地告訴自己，她並不想跟我說話，因爲現在她是個成功的復健師，沒有飲食失調或奇怪的情緒，讓她會在與昔日朋友相擁時僵住。她與我在高中很親密，但我們在四年級時疏遠了，因爲我的飲食失調加劇，也忙著要初戀男友別劈腿。

「你會暴食嗎？」

「我正在戒癮——戒癮聚會。」我很快回答，希望他不會因爲聽到我說出**我是克莉絲**

問題……」

蒂，戒瘾中的暴食者而觸發回憶，「戒瘾聚會幫助我克服暴食，但我無法處理情感關係的

「只靠自己不行。誰是你的輔導人？」

我提到了自己的輔導人凱蒂，一位孩子已經成年的家庭主婦，住在我上大學的德州小鎮。我與她的親近超過任何人——我每三天就會打電話給她，但已經五年沒見面。我的一些女性朋友，如瑪妮，是我在戒瘾聚會認識的。法學院的朋友完全不知道我正在戒瘾。一些德州高中與大學的朋友想與我保持聯絡，但我很少回她們電話，從來不曾接受她們的邀請。

「我開始有關於死亡的幻想。」我抿著嘴唇，「自從我得知自己在法學院的班上獲得第一名……」

「恭喜。」他的笑容很真誠，我必須轉頭看他的文憑，才能忍住不流淚。

「又不是哈佛或什麼的。」他昂起了眉毛。「反正我會有很好的職業，那又怎樣？不會有其他的……」

「這是你選擇法律的原因。」他的明確判斷讓人放下防衛。他不是丟出蛇問題的褲裝女士。

「你心中對於成爲這樣的自己，有什麼想法？」羅森醫師問。

「每個家庭中都有一個搞砸的。」我不知道自己爲何這樣說。

「法學院班級模範生，而你是搞砸的？」

「模範生根本什麼都不是，我會孤獨死去，沒有任何家人。」

「你想要什麼呢？」他問。

想要這個字眼在我腦中迴盪。想要，想要，想要。我努力尋找一種確定的說法來表達自己的渴望，而非只是說不想孤獨死去。

「我想要……」我停了下來。

「我想要可以……」又停了下來。

「我想要眞實。與其他人相處。我想要成爲一個眞實的人。」

他凝視著我，好像是問還有呢？我心中浮現了其他渴望：我想要一個男友，聞起來如乾淨的床單，每天去工作；我想要花少於一半的工作時間，思索自己的身體尺寸；我想要吃掉所有食物，沒有其他人在旁邊；我想要享受與尋找性愛，如影集《欲望城市》中的女人；我想要回去上芭蕾課，這是當我長出胸部與大腿肥肉後放棄的嗜好；我想要在通過律師考試之後，有可以一起去環遊世界的朋友；我想要與住在休士頓的大學朋友重新聯繫；我想要擁抱在商店碰到的高中朋友。但我都沒有說出來，因爲似乎太明確了、太老套了。

我還不知道心理治療就像寫作，需要細節與明確。

他說要讓我參加一個團體治療。我不應該感到驚訝，但團體這個字眼有如對我肚子的一拳。團體將充滿了人：可能不喜歡我的人、會干涉我私事的人。這會違反我母親的訓誡，讓任何人看到我的心理焦慮。

「我不能參加。」

「爲什麼不能？」

「我母親會受不了。其他人會知道我的私事……」

「那就不要告訴她。」

「我爲何不能接受個別治療？」

「我知道只有團體治療才能讓你得到想要的。」

「我可以給你五年。」

「五年？」

「用五年來改變我的生命。如果不管用，我就離開這裡。也許我會去自殺。」我想要抹去他臉上的微笑，我想要他知道，如果我的生活沒有實質的改變，我不會一直繼續下去，跟其他殘缺的人談論我的感受。五年後我將是三十二歲。如果我在三十二歲仍然有一顆冷硬而無法附著的心，我會自盡。

他往前傾：「你想要在五年內擁有親密的情感關係？」我點點頭，願意承受目光接觸的不適。「我們做得到。」

我畏懼羅森醫師，但我要懷疑哈佛出身的精神科醫師嗎？他的專注嚇到了我——他的笑聲與那些陳述——但也讓我著迷。如此有信心！我們做得到。

我同意參加團體治療後，就相信羅森醫師會遭遇大難。我想像一輛公車撞倒他。我想像他的肺部出現惡性腫瘤、他的身體罹患了硬化症。

在我們第二次的療程，我把自己的恐懼告訴羅森醫師，他這麼說：「如果你在路上碰到了佛陀，就殺了他。」

「你不是猶太人嗎？」從他的名字與牆上的希伯來文針織品可看出來。

「這句話的意思是：你應該祈禱我死掉。」

「我爲什麼要那樣？」

「如果我死了……」他雙手合掌，露出小精靈般的微笑，「就會有更好的人出現。」他滿臉都是喜悅，彷彿他相信一切都有可能，而且會比先前更好、更偉大。

「我曾經在夏威夷海灘碰上意外。一個跟我去的人淹死了。」我鼓起胸膛，看著他睜大眼睛，等著我引爆炸彈。

「天啊，你當時幾歲？」

「差一個月就滿十四歲。」我的身體充滿了焦慮感，每次提到夏威夷都會如此。那年夏天，等著進入新的女子天主教高中，我朋友珍妮邀請我與她家人到夏威夷度假。我們在主島上玩了三天——黑沙海灘、瀑布、夏威夷傳統晚宴。第四天，我們來到島邊的一處隱密沙灘，珍妮的父親在海浪中淹死。我從來都不知道如何談這件事。我媽稱之爲「意外」，其他人則說是「溺水」。事發當晚，珍妮的母親打電話給達拉斯的家人，在電話中啜泣：「大衛遇害了。」我不知道如何描述這件事，或拖著他癱軟的身體離開海水是什麼感覺，所以我就不去談。

「你想不想多說一些？」

「我不想祈禱你死掉。」

§

如果上網搜尋「見佛殺佛」，會連結到一本書《如果你在路上碰到佛陀，殺了他！心理治療病人的朝聖之旅》。顯然心理治療的病人，也就是我這種人，必須知道心理治療師也不過是跟病人一樣在掙扎的平凡人。這個訊息來得很早，羅森醫師不會給我答案，或許他也沒有答案可提供。在我的幻想中，增加了我用木棍插入羅森醫師心臟的畫面。這很讓人不安，不僅是因爲我把佛陀與吸血鬼混淆在一起。「我見過你。在戒癮聚會中。」我在第二次療程時脫口而出。我怕他有一天會想起我，然後必須趕走我。「很多年前，我住在海德公園那裡。」

他的頭歪到一邊，瞇起眼睛。「啊，對。我就覺得你很面熟。」

「這樣你會不會無法治療我？」

他的肩膀隨著笑聲而晃動。「我聽到了你的願望。」

「什麼？」我瞪著他愉快的臉。

「你在想，如果決定與我進行治療，就必須開始尋找治療爲什麼不成功的藉口。」

「這是很合理的擔憂。」

更多笑聲。

「怎麼了？」

「等你加入我的一個團體，我要你告訴大家我在戒癮聚會中分享的一切事情。」

「但你的匿名……」

「我不需要你保護我。這不是你的工作。你的工作是說出來。」

我在第二次療程後的日記裡，有著很奇怪的先見之明：我很擔心會在治療中暴露了我的飲食……我對羅森醫師與他在我生命中的角色有很多情緒。害怕我的祕密會被揭開。那是很強的恐懼。

羅森醫師說話有如禪宗公案。

「挨餓的人並不飢餓，直到吃下第一口食物。」他說。

「我並沒有厭食。」當然，我整個高中時期都希望厭食症發作，因爲我不停地吃洋芋片，但從來沒有如願。

「這是一個比喻。當你容許團體進入——也就是吃下第一口——你才會知道自己有多麼孤單。」

「我要如何讓團體進入？」

「與他們分享你在情感關係上的所有層面：友誼、家庭、性愛、約會、戀愛。所有一切。」

「爲什麼？」

「這樣才能讓他們進入。」

§

團體治療開始之前，有三次個別療程。在我的最後一次個別療程，我的肩膀放鬆了下來，窩在羅森醫師的黑色皮扶手椅中。我的手指玩繞著手鍊，鞋子掛在腳上。我習慣了羅森醫師；他是我的奇特老友。這裡沒有什麼可怕的。我說自己在聚會中見過他，他說那不是問題。現在只要確定一些細節，如他要我加入哪一個團體？他提議週二上午的雙性團體，都是醫生與律師，從七點半到九點。一個「專業人士」的團體。我還沒有想過自己的團體裡會有男性。或醫生。或律師。

「等一下，我加入團體後會怎麼樣？」

「你會感覺到這輩子前所未有的孤單。」

「慢著，哈佛老兄。」我從椅子中坐直起來，「我會感覺更糟？」我剛去法學院輔導處申請了利息一〇％的私人健保貸款，來付我的新治療費用。現在他說，團體治療會讓我比吃梅子開車祈禱腦袋被轟一槍那天更糟？

「一定會的。」他點著頭，似乎想甩掉頭上的什麼東西。「如果你真的想要發展親密關係——成為一個真實的人，如你說的——你必須感受到自己從小就壓抑的所有感覺。孤單、焦慮、憤怒、恐懼。」

我能熬得過去嗎？我想要嗎？對這個人與他的團體感到好奇，他們將如何為我的心刮線，讓我稍微放下抗拒，但只是稍微。

「我可以打電話告訴你嗎？」

他搖頭。「我要你今天就做出決定。」

我吞下口水，瞪著地板，考慮我的選擇。這個承諾讓我害怕，但我更怕空手離開他的辦公室：沒有團體，沒有其他選擇，沒有希望。

「好，我決定參加。」我拿起皮包，準備溜回去工作，同時擔憂我剛做出的決定。

「最後一個問題。我加入團體後會怎麼樣？」

「你所有的祕密都會曝光。」

「上面或下面？」一名禿頭胖男子，綠色的眼睛很大，戴著金屬框眼鏡，在我的第一次團體聚會中，對我拋出這個開場白。後來得知這個新生訓練我的男子叫卡羅斯，一個伶牙俐齒的同性戀醫生，年近四十，看羅森醫師數年。

「做愛時，喜歡在上面或下面？」他說。

我從眼角瞄到羅森醫師來回看著成員，猶如一個定時的灑水器。我拉平自己的裙子前擺。如果他們要下流風騷的克莉絲蒂，我可以端上菜。

「當然是上面。」

當然，這個克莉絲蒂是一個虛構的我，微笑歡迎陌生人的失禮問題。在我顫動的神經與加速的心跳之下，我想要哭泣。因爲眞實答案是：我不知道自己喜歡哪個性愛位置。我沒有跟能持續性愛關係的男生約會過，因爲他們的憂鬱與成癮。我說上面，是來自於與高中男友的模糊愉快回憶，那個抽大麻的籃球明星，經常在我爸的轎車前座搞我。

羅森醫師戲劇化地清清喉嚨。

「怎麼了？」這是我開始團體聚會後，第一次正眼看著羅森醫師。我們原本在候診室等待，他打開門，帶領我、卡羅斯與另外兩人來到一個角落房間，就在我進行個別療程的另一端走廊盡頭。在這個十四呎見方的團體室裡，有七張旋轉椅排成圓形。條狀的陽光從百葉窗射入。一個角落放著書架，陳列著關於成癮、依賴、酗酒與團體治療的書。書架底層有許多填充動物玩具與一個會打拳的修女玩具。我選擇了面對門的椅子，如果羅森醫師的位置是十二點鐘，我就是九點鐘。椅子坐起來很硬，左右轉動時還發出些微聲音。老實說，我期待哈佛人會有更高級的家具。

「說說誠實的答案吧？」羅森醫師說。他的微笑透露著一種挑戰，好像他肯定我會冒充成一個有健康性愛生活的女人，來開始我的團體諮商生涯。

「例如？」

「你根本不喜歡性愛。」我的臉紅了。我不會這樣描述自己。

「那不正確。我喜歡性愛，我只是找不到人上床。」我以前有過高潮與銷魂的性愛——大學時那個哥倫比亞酒鬼會親吻我，撫摸我的臉，讓我有如超新星般爆炸。與我的高中男友那幾次，我眞的喜歡在上面，挺起我的骨盆，讓性欲奔馳，這只有喝醉的十七歲女孩才做得到。我不知道自己被埋藏的那些部分跑去哪裡了，或爲什麼我無法抓住它們。

一位祖父年紀的男人留著軍人短髮與肯德基炸雞上校的鬍子，是退休的直腸科醫生，他也加入談話。「你這樣漂亮的女孩？不可能的。」他對我有意思嗎？

「男生……對我沒反應。」眼淚快要冒出來了。療程才開始兩分鐘，我已經快要破碎了。

我記得在天主教女子高中二年級時，學校送我們參加信仰營，營區領隊一開始就說起她的暴食故事。我的反應是當場哭出來，向整間房的一群十四歲女孩承認自己暴食。本來我發誓要保密的，而那是我第一次告訴其他人。

坐在炸雞上校對面，我感覺信仰營的困惑飄盪在上方：開口對陌生人吐露眞相是否會拯救我的生命，或如我母親預測那樣毀了我？

「你說的反應是什麼意思？」炸雞上校顯然在挑逗我。

「男生總是會找我的朋友，但從不找我。從高中就是那樣。」在男女混雜的酒吧或派對中，我會站在一旁，不知道手該放在何處，更覺得無法用自己正常的聲音來笑或加入談話，因爲我想要讓男生喜歡我。不只是美國的男生。我和大學室友凱特在大學畢業後去歐洲旅行，沒有一個單身男子找上我。甚至連在義大利都沒有。但是來自慕尼黑、尼斯、陸森、布魯日的男生卻纏著她，冷落我。

蜂鳴器響起，羅森醫師按下他後方牆上的一個按鈕。

三秒後，一位四十多歲的女子走進來。她有綠色的指甲、染過的橘色頭髮與沙啞的菸嗓子。流蘇的人造絲襯衫，顯得這裡更像胡士托音樂節而不是芝加哥。我在戒癮聚會中見過她幾次。「我叫羅莉。」她對我與坐在我對面、年紀較大的男士說，這位男士顯然也剛加入團體。她就像位老大姊，指著每個人說出他們的名字與職業。炸雞上校的名字是艾德。卡羅斯是皮膚科醫生。派翠絲是產科醫生。羅莉是民事律師。新來的男士是馬蒂，有著濃密的眉毛與每十秒鐘吸鼻子的習慣。他說自己是精神科醫生，照顧東南亞難民。

「你是來這裡找更多性愛嗎？」炸雞上校說。

我聳聳肩。我剛才等於是承認了，但現在我要收回，因爲我骨子裡就有的教誨：好女孩不想要性。女性主義者不需要性。好女孩完全不談性，尤其是在兩性的場合。如果我媽知道我與這些陌生人談這個，她會寧可死掉算了。

接下來的談話轉到羅莉身上，她說自己向父親討錢來付帳單。羅森醫師引導羅莉談她父親在二次大戰時的猶太人求生故事，曾經躲在波蘭的一個木箱中數年。談話突然轉到卡羅斯拒絕付帳單的病患。

談話跳來跳去，我也在硬椅子中扭著屁股換邊坐。我嘆氣，無力地清清喉嚨。沒有解決任何問題。大家都不想找到答案嗎？或對策？更糟的是，我是新來的，不瞭解任何故事的背景。卡羅斯的助理爲何辭職？羅莉的父親在二次大戰時躲在木箱中求生，而她爲何似乎反猶太？她的信用卡負債是怎麼回事？

我開始在療程中玩弄我的珍珠手環，就像摸著一串念珠來紓解自己。羅森醫師看著我——他最新的實驗室老鼠。他等一下會不會寫下我的檔案？在團體討論時玩弄首飾。塔特展現了所有的經典跡象：嚴重的親密問題、嚴重的壓抑。困難的病案。

我的三次個別療程結束時，覺得儘管羅森醫師有點自大、幽默感古怪，卻與我建立了情誼。我相信他瞭解我，但現在我們好像完全是陌生人。我在心中罵他混蛋。

這裡有一些不成文的規矩。

「你雙腿交叉了。」炸雞上校說。我往下看著自己交叉的大腿。所有人都望著我。

「那又怎樣？」我防禦地問。

「我們這裡不這樣做。」炸雞上校瞪著我的腳。我趕快打開。

「為什麼不能？」如果讓我感覺自己很笨對我很有幫助，聖誕節之前我就會完全康復。

「意味著你不開放。」這是卡羅斯。

「意味著你感到羞愧。」這是羅莉。

「你在情緒上封閉了。」這是派翠絲。

團體室是個金魚缸。無處可躲開圓圈中的六對眼睛。他們會解讀我的身體。做出判斷。達成結論。他們可以看穿我。這種暴露讓我想兩腿交叉到聚會結束、到時間終了。

羅森醫師活了過來。「你現在感覺如何？」

我沒有隨口說出讓我覺得可以得分的鬼話——我感覺受到團體的壓迫——我深吸一口氣，尋找眞相。我可能迷失了方向，但我決定把眞相當成基礎。這在戒癮聚會中很有效——我能活下來，是因爲我在聚會中一再述說自己的暴食。

我生命中的任何其他東西都無法帶來力量——好成績不行，苗條的身體不行，搞上一個帥氣的拉丁男孩也不行——只有說出我嘔吐食物的赤裸眞相才行。首次的戒癮聚會後，我第一次眞正感覺到全身都有力量，是與聚會中的一位女性成員坐在長椅上，說出我在學校四處偷食物，吃下後又嘔吐出來。我感覺到拋下母親的保密訓誡後所產生的力量。我釋放了一個祕密，不在乎我的家人可能拋棄我，因爲我終於瞭解，保密才是放棄了自己。如果團體治療可以帶來療癒——我不確定可以——基礎就必須建立在眞相上。沒有其他方法。這些人都不認識我母親或她的朋友。所以不用假裝。

「我覺得需要防衛（defensive）。」我怎麼會知道我們不該交叉雙腿？

羅森醫師搖著頭。「那不是一種情緒。」

「但那正是……」現在我生氣了，我很確定那是一種感受。

又有一個規矩：「情緒只有兩個音節或更少：羞愧（shame）、憤怒（angry）、孤獨（lonely）、受傷（hurt）、悲傷（sad）、害怕（afraid）……」羅森醫師好像幼稚園老師教小孩單字。顯然如果超過兩個音節就是用理智思考，逃避了單純的情緒眞相。

「還有快樂（happy）。」羅莉說。

「但這裡不會感覺到那個。」卡羅斯說。大家都笑了。我的嘴角也揚了起來。

羅森醫師朝我的方向點點頭。「爲什麼需要防衛？」

我的第一道隨堂測驗題。我想要說出正確的答案。感覺就像法學院入學測驗一樣困難。我搜尋了各種情緒。我想到挫折感（frustrated），但那是三個音節。

「憤怒？」我說。

「我還聽到其他東西。羞愧？」

我大聲說：「羞愧？」

我以爲羞愧是亂倫或家暴生還者才會有的情緒。羞愧屬於犯下嚴重性愛罪行的人，或公開赤裸做出丟臉的事情。我也是嗎？我總是穿著衣服，連睡覺都穿——我做愛時通常戴著胸罩。羞愧是感覺自己的一切都不對勁，必須埋藏在完美的考試成績之下？羞愧是小時候在芭蕾舞課，渴望自己的身體小巧如珍妮佛與瑪莉莎？是不是長大後坐在朋友與妹妹身旁，比較著自己的粗壯大腿與她們的纖細，那種對自己身體的厭惡？

我想要在治療中成爲如我在法學院一樣的模範生。當然，第一名也無法治好我的寂寞或讓我更親近其他人。還有，我也完全不知道在團體治療中如何才算是「優秀」。

羅森世界最重要的規矩就是：在團體成員之間完全沒有祕密，這條規矩出現在卡羅斯談到一個名叫琳恩的女子，她參加了羅森的另一個團體。卡羅斯說，琳恩打算離開丈夫，部分原因是他無法勃起。我昂起鼻子朝羅森醫師瞄了一眼。他怎麼可以讓我們談另一個無辜男子的陽具故障？要是我認識他呢？當瑪妮談到這個無祕密的規矩，我不知道羅森醫師會容許在療程中談其他病人的閒話。

「保密原則呢？」我說。

「我們這裡不管。」羅莉說。派翠絲與卡羅斯用力點頭同意。我母親在高中訓誡我的回憶閃現。我違反了誓言，參加了戒癮聚會，但他們要遵守匿名的靈性原則，這也是戒癮聚會的名稱。這些傢伙要遵守什麼呢？

「這樣我們怎麼能感覺安全？」

「你怎麼會認爲保密就能讓你安全？」羅森醫師看起來很起勁，準備要教訓我。

「團體治療一直都要保密。」我對於團體治療的瞭解來自於我在研究所的一個朋友，她加入團體時必須簽署保密協議。「也許我不想讓自己的祕密被你們散播。」

「爲什麼不要？」

「你不瞭解我爲何想保有隱私？」那些凝視著我的臉孔都沒有絲毫怒氣。

「你也許要探究自己爲何如此在意隱私。」

「那不是標準的做法嗎？」

「也許是，但爲其他人保密的害處，超過了讓其他人知道你的祕密。保密也就是保住那不屬於你的羞愧。」

我在某個層面瞭解他的話。食物成癮者在戒癮聚會中說出自己的故事而好轉。但在每一個戒癮聚會剛開始時都有一項聲明：**你在這裡聽到的一切，離開時也留在這裡**。讀到了這一條時，聚會成員都會回答：**聽到了！**羅森醫師身爲我的精神科醫師，在倫理上要爲我保密，但還有其他五個人會聽到我說的每一個字。團體室的牆壁無法阻擋情資外洩。要是有一天我盜用了未來法律公司的錢？要是我突然在市中心大街上腹瀉？要是我跟一個連標點都不會用的人上床？要是連週三男子聚會中的某個老兄都知道我希望來場特殊的性愛？

「我能從這裡得到什麼？」當時我不知道這個問題將多次被我重複，成了某種格言、某種慣用語。

「一個什麼都能談的地方，不會要求你爲任何人保守任何祕密。永遠不會。」

聚會結束時，羅森醫師雙手合起。「我們今天到此爲止。」所有人都站起來。羅森醫師對我說，「我們結束的方式跟戒癮聚會一樣，大家牽手圍成一圈說平靜祈禱詞。如果會不自在就不用參加。」

我對他露出「這不是我的第一次」的微笑。我剛經歷了九十分鐘的團體治療，如果有人需要平靜祈禱詞，那就是我。這段耳熟能詳的祈禱詞是爲了幫助成癮者聯繫到比他們更強大的力量，而不涉及任何宗教：主，請賜予我平靜來接受我無法改變的事情，賜予我勇氣來改變我能改變的事情，賜予我智慧來分辨兩者。

我們背誦了祈禱詞之後，每個人轉身擁抱旁邊的人。羅莉與派翠絲。馬蒂與艾德。卡羅斯與羅森醫師。我看著他們，沒準備好上前與他們身體貼身體，但當派翠絲對我伸出雙手，我上前讓她擁抱我。我的手臂垂在兩側如空袖子。羅森醫師站在他的椅子前，我的團體成員上前擁抱他，一個接著一個。

我上前一步，伸手繞住羅森醫師肩膀，快速捏一下——快到不會聞到他或記得他的手臂摟住我的身體。快得彷彿沒有發生、在我的身體不留下印記。我擁抱他是因爲我想要融入，做其他人都做的，不要引人注意。幾年後，我看到新病人加入，拒絕擁抱任何人，尤其是羅森醫師。這讓我驚訝地張大了嘴巴，發現自己從來沒想過可以不擁抱他。我的身體不擁有任何那樣的拒絕。

團體治療結束後，我搭捷運到學校，腦袋塞滿了新臉孔、新的情緒字眼、剛加入的新世界。羅森醫師一副好像很瞭解我的樣子。他的明確陳述——你根本不喜歡性愛——很刺痛。太自大了！只因爲他是個精神科醫師，並不代表他知道一切。我曾經對性愛很開放，如果他有花時間問我，我會看著他與所有成員，打開我交叉的雙腿，一五一十告訴他們。

戶。

§

我第一次性高潮的那天晚上，德州的春天氣候宜人，我打開了六六四四號的臥室窗

我睡不著，所以聽起收音機。「性愛上來說，你正在空中。」喔。這個廣播節目不是給小孩子聽的。我躲到被單下面更深處。教會修女告訴我們，性愛只是讓結婚的夫妻生小孩——任何其他情況下的性愛會下地獄，遠離上帝、我們的父母與我們的寵物。我媽在一天晚餐時確認了天主教的價值，她說有兩種罪讓人永遠下地獄：「殺人與婚前性行為。」

我轉大了收音機的音量，不難想像自己失去了上帝的寵愛。

一位聽眾在電話上承認她無法與伴侶達到性高潮。接下來是露絲．韋斯特海默博士指導如何透過自慰瞭解自己的身體。露絲博士很熱心地說明了陰蒂的位置與功能，好像知道自己是在跟一個小學四年級學生說話。

我不能忽略這些智慧的建議。我把手放在雙腿之間，觸摸那個細嫩的小點，有時候我騎單車太久會痛。我慢慢地繞著圈子，直到我有了感覺——一種暖潮增加，讓我伸直了雙腿。我的幻想畫面是：肥皂劇的帥哥親吻我的臉，說他愛我更甚於附近所有女人。我摩擦得更用力。增加的壓力不會痛。我的身體爬上了首次的性愛高峰。然後全身因爲快感而顫

抖，如露絲博士所承諾的。我一生中首次感覺到：我的身體既奧妙又充滿了力量。

在我兒時臥室的溫暖黑暗私密中，我在露絲博士的溫和指導下走進我的情欲。我發現了成人的性愛祕密而感覺自己長大了。撫摸自己與強烈的快感浪潮一定很壞，因爲沒人談論自己做過。自慰是我能想到最噁心的字眼，我從來都沒有說過。

小學四年級，我已經對身體厭惡了幾年。我的肚子有點胖——從四歲起就聽我敬愛的芭蕾舞老師這麼說：「克莉絲蒂，肚子。」她提醒我收起小腹，讓肚子消失。她喜歡舞衣沒有鼓起、兩條大腿不太摩擦碰觸的女孩。我非常想成爲芭蕾舞者，受老師喜愛，但阻礙我的就是我的體型。我也懷疑，當我在百貨公司試衣間穿上新衣服時，母親的嘆氣證明了她希望我苗條一些。我相信我妹妹與芭蕾課的珍妮佛與瑪莉莎這些纖瘦的女孩在一起會比較快樂。她們當然更受人喜愛。

爲了成爲苗條女孩，我與自己的胃口展開小型戰鬥——午餐只吃半個三明治或不吃甜點——但我的胃口總是獲勝。每天我走進廚房，只想拿一杯水與三塊餅乾，卻吃了一大把洋芋片，喝下半壺葡萄汁。我爲何無法控制自己的胃口？我的身體爲何不讓我成爲自己想要的樣子？

我是個敏感的孩子，已經因暴食與身體展開多年的戰爭，但在我的黑暗臥室，手伸入雙腿之間，我體驗到了純粹的肉體快感。在那幾分鐘，我與自己的身體達成和平，進入了夢鄉。

§

羅森醫師不知道小克莉絲蒂的自慰之旅。那個小女孩有勇氣開大收音機音量來探險。

5

「克莉絲蒂，要不要告訴大家你昨天吃了什麼？」羅森醫師說。

「不要！」我的聲音在牆壁間迴盪。我跳下椅子，在圓圈中跳動，好像我想要踏熄一堆火。「不要！拜託，羅森醫師，別叫我這麼做！」我像孩子般懇求。不要這樣；拜託不要。我以前從來不會這樣。但那是因爲沒人直接問我吃過了什麼。

「天啊，姑娘。如果你會這樣子，那一定要告訴我們。」卡羅斯說。

我們根本沒談到食物。我們談的是羅莉的寵物雪貂的醫療帳單。

我參加團體治療一個月了。在四次的週二聚會中，團體與我進行了互相認識的儀式。他們知道我參加是因爲情感關係的問題。他們知道我的暴食。他們知道我與露絲博士。但這個？告訴我面前的七個人，我昨天吃了什麼？不可能。

我的飲食失調已不再是劇情片的題材——我不會吃遍速食店然後嘔吐，但我的吃法很古怪。證據一：每天早上我會吃一片包心菜葉捲乾乳酪，還有一碗微波加熱的脫脂牛奶與蘋果片。這是我幾乎三年以來的早餐。絕不吃香腸麵包、巧克力可頌或燕麥棒。如果我無法吃這個祕密的特別早餐，還有私密的廚房，我就不吃早餐。這種早餐很安全。不會誘惑我大吃特吃。

我的法學院朋友每天都會看到我的古怪午餐，因為我無法躲藏：一罐水煮鮪魚倒在包心菜葉上，淋上法國經典黃芥末醬。他們很合理地取笑我的食物看起來多麼噁心與缺乏想像力。一個正常人絕不會在任何人面前吃這個午餐超過一次，但我每天都吃。午餐時間，其他學生會穿過校園，去買裝滿了紅白肉類與乳酪的潛艇三明治，淋上大量的蔬菜醬汁。而我坐在學生餐廳中有如兔子般吃東西，準備下一堂課。他們不知道我戒癮之前，我與食物的關係導致我幾乎餐後都趴在馬桶上嘔吐。胃口失控的身體記憶與廁所的慘狀總是糾纏著我。我在大學差點就真的暴斃。我的午餐可以接受很多批評——索然無味、虐待自己、保證引發胃痛，但它可以防止我失控。那些潛艇堡做得到嗎？

晚餐，我吃煎碎的火雞肉搭配花椰菜、胡蘿蔔、一湯匙乾酪。有時候我會用雞肉取代火雞肉。有次我還嘗試了碎羊肉，但是太油膩，讓我的公寓有氣味。當我開始戒癮暴食，我選擇了一些看似「安全」的食物，因為我沒有大吃特吃。我不敢放棄自己的安全食物。

但是暴食出現在其他地方。那是我心中腐壞的祕密。每天晚上的「甜點」，我會吃三或四顆紅蘋果——通常更多。有時多達八顆。當我對德州的輔導人凱蒂暗示我的蘋果消耗量，她向我保證，只要不吃砂糖就沒關係，不管是一次吃一百顆蘋果，還是一天吃三頓都可以。砂糖是許多戒癮者的毒藥，可以讓你死於甜甜圈。凱蒂允許我把蘋果放在「安全食物」中，不管我每週吃下幾百顆。

我花在蘋果上的錢超過了有線電視、瓦斯與交通加起來的費用。蘋果導致我沒有室友，因為我怕被人發現，但我也難以想像每晚只吃一顆蘋果。

「告訴我們吧。」羅莉說，她的聲音很輕柔溫和。

我閉上眼睛，快速說話如連珠炮，就像拍賣場上的拍賣官：「乳酪、包心菜、蘋果、牛奶、包心菜、鮪魚、芥末醬、一顆柳橙、雞肉、胡蘿蔔與菠菜。」我停下來，不敢繼續。無法想像告訴他們蘋果的情況，但保密突然變得難以忍受。他們會說我沒有戒癮，我沒有正確按照步驟，我是個失敗者。我在內心歇斯底里地尖叫。但不知如何，我脫口說出：「然後我又吃了六顆蘋果。」

很難說哪種羞愧更讓人難受：晚餐後吃六顆蘋果，或我的飲食敵人是受歡迎的無辜水果。我參加過數百次戒癮聚會，聽到人們描述他們對櫻桃乳酪蛋糕、黑甘草、焗烤馬鈴薯所做的怪異與恐怖事情。還有我與我大腿上的一袋蘋果。

前一天晚上的吃法是例行公事。我在晚餐後就吃了一顆蘋果，並發誓今天不再吃了。但是我肚子開始攪動：我還餓嗎？身體發出需要更多熱量的信號了嗎？我不知道。戒癮聚會中的一位女子總是說，如果晚餐後還想吃東西，就應該坐在床上等待欲望消退。我試了——盤腿坐在床上聆聽著街道上的聲音——但對蘋果的渴望卻拉我下床進入廚房。

我從冰箱中又拿出一顆。很快地吃下一顆，覺得如果在六十秒內吃掉就不算數。然後一個人快速吃蘋果的羞愧——我在團體治療中學到的關鍵詞——達到了巔峰，所以我又吃了兩顆。我的肚子摸起來有點疼。我在搞什麼鬼？我不知道，但我又吃了兩顆。當我終於爬回床上睡覺時，那些沒有好好被咀嚼的蘋果硬皮開始戳刺我的胃。胃酸刺痛了我的喉嚨。

我的每天晚上都像這樣，怎麼還能稱自己戒癮食物？誰會愛上像我這樣吃東西的人？我這樣做已經好幾年了。要如何才能停止？

羅森醫師問我是否需要幫助。我慢慢點頭，很怕他會建議我像正常的孤獨者一樣，每晚吃漢堡或披薩或喝啤酒。或更糟的，要我停止吃蘋果。

「每天晚上打電話給羅莉，說說你吃了什麼。」

羅莉看著我，笑容非常友善，我必須轉移視線，不然會哭出來——如羅森醫師恭賀我的第一名成績時一樣。當頭的善意有如一盞燈溫暖了我的心，讓我流淚。

詳細說出我的例行公事，就像剝掉了一層皮膚。我的飲食關鍵在於保密。幼稚園時，我從零食櫃中偷餅乾；高中三年級的感恩節週末，我偷吃了核桃派的頂層；我偷吃所有室友的食物；連在戒癮時，我雖然停止嘔吐，但保留了祕密，還有某些形式的暴食。

「我不會叫你停止吃蘋果，」羅森醫師說，「要吃多少都可以。蘋果不會害死你；祕密才會。重點是……」他往前傾，放低聲音，「如果你能讓這個團體進入你與食物的關係，就更接近親密的情感關係。你可以從羅莉開始。」

我看著羅莉，想像跟她提起我放入口中的每一塊食物。我整個身體都繃緊了起來，大部分是因爲恐懼，但也有著希望。這是一個機會，來讓人知道我飲食的混亂內情。我以前從未讓自己有過這樣的機會。

不讓人驚訝的是，我的食物問題與情感關係問題，都出自於我相同的心理障礙。讓我驚訝的是，羅森醫生瞭解這個。褲裝女士沒有看出來，而當時我嘔吐得很激烈。

「打電話給羅莉可以治好我的蘋果暴食嗎？」

「你不需要解藥。你需要的是見證者。」

我想要解藥。蘋果太花錢了。

§

大學二年級時，我愛上了有靈性的哥倫比亞男孩，他的酒窩深如水洞。他會在酒吧關門後，醉醺醺地打電話找我。我們會在兄弟會房子後面親熱。他教導了我關於親吻的一切。在他之前，我不懂嘴唇碰觸其他人有什麼大不了的，但當他的柔軟舌頭碰到了我的，我立刻就懂了。一個好的吻可接觸到每一個器官、每一個細胞。它能讓你停止呼吸，讓你的嘴成了一座教堂。他的親吻喚醒了我。

然後，它們毀了我。哥倫比亞男給了我雙重打擊——他是酒鬼，還有親密的女友。有次我在他的公寓過夜，他醉得在衣櫃裡尿尿，因爲他以爲那是浴室。當他半夜兩點在床邊衣櫃尿尿時，我在哪裡？在他的廚房，把剩下的生日蛋糕塞進嘴中。幾小時之後，我偷偷離開時沒有收拾地板上的一圈蛋糕屑與糖霜。

當他的眞正女友——一個苗條的姊妹會金髮妞——回家探望父母時，我是他的小菜。

哥倫比亞男的兄弟會春假週末，我經過他的公寓，像個偷窺狂一樣看著他與姐妹會女友搬著成箱的啤酒上吉普車。他拍打她的臀部；她的長髮往後甩開。

我心碎地跑回宿舍，吃掉了小房間內的所有熱量：麵包、椒鹽捲餅、爆米花、夾心餅，還有我室友藏在衣櫃中的萬聖節糖果。然後我到走廊尋找垃圾桶內的食物。我從垃圾中翻出其他人丟掉的香腸披薩，丟進微波爐加熱三十秒。等待乳酪融化時，我吞下一些舊葡萄乾餅乾，那是某人母親寄來的，仍裝在快遞盒子裡。

我從七年級就開始暴食與嘔吐。我不需要用手指催吐，只要彎腰到馬桶前。當我嘔吐完了，會打開蓮蓬頭清洗自己，在室友回來之前弄乾淨。我的胃彷彿要裂開。小小的浴室蒸氣瀰漫，我靠著牆，等待著是否還想嘔吐。眼前一片黑點旋轉。我趴到地上，身體一半在淋浴間，一半在外面。就在一切漆黑之前，我想：這就是了，我就這樣死了，嘔吐到不行，同時爲了一個男孩趴地。

我撥了羅莉的號碼。幸好是她的答錄機回答，然後是嗶聲。該我說了。以幾乎像是耳語的聲音，我報告了所有的包心菜與晚餐後的五顆蘋果。我掛上電話後，把電話丟到臥室另一邊，在地板上滾動。「眞該死！」我在公寓中吼叫，揍打我的枕頭。我先是想：我爲什麼要這麼做？眞的很痛苦。然後我又想：我爲什麼沒有更早去找羅森醫師？

第二天晚上我又打給羅莉，並沒有更容易。我的手仍然顫抖，在她的答錄機上說完自己吃的東西後，我把電話丟到房間另一端。我的手臂彷彿因爲想抓住我寶貴的祕密而疼痛。到了第三天晚上，答錄機的嗶聲響起，我差點說出「跟昨天一樣」，但我強迫自己說出每一顆蘋果與包心菜葉。

第四天晚上最糟糕。七顆蘋果。足以做出得獎的派。我想要隱藏那七顆蘋果的事實，但我鋼索走到了一半。如果我告訴她，是否可以快步跑到前方的平臺？不管如何，我想要離開鋼索。

§

如果不困難就不管用。我告訴自己。深呼吸。

「七顆該死的蘋果。」

6

羅森醫師是個馴蛇人。他會問尖銳的問題，然後我們過去的祕密就會溜出來。

他會誘勸羅莉談她的父親如何驚險逃出波蘭，鼓勵她用父親的老口音來敘述；在羅森醫師的催促下，炸雞上校談起自己與一位無照醫生的可疑治療，因爲他深受越戰的創傷後壓力症候群所苦。羅森醫師可以讓卡羅斯談起主日學之後虐待他的繼兄，讓派翠絲哭著懷念她在家族果園中上吊的哥哥。羅森醫師能感受到我們隱藏的羞愧與悲傷，更知道如何取出。他幾乎每次聚會都刺探我的夏威夷之旅與暴食。

每週二早上，我從公寓搭乘紅線捷運到十一站之外的華盛頓站，然後在七點十分到街上。提早了二十分鐘。在準備參加團體治療的那一天，我無法安睡整晚。我可能會在晚上十點睡著，然後在二點或三點跳起來，無法再入睡，所以提早出門很容易。但我不想把自己的焦慮憤怒之心帶進候診室，與其他的戒癮書籍一起等待開門。我會逛街，有時候繞兩圈，安慰自己：你只是一個去參加心理治療的女人；你將坐在圓圈中談話九十分鐘。輕而易舉。

有時聚會充滿了情緒，有如賣場的推銷活動。有一週我們花了整個療程討論卡羅斯要羅森醫師簽署的保險表單。另一次，派翠絲穿著兩種不同顏色的及膝長襪（一條是午夜藍，一條是黑色），我們辯論了十五分鐘，嚴謹的派翠絲這樣混搭穿著是進步或退回到自我放棄。沒有明確的結論，沒有對策。

有了結。有回饋。有觀望。有觀察。有被觀察。沒有答案。

我要答案。

轉變毫無預警地發生。安靜的馬蒂，跟我同一天加入治療的人，哭著描述他令人困擾的死亡小物——也就是他放在床頭櫃的氰化物藥丸——突然間，話題轉到我在幼稚園的蟯蟲問題。蟯蟲是常見的兒童寄生蟲，會在晚上造成難受的肛門搔癢。我告訴大家，五歲大的我一個人在六六四四號的臥室，像野狗般搔著自己的屁股數小時到深夜，那時我父母早已經關掉電視上床了。

「你父母知道你有這個問題嗎？」羅莉問。

「慢著，」我說，舉起雙手，「我們剛才談的是馬蒂的氰化物。」這群人怎麼會跑到我的五歲屁股？

「團體有辦法找出你可能需要釋放的東西。」羅森醫師說。

羅森醫師喜歡細節，所以我深吸一口氣，描述父母給了我一管尿布疹軟膏來對付蟯蟲，但無法減輕搔癢。到了早上，很臭的白藥膏跑到我的指甲縫，抹到床單、睡衣、屁股與我的陰部上。蟯蟲應該不會去哪裡，但整晚的抓癢把一切都混在一起。我被蹂躪的陰部，聞起來像肥料的藥膏，與我的癢屁股眞是可怕極了。但比身體不適更糟糕的，是知道我的屁股裡有活的蟲子。

「那種藥膏是治療尿布疹的，而蟯蟲是寄生蟲。你需要的是口服甲苯咪唑。」羅森醫師皺著眉頭說，聽起來非常醫生，看起來非常哈佛。我很想換成別人的問題，但團體用問題來困住我。例如我爲什麼沒有告訴父母藥膏不管用。

「我以爲藥沒效是我的錯。」我不應該抓癢——他們叫我不要抓，但我還是抓了整個晚上。況且誰要談自己的屁股有蟲？羞愧，這個我五歲時還不知道的字眼，封住了我的嘴。

「你在五歲時就已經決定要一個人做事。」羅森醫師說得好像他揭露了多大的事情，但感覺並不是。當我有蟯蟲時，我覺得很丟臉——就是羅森說的羞愧——一個屁股有蟲的髒女孩，蟲子沒有爬上我們家其他小孩的屁股。蟲子證明了我的身體有缺陷而且噁心。羅森醫師要我描述一個小女孩單獨對抗肛門寄生蟲的感覺。

我顫抖著，緊閉眼睛。從二十年之後的距離，我還是可以聞到藥膏，感覺到雙腿之間的搔癢。我從來沒有跟任何人談過蟯蟲，更別說是有六個聽衆。

沒有睜開眼睛，不需要提示，我告訴他們：「我感覺羞愧。」

「羞愧是表面。下面有什麼？」羅森醫師說。

我把頭放在雙手上，觀察我的身體來找答案。我掀開羞愧，看看下面是什麼。我看到五歲大的我，在兒時臥室中驚恐的表情。我抓癢抓到午夜，驚恐地不知道如何求助。最後我必須去看小兒科醫生，告訴一位高大、有肥厚指頭與低沉聲音的中年男子，關於我屁股的事情。在幼稚園席地而坐的閱讀課，我必須把鞋跟卡進屁股縫之間來止癢，而不讓任何人發現我很髒。我的身體裡都是自己無法克制而吃下去的食物，與讓我屁股癢的蟲。最糟糕的是，我恐懼自己身體的骯髒，其他人都沒有這種問題。

「恐懼。」我回答。

「接近什麼？」

羅森醫師贊同地點點頭。「你更接近了。」

「你自己與你的情緒。」他伸手朝房間一揮。「當然還有我們。」

「回憶往事如何能幫助我？」

「看看派翠絲，問她同不同意。」派翠絲一臉驚訝，搖著頭，似乎是說別看我。停頓一會兒之後，她開始說起一次醫療灌腸出錯的故事。然後羅莉說她厭惡肛交，馬蒂也說了自己小時候的便秘問題。聚會結束時，每個人都分享了一個關於屁股的故事。

這次聚會過了幾天之後，我打電話給我的父母。我爸與我談了車子的煞車、大學足球隊的展望與芝加哥不合理的寒冷。然後我使出羅森招數：突如其來，我問他關於我的蟯蟲病史：他記得什麼？（不多）我發病過幾次？（幾次）家裡其他小孩有過嗎？（沒有）我從背景聲聽到我母親問：「爲什麼克莉絲蒂要問蟯蟲？」我用力握住電話。我加入團體心理治療的坦承呼之欲出，但想像她驚恐地聽到我與一群人討論屁股有蟲的病史，就打消了這個念頭。況且如果我告訴她關於羅森醫師與團體，我就必須承認我的兩項失敗：無法靠意志力讓自己快樂、無法保密自己的事。

「你爲什麼要問這個？」我爸說。

「只是好奇。」

§

一次週二早上，整個九十分鐘療程都沒有人說一個字。我們等於是坐在沉默中，聽著捷運從下方駛過，汽車尖銳的煞車聲，有人關門的聲音。我們沒有看別人眼睛或偷笑。在前半段，我挑掉毛衣上的線頭，晃著腳，剝掉一些手指頭上的死皮。我每隔三十秒看一次鐘。寂靜讓我感覺暴露、焦躁、無能。**我可以去讀我的憲法作業。**慢慢地，我安靜下來，望著窗外的密西根湖。我們保持的安靜空間感覺浩瀚如大海或外太空。照射進來的陽光很神聖；我們之間的親密很神聖。九點鐘，羅森醫師雙手合起來說出慣常的話：「我們今天到此為止。」

我與團體成員踏進走廊，我的身體保持著寧靜，雖然一走到街上，我就抓住卡羅斯的手臂：「剛才發生了什麼事？」

不管是什麼，接下來的一整天，我保持著一種寧靜與敬畏感——我可以與六個人完全沉默地坐著九十分鐘。

§

羅森醫師開立很多處方，但很少是藥物。他不愛開藥。

卡羅斯的處方是帶吉他來為我們彈奏一首歌，幫助他減輕擴展業務的恐懼。派翠絲的處方是用草莓來按摩丈夫的肚子，舔乾淨，然後向團體報告結果。羅森醫師覺得羅莉的內科醫生開立的焦慮藥方抑制了她的性愛，他就開立了自己的處方：「在每個腳趾之間夾住一粒藥丸，然後要你丈夫為你口交。」

我遵照了我的處方，每晚打電話告訴羅莉我吃了什麼，長達數週之久。我掛電話後不再哭泣，我的蘋果消耗量也降到每晚適量的五顆。現在該開另一個處方了。

「有什麼辦法能對付我的失眠。我無法好好思考。」我的法學院進入第二年，當我沒有參加團體治療時，我就去芝加哥最大的一些法律公司面試夏季實習工作，希望未來可以成為全時工作。數週來，我睡眠品質不佳，因此腦袋很疲倦，難以保持清醒去上課與面試。一次面試時，我必須偷捏自己手臂來保持清醒，好聆聽一位白髮主管描述他在最高法院上的辯論。

我已經承認自己的飲食很糟糕；現在我承認自己失眠。我就像個剛出生的寶寶，被困在二十七歲的身體裡。

羅森醫師坐直起來摩擦雙手，有如瘋狂科學家：「今晚睡覺之前打電話給馬蒂尋求一個肯定。」

「在我打給羅莉報告食物之前或之後？」

「都可以。」

「我今晚要去看歌劇，所以在七點前打給我。」馬蒂說。

那天晚上六點五十分，我站在捷運月臺，因為一天的課程與五小時的面試而精疲力竭。這次面試時，我又捏了自己手臂來與資深主管談話。我撥了馬蒂的號碼，一陣風把頭髮吹到臉上。

「我打電話來尋求肯定。」我對電話說，朝北的列車正在進站。

「你的腿很美，姑娘。」馬蒂並不色情，如炸雞上校那樣。他每次在團體中開口都會啜泣，似乎真心驚訝我們詢問他如此悲傷的原因。他總是說：「我無法相信有人願意聆聽我。」

我在進站列車的轟隆聲中大笑，祈禱他的話有強力安眠藥的效果。

第二天早上我睜開眼睛時遲疑了一下，擔心看到現在只是凌晨二點。我聽到了早晨的聲音。我的鄰居關門聲。鳥鳴聲。汽車發動聲。我睜開左眼看時鐘，五點十五分。我得到了前所未有的七小時睡眠。我揮舞拳頭，有如拳王。

也許羅森醫師眞的很厲害。

7

冬天降臨芝加哥，我練習把日常瑣事帶進團體中。一陣羞愧刺痛了我，當我要團體成員來評估，身為理性的二十七歲成年人應該知道如何處理的事情。例如我是否該用自己的一些獎助金，去參加我大學室友凱特發起的滑雪旅行。團體一致投票贊成旅行。羅森醫師要我舉出一個不去的好理由。

「全都是情侶。我會是多餘的。」

「開放一些。」羅森醫師說。

我眞不敢相信！你從不參加任何活動的！當我接受邀請時，凱特這麼回信。

在聖誕節與新年之間的那個週二，我從山上小屋打電話到羅莉的手機。那是我第一次錯過了聚會。

「親愛的，我來開擴音。」我聽到一些騷動，然後是羅莉有點模糊的聲音：「大家跟克莉絲蒂打聲招呼。」背景出現了哈囉的合唱。

「大夥兒都好嗎？」我問，想像他們都坐在慣常的位子，窗外是芝加哥的灰色天空。

「這裡沒有你好無聊。」卡羅斯說。

「你們會想我？」他們不會慶幸沒有我，不用聽我太多蘋果與太多蟯蟲的可憐故事？

「大家都點頭，」羅莉說，「連羅森醫師也是。」

我的心飛越高山與原野，來到他們的十四呎見方房間，那裡有一張空椅子，他們心中有我坐在那裡。

小時候，我與家中的孩子會輪流去探望祖母。她住在德州佛瑞斯頓的一座大黃色農莊。我喜歡那幾週的時光——我可以在她的土地上四處漫遊，尋找溪邊的寶物，在牛墳場中找牛骨頭。有次我從那裡打電話回家。我不記得原因。也許是要測試自己打長途電話的能力。六六四四號的電話響了又響。*也許他們在鄰居的泳池或後院。*我晚上又試了。沒人接。他們跑到哪裡去了？

當我爸週末打電話來安排接我的時間，我從祖母手上搶走話筒。「你們跑到哪裡去了？我兩天前打過電話。」

「我們去了奧克拉荷馬州幾天。」

他們趁我不在時跑去度假？我的視線因眼淚而模糊。我從來沒去過奧克拉荷馬州，突然之間我非常想去——去看看他們所看到的。還有很酷的東西，如：真正的印第安帳篷，裡面有黑色長辮子的女子，還有抽油的油井，散布在筆直而荒涼的公路旁。他們怎麼可以跑到另一個州，卻不帶我？這顯然意味著我不是家庭的重要分子，我只想縮起來大哭。

我爸在電話另一端解釋說，他們去朋友那裡拿古董衣櫃。「車子的冷氣壞了，你媽還在生我的氣，因爲我帶她去吃肯德基炸雞，我們還在停車場看到一隻狗在吃老鼠。」他說得好像這趟旅程是場災難，但我聽到的是奧克拉荷馬州有多麼神奇美妙。我聽到的是：**你不重要。我們度假不帶你去，因爲你不重要。**

有很多年，我媽只要聽到奧克拉荷馬州的旅程就會畏縮。沒有一張照片，也沒有一個家人對他們的奧克拉荷馬週末之旅有快樂的回憶。但我聽到了德州北邊的這個州也會畏縮，因爲它證明了我可以被拋下。

§

冬天也帶來了我加入團體治療後的第一次約會。

卡羅斯安排我去見他的朋友山姆，剛結束一段關係的律師。我們首次的電話交談中，山姆與我建立了輕鬆的交情。他承認自己沒看過任何一集《我要活下去》，我承認自己讀了《哈利波特》第一章後就放棄了。我因爲要去參加讀書會而必須掛電話，他聽起來似乎很佩服忙碌的法律學生也花時間來閱讀消遣。

我很有理由相信山姆與我一拍即合。我們都喜歡卡羅斯，也都對法律事業感到很矛盾。我看著窗外，他在八點準時把車停在我的公寓外。我的肚子興奮地攪動。我在浴室又塗上一層卡羅斯為我挑選的唇膏。

開門後，我以為我們會擁抱，但他伸出了手，帶著沒有觸及眼神的審慎微笑。然後他快速轉身走下樓梯，好像他把車停在消防栓旁似的。但我不失望。整個夜晚在我們面前充滿了可能性，也許晚一點會有身體接觸。

山姆沒有訂位，也沒建議可以去什麼地方。尷尬的沉默籠罩著我們，直到我建議去附近的一家古巴餐廳。開車時，唯一的聲音是我告訴他方向。我在電話上感覺到的彼此來電是不是自己想像的？

在餐廳中，山姆仍圍著他的羊毛圍巾，對侍者很冷漠。我們的食物送上來時，一切顯然毫無進展。我失望地想一拳打扁愚蠢的馬鈴薯，把我的鮭魚丟到房間另一邊。為了這次約會，我買了唇膏與上衣。我參加了團體治療，打電話給羅莉，打電話給馬蒂，也如羅森醫師建議的「讓團體進入」。結果呢？為什麼山姆如此遙遠與冷漠？

我們開車回去時的沉默有如核子冬天。山姆沒有陪我走到門口；他的車子沒有熄火。也許他有從車窗伸手道別，但我謝謝他的晚餐後就轉身離開。我走進公寓時，時鐘上顯示的是八點五十分。

我的約會連一個小時都不到。

我撥了羅森醫師的號碼；他是我的快速撥號第一名。我在他的語音信箱中宣布了我的結論：「治療沒有用。明天請回電。我正在下沉。」我在公寓中繞圈子踱步，不知道山姆爲什麼不給我機會。我打給羅莉報告食物，打給馬蒂尋求肯定時分享了我的羞辱。

「這並不是你的錯，」他們擔保，「有些約會就是很爛。」

第二天我做了整個求學生涯中沒做過的事：翹課躲在被子下，凝視著空無。我沒看電視、沒讀書或溫習功課。中午時，我在法學院最要好的朋友克萊兒，在我的電話裡留下語音：「嗨，沒人記得你上次翹課是什麼時候。打電話給我。」

每一個念頭、每一個情緒，都有我大半輩子熟悉的阻礙感伴隨。彷彿它一直都在，阻礙著我的呼吸、我的血液、我的欲望。困境，困境，困境。心理治療應該改變事情，把我打開。哭泣在我胸中醞釀，像颶風在佛羅里達州外海累積威力。困住的感覺好像是我的錯。這要怎麼改變？我陷入自我厭惡中，凝視著天花板。如果我還是這樣被困住，這些週二聚會究竟有什麼用？

三點十五分，羅森醫師的號碼出現在我的手機螢幕上。

「你可以幫我嗎？」我沒打招呼劈頭就說。

「我希望可以。」

「爲什麼我的約會是這樣的災難？」

「誰說是災難？」

「五十分鐘長。我今天甚至沒有去上學——我躺在床上。」

「恭喜。」

「恭喜什麼？」

「你上次為自己的情緒騰出這麼多時間是什麼時候？」

「嗯。」他知道答案是從來沒有。

「你應該要有空間來感受情緒。」

「但我應該怎麼做？」

「我打電話來之前，你在做什麼？」

「瞪著天花板。」

「就這樣做。明天來聚會。」

「就這樣？」

他笑了。「小姑娘，這樣夠多了。」

感覺不夠多。但我掛了電話後，身體鬆了開來。理性的思維進入腦中：山姆是芝加哥成千上萬名男人之一。我沒有什麼不對。那是一次無趣的約會。沒什麼大不了。不足以成為僵住的理由。

在團體聚會中，羅森醫師強調，我只需要繼續參加聚會就好。對他而言，我與他和其他團體成員坐在一起九十分鐘，就足以完成所有的情感轉化。對他而言，聚會就足以在我光滑的心上刮線。對他而言，聚會就足夠了。

對我而言不是如此。我要一個新處方。大膽而困難的處方。需要用上我所有的勇氣。羅森醫師沒有認眞看待我的困境。他不瞭解我身體的感受。我是一扇被封死的窗戶，一個打不開的罐子，不管你如何用力敲打都沒用。

我必須讓他看到。

§

安德魯突然打電話給我。我記得他是假期派對中一個有著藍眼睛的男人，對我說的笑話很捧場。我同意跟他共進早午餐。

在雞蛋與馬鈴薯之上，我看著他粗糙的手與前短後長的髮型。我喜歡他嗎？直覺的答案是不喜歡。我們毫無共通之處。沒有任何來電，我無法不懷疑他的八〇年代髮型。但我用他的許多優點壓下這個不喜歡：他很和善、包容、清醒、對我感興趣。所以如果他不喜歡閱讀又怎麼樣？如果他對時事不感興趣，只想知道芝加哥熊隊在超級盃的展望又怎麼樣？如果當我們走路去停車場時，他抓住我的手，我的身體抗拒地緊縮又怎麼樣？

安德魯提議第二次約會去他的住處，他會煮東西招待我。開車去他的新住處時，碰上週五下午的交通壅塞。等了兩次綠燈卻無法前進分毫，我挫折地搥打方向盤，以最高音量尖叫。我叫得太久與太大聲，結果接下來兩天聲音沙啞。我不想去安德魯的住處，但我逼自己答應，因爲拒絕就意味著我潛意識想要孤獨。安德魯是個好人！我對自己尖叫。給他一次機會！我怎麼能自稱絕望孤單，卻拒絕與一個清醒的好男人約會？

參觀了他明亮有品味的單臥室公寓後，安德魯煎了兩塊雞胸肉，把一包萵苣做成了一大碗生菜沙拉。我對他的努力微笑，雖然我的胃因爲想從嘴巴冒出來的「不要」而扭絞著。

我們坐在他的沙發上，餐盤平衡地放在膝蓋上，客氣地聊著他的工作與我在德州的家人。當我正面看著他，看不出來他留著長髮，但是交談還是如骨頭摩擦骨頭般——言語沒有自然交流。我們都不算機智或迷人。這不是我想要的：乾硬的雞胸肉與一個幾乎無話可談的好男人。

吃完餐點後，我開始驚慌。我想不出有什麼可聊的，所以我就撲向他，親吻他的嘴唇，希望這個吻可以點燃什麼——也許讓我想跟他在一起。

安德魯的眼睛驚訝睜大，然後興奮了起來。他回吻我。我變成一個機械娃娃，沒有熱度、沒有心跳。我想要回家，又討厭自己這樣想。我也討厭自己因爲如髮型的笨理由而拒絕安德魯。難怪我會孤單；我是個賤人。「不要」在我心中衝撞，但我壓了下來。這裡有個好男人坐在我面前，如果不喜歡他或不來電，那完全是我的錯。

「你有保險套嗎？」我說。也許我可以用性愛來掙脫這個困境。也許性愛可以讓我覺得他有吸引力。

我還穿著我的毛衣、胸罩、內衣、牛仔褲、襪子與靴子。安德魯的紅色法藍絨襯衫緊緊塞進牛仔褲皮帶裡，還沒解開鞋帶。從九十秒的全裝親熱變成性交，就像去搶街角的便利商店一樣合理。但我們兩個缺乏了放慢速度的技巧或意願，來弄清楚究竟是怎麼一回事。

沒有音樂，沒有情境燈光。氣氛零分，除非算上偶爾飄來的雞肉燒焦味。安德魯脫下褲子，套上保險套。我扭下牛仔褲。

他爬到我上方。我咬著下唇瞪著他的天花板。腦中出現有毒的意念：你就只能這樣。你永遠不會有任何感覺。你是破損的。刮線不良。我眨眼時，淚水從雙眼流下。我忍住啜泣，構思著我將在團體中說的故事：看看我的表現。你們現在明白了嗎？這很嚴重。

安德魯很努力進入我體內。更多的困境。我挺起臀部，讓他有更好的角度來加速進行。三、四下之後就結束了。我除了自我厭惡之外沒有任何感覺。我連呼吸都沒有改變。

他的電話在完事之後響起。工作上的緊急事件。安德魯拉起褲子。「抱歉，但我必須去一趟。」我甚至還不知道他的工作是什麼。

回到我的車上，我撥打羅森醫師的號碼。我在他的答錄機上說了雞胸肉、我心中的「不要」、我主動的性愛。「我已經嘗試過想告訴你的。請聽我說吧。」

四天之後的團體聚會：我的眼睛緊緊盯著羅森醫師，憤怒地緊握著拳頭。我還要為他搞多少男人，他才會把我當眞？怎樣才能抹掉他臉上的笑意？

「你以爲我看不見你嗎？」羅森醫師說。

「你知道我很痛苦嗎？」

「克莉絲蒂，我知道你很痛苦。」

「你可以幫助我嗎？」

「可以。」

「我要怎麼做？」

「你已經在做了。」

「這樣不夠。」

「這樣夠。」

「很痛！」我揮拳敲著椅子的扶手。「我很痛。」

「我知道。」

「我再也不要那樣搞。」

「你永遠不用再那樣搞。」

「這樣不夠。」

「克莉絲蒂，這樣就夠。」

這樣怎麼可能夠？跟安德魯的那一晚，不管怎麼說都是一場災難，而且是我的錯。但我有一個厲害的心理治療師與五個支持自己的團體成員，應該能引導我的生活到更好的方向。

「這一切有什麼用？達成目標後只是更多爛性愛與中斷。」

「你還沒有達成目標，」羅森醫師說，「但你正在路上。」

我的手朝房間一揮。「爲什麼他們都準備好了，而我沒有？」團體中的每一個人都有另一半，每晚一起睡覺。「究竟還要多久？」我想像自己變得年老體衰，等著團體治療發生奇蹟改變我的生命。

「我不知道要多久。你能不能慶祝自己目前的進展？」

不行，我要知道還有多遠才慶祝。

明白我想要的心理健康沒有捷徑，讓我垮了下來。我把自己的孤獨與祕密飲食習慣交給了團體。那是我長久以來珍藏的武器。現在，每一次人際互動，包括每一次約會，我都失去了主要防禦。理論上，這樣應該很健康，但那天早上在團體治療中，我卻感覺到不折不扣的慘敗。我無法再從蘋果暴食中尋求慰藉，不能躲回我的封閉生活。只有羅森醫師與團體成員的目光照耀著我所有的缺失，沒有祕密洞穴可以藏匿我的情緒。所以，我就在椅子上發洩出來：哭著說自己多麼孤獨，深深害怕我的生命永遠無法眞正改變，或更糟的是，眞正改變所需要的超過了我能付出的。要不是聚會在九點就結束，我一定會一直哭到中午。

8

「你應該告訴團體成員關於菸男的事情。」卡羅斯說。

去參加團體治療的電梯中，我告訴卡羅斯「菸男」——因爲他喜歡香菸，而且帥得冒煙——他是我在法學院的新暗戀對象。他有個女友，但她從來都不在。她是個女侍。我希望她很醜，或很髒，或很兇，但我終於看到她在餐廳工作時，不能否認她是個苗條清新的美女，對所有客人都露出眞誠的笑容。

菸男與我建立了友誼，因爲我們下課後都待在電腦室打字做筆記。第一次接觸時，他請我顧著他的書，他要出去抽根菸。我當然說好。我喜歡他的鬍碴、他有菸味的毛衣，笑的時候害羞地轉頭。

「菸男？」羅森醫師抬起頭。

「學校的一個男生。他有女友，抽菸如煙囪。愛喝酒。我愛上了他。」

「他已經有別人了。」派翠絲說。

羅森醫師停下來，用手遮住嘴，轉動身體，然後把雙手放在椅子扶手上。最後他說，

「下次你見到他，告訴他實情。」

「什麼實情？」

「你喜歡吊老二胃口（cocktease，指勾引男人但不上床）。」

我看著卡羅斯。羅森醫師是說眞的嗎？團體的每個人都搖著頭，像是在說不行，羅森醫師，她不能這樣說。羅莉搗著通紅的臉。

吊人胃口的是菸男吧？儘管他有個俏麗女友，還是跟我調情。如果在參加治療之前，你問我這個穿橡皮底褐色皮鞋的中年精神科醫師，對流行文化一無所知（他有次問誰是波諾？），是否知道「吊老二胃口」是什麼意思？我會說他一定不知道。現在，爲了治療我，他叫我這樣跟想上床的對象說。「你要我跟自己喜歡的男人說，我喜歡吊老二胃口？然後呢？」

「然後我們就會知道。」

兩天後的晚上，我坐上一輛朝西疾駛的黃色計程車，車上還有菸男與他的好跟班巴特，法學院班上的一個有趣男生。空氣潮濕但天空無雲。銀色的月亮對我微笑。我們搖下車窗來驅散掛在後照鏡下的樹形芳香劑臭味。我從車窗伸出頭，望向黑暗的天空與愉快的月亮。一股笑意卡在喉嚨——我忍住幾秒鐘，然後大笑出來。在音樂節拍中，我坐直身體，挺起肩膀，轉身朝向菸男，他坐在我與巴特之間。

「我非常喜歡吊老二胃口。」我加上了「非常」來證明自己不是羅森的機器人。

菸男停止咀嚼抽菸後的口香糖，僵住不動。然後他美麗的臉上浮現了微笑。他的眼睛直視正前方。我的皮膚發麻，看著他思索著我說的話。我想用腳夾住他與他完美的舊牛仔褲。

巴特伸出頭越過菸男的胸口，瞪著我。「什麼？」

「你聽到了。」我說，轉頭望向窗外。

「我沒有聽到。」巴特說。

「那你爲什麼要我再說一次——」

「因爲……」

「因爲你第一次就聽到了。」

「你眞瘋狂，姑娘。」巴特的笑聲飄進風中，融入黑夜，還有我的自尊。

菸男保持微笑，手指敲打著他結實的大腿。我慢慢冷卻，知道菸男不準備對我下手。他會跟我與巴特廝混一小時，然後回家鑽進被子裡，等待女友下班回家，他們就可以搞到天亮。我看著街上掠過的建築。家具店、塔可餅店、書店。大家排隊等著聽樂團。他們都不知道我說了什麼。在羞辱之下，我有另一種萌芽的感覺：自豪我做了羅森醫師所交代的。

說出那句話可是高空跳水，需要鼓起我所有的勇氣。現在，過了幾分鐘後，我明白說出那句話，把自己與羅森醫師和治療團體綁得更緊密了。四天後我將坐在圈子裡，報告這天晚上我克服了自己的緊張——與更明智的判斷——遵循了羅森醫師的建議。

我們到了酒吧後，發現戶外陽臺沒有座位，所以菸男在人行道上點燃一根香菸。九重葛的氣味從欄杆飄過來，有點甜。

「來一根嗎？」他問，伸出他的那包菸。

啊，我眞想說好，我們就可以享受完美的時刻，如電影中的帥哥美女般一起吞雲吐霧，沒有心理問題，沒有性愛阻礙，沒有飲食失調，沒有蟯蟲。如果我說好，他會靠近來點燃我的香菸。他的氣味——香菸、口香糖、一天的餘味——都會成爲我一部分的回憶。

但我無法接受。羅森醫師最近對很懷念香菸的羅莉說，當你吸菸時，你是吸入有毒的自我厭惡。

「不用，謝謝。」我說。

週二到了，在太陽爬上樹梢時，我就搭上捷運到市中心。我四點就醒來了——儘管前一晚有打給馬蒂尋求肯定——決定先去市中心的咖啡店。

我慢慢喝著一杯茶，望著窗外的街道。一個鮮黃色的背包吸引了我的眼睛。揹著背包的人走起路來比其他人都慢半拍，好像他是在逛花園。他看起來比其他人矮——幾乎沒有我高——他的嘴唇動著，好像正在自言自語。我以爲他是個觀光客，我把茶包從杯子中拿出來。直到他幾乎離開我的視線時，我才驚醒：羅森醫師。

毫無疑問是他——未梳的頭髮，有點低垂的肩膀。他怎麼會這麼瘦小？他在團體中似乎很巨大——我懇求他給予處方、對策與答案時，他有著超過現實的巨大。

我看著他不急不徐地走著，跟自己說話，消失在街上。

他爲什麼走路這麼慢？他是去工作——我的團體聚會——而不是去朝聖。他爲什麼自言自語？他從哪裡買到那個難看的背包？

等我喝完茶，前往團體治療時，我面對了更困難的問題：我的心理治療師是個怪胎嗎？我爲什麼聽他的建議跟菸男說那些話？我爲什麼給那個奇怪的小男人這麼多力量？

走向團體時我祈禱著：「拜託殺了佛陀。」

團體中所有人都有一項特別的性愛任務。炸雞上校的處方是按摩妻子的背而不要求性愛。派翠絲的處方是性愛玩具。卡羅斯是每晚赤裸擁抱訂婚伴侶布魯斯十分鐘。馬蒂要邀請同居女友珍寧一起淋浴。羅森醫師給羅莉同樣的處方：腳趾夾著藥丸讓丈夫爲她口交。

我聽著，充滿了嫉妒。「我要性愛任務，但我沒有伴侶。」

羅森醫師搓著雙手，好像他等我這樣問已經數週了。「我建議你向派翠絲預約自慰。」

我揉著太陽穴，緊閉眼睛。「什麼？」

「打電話給派翠絲。」羅森醫師假裝撥電話，然後舉起手當話筒。「你這麼說：『嗨，派翠絲。我現在準備要自慰。我打給你來尋求性愛上的支持。這樣做對我的飲食很有幫助，所以現在我要來處理我的性愛。』然後，等你結束後，再打給她說，『謝謝你的支持。』」

「不行。」我站起來。「絕對不行。」

理智上，我知道自慰沒什麼不對——露絲博士教導我的。快感是不需要羞愧的。這是理論。但實際上，我只能祕密地尋求快感，躲藏在夜晚的被子裡。我從來沒有，也沒辦法談論自慰。那些說只能跟天主教丈夫做愛的修女鬼魂糾纏著我。在六年級的健康教育課上，修女花了尷尬的幾分鐘說明自慰是嚴重的罪，因爲每一顆浪費的精子都可能成爲新生命。修女沒說女孩也可能有這種行爲，似乎證明了女生永遠不應該自慰。那是不用說的。

我這個狀況有個專業名稱：**性愛厭食**。大多數人熟悉的厭食是限制食物。我這樣的性愛厭食是追求不合適的酒鬼，通常有女友，不願或無法表達親密，或迫使自己與毫無吸引力的人上床。這個名稱讓我覺得有趣——身爲胖小孩，我渴望被貼上厭食的標籤。現在我不確定自己是否喜歡這個標籤，但它讓我不那麼孤單。如果我的狀況有名稱，就表示我不是唯一的。

我不可能去「預約自慰」。我瞪著羅森醫師，搖著頭。

「但你打給我說你的蘋果。」羅莉說。

「那不一樣。」

「有什麼不一樣？」羅森醫師說。

「你看不出來蘋果與自慰的差別？」我的脖子幾乎縮進身體中。想到打給派翠絲談那個，等於是點燃了一把火炬：**全世界注意！我要手淫了！**這違反了天主教的反自慰規定與我母親的保密規定。這個處方太極端、太變態、太不可能了。

「你要聽聽我的看法嗎？」羅森醫師說，「每天晚餐後吃十顆蘋果——」

「現在只有四顆。」

「好，四顆，但吃蘋果並不愉快。你想要停止。停止一個負面的行爲，跟尋求支持來開始一個帶來快感的行爲，兩者是天壤之別。你更抗拒尋求快感，因此我給你這個處方——」

「而我做不到。」我應該放棄團體治療。

「你還有其他選擇。」羅森醫師說。

羅莉用腳尖碰碰我的腳，建議我請求更溫和的任務。我深吸一口氣。我要溺死在絕望中，或去尋求我所需要的？

「可以降低一點嗎？」我低聲說。

羅森醫師露出微笑，停頓一下。「這樣如何？你向派翠絲預約洗澡。」

「不用在洗澡時碰觸或撫摸自己？」

「完全只是洗澡。」

「沒問題。」我的身體放鬆下來。我可以洗澡。我又有希望了。

羅森醫師凝視著我。

「怎樣？」我問。

「你上次告訴別人，你無法做到他們的要求是什麼時候？」

高中最後一年，我與麥克約會，他是個每天都抽大麻的籃球明星。他是我第一個眞正的男友，我非常想當一個好女友，不管那是什麼意思。在我之前，麥克與啦啦隊員約會，似乎很會口交。當麥克暗示他懷念她的深喉嚨，我覺得自己必須吸他的老二。但十七歲時，我只有在三年前上過一壘而已。口交是三壘的程度，我的無知讓喉嚨緊縮。我的手要放在哪裡？我要吸多久？是什麼味道？當他把我的頭按到被子裡，我把自己的恐懼壓入肚子裡。當我想爬出來喘口氣，問一下我的表現，麥克又把我的頭按回去。

我回憶被子中汗濕的腦袋數千次，總是奇怪自己爲何覺得沒有選擇與權利來掀起被子喘一口氣，或一開始就不要吸他的老二。我這麼做是因爲我想當個好女友，而好女友總是會答應。

大學時，我的室友雪莉比我早一個學期畢業。自由奔放的雪莉計畫在畢業後去科羅拉多州，四處借住友人家直到研究所開學。她要我陪她開車去丹佛，而我應該拒絕，因爲我本來要去達拉斯看家人、去賣場兼差打工。開車載著雪莉與她的單車，還有裝滿衣服的背包去丹佛，既不方便又很花錢。但我答應了，因爲想到要拒絕就讓我肚子緊縮。我想當個好朋友，而好朋友會答應。

搬去芝加哥念研究所前，我在大學鎮上找到一份工作：賣短裙給學校社團的女孩。幾個月後我升任助理店長。店長上班時前臂常有長條的抓痕在流血——也許來自兇貓或嚴重的自我傷害習慣——因而要我替她顧店，每個月有好幾次。答應她，就意味著我要工作十小時而不休息——助理店長不能離開商店，就算是跑去買東西吃也不行。我的店長會在家中進行神祕的肢體活動，而我會請倉庫的男生幫我看收銀檯，好讓我可以上廁所。但我從來沒想到要拒絕。我想要當個好員工，而好員工會答應。

我以爲當個好女友、好朋友、好員工就應該要答應。一個女孩，然後成爲女人。當有人要我跳，我就準備跳下去，從沒想自己是否肚子餓，或怎麼去丹佛，或如何處理口中的老二。

我告訴羅森醫師，我沒有拒絕的習慣。他問我是否知道這樣要付出多少代價。我搖著頭。代價？大家喜歡我，因爲我答應。如果我到處拒絕，然後呢？他們會生我的氣。失望。不高興。我無法容許這種事。那種膽量屬於其他人，例如沒有情緒包袱的俊男美女。

「如果你在情感關係中無法拒絕，你就無法獲得親密。」羅森醫師說。

「再說一次。」我不敢動彈，好讓每個字可以深入我之中，穿過我的皮膚與肌肉，到達我的骨髓。

「如果你無法拒絕，就不可能親密。」

大家經常拒絕我，而我還是愛他們。他們在高中就學到這個了嗎？而我忙著暴食女童軍的餅乾，錄製萊諾．李奇與惠妮．休斯頓的情歌？

§

我的浴缸裝滿了薰衣草香的泡沫水。我在派翠絲的語音信箱留言，完成了「預約」的前半段。我故意打到她手機，因爲她晚上都會關機。我屏住呼吸，滑入泡沫中。泡泡發出細小的破碎聲。我的頭靠在浴缸邊緣嘆氣。我的呼吸停頓一下——這是我可能會哭的前兆，但我閉上眼睛搖頭。我不想哭著做這個——我想要當個正常的女人洗澡來放輕鬆。兩分鐘後，我想要出來。我完成了處方，吃下了藥。現在我有事情要去做，例如打三通電話給三位不同的團體成員。

但我把手掌放在胸口，深吸了一口氣。眼淚奪眶而出。我感覺到的是解脫。強烈而純粹的解脫。**拒絕，或許也是我能做到的。**

其他人都會拒絕。我的大學室友凱特直率、無禮且有安全感。大學時，毛手毛腳的菲爾要她口交，她叫他滾蛋。她不會因爲肚子焦慮打結而答應。我頑固的弟弟五歲時與父母展開一小時的僵持，因爲他們要他咬一口鮪魚三明治。他贏了，而我強迫自己吃下每一口難吃的美乃滋。卡羅斯拒絕了羅森醫師，說他永遠不會帶吉他來唱歌給團體聽。

而我卻想要放棄治療，這樣就不用看著羅森醫師說：「不要。我不要跟派翠絲預約自慰。」

我用手舀起水，讓水從指縫流下。我從來都不喜歡泡澡。泡在水中有什麼舒服的？沒東西可看，只能看磁磚或泡沫中的身體？我討厭看自己的身體。我總是會挑毛病——沒刮腿毛，沒修剪指甲，不挺俏的胸部，沒鍛鍊的腹部，不平滑的大腿。所有的不安全感與羞愧淹沒了泡澡的所有樂趣，而這應該本是所有女人都喜愛的消遣。

我還看得到這些東西：脫落的紅指甲油，腿上的毛，浮腫的皮膚。我還感覺得到羞愧的熱度。但在旁邊，有一種更輕盈與涼快的東西追逐著羞愧的尾巴，我有著一絲絲的念頭，認爲我可以與自己的身體建立不同的關係，然後也許接著可以與其他人建立關係。

我的指尖皺了起來，水冷卻到房間的溫度。我坐起來，從脖子打了一陣寒顫。我用浴巾包住身體，坐在浴缸邊緣。

我撥打派翠絲的手機。「我完成了。晚安。」

我打給羅莉報告我的食物。

我打給馬蒂尋求肯定。「你可以做到的，小鬼。」他模仿著一位諧星的口音。

我笑了。我的脖子與肩膀因爲泡澡而溫暖放鬆。我有一種半睡半醒的感覺。「我愛你。」我說，仍然皺巴巴的手握著電話。這句話是隨口而出的。

「你當然愛我，親愛的。我也愛你。很好玩吧？」我笑了。我不會用「好玩」來形容胸中那種溫暖擴散的感覺，但我也想不出更好的。

在床上，我有了一種意象：團體成員們的手托著我，就像兒童遊戲「輕如羽毛硬如木板」。他們一起激發出不管是什麼的精神，幫助我提升得越來越高。我可以感覺羅森醫師的手扶著我的頭，卡羅斯與上校扶著我的肩膀，派翠絲與羅莉扶著臀部，馬蒂扶著我的腳。我真的愛他們。有他們在那裡，他們的努力，他們強壯的雙手托著我的身體。他們把自己刻畫進我的生命。

這讓我驚喜，讓我想要大哭，也把我嚇得半死。

10

在春天的一個週二，大顆眼淚流下馬蒂的臉。他膝蓋上有個銀色的罐子，大小與形狀像個小鼓或餅乾圓盒。他說自己受夠了死亡的一切。他不想要了。

這是馬蒂很好的一門功課。他外表看起來清醒、有能力，但我們都知道他藏的氰化物。羅森醫師幾乎每次聚會都鼓勵他帶來。

「看來你準備好放手了。」羅森醫師說，指著罐子。

「裡面是什麼？」上校問。

馬蒂把罐子舉到胸前。「一名嬰兒的遺骸。」

我的腳跟踩進地毯中，頂起了椅子。寶寶應該是胖胖的，而且很吵——咕噥、尖叫、嚎哭。不應該被裝在罐子裡。

馬蒂解釋，那個嬰兒死時不到一個月大，是他在精神科的第一位病人的兒子。病人多年前請馬蒂保存骨灰，讓他來處理悲傷，但後來病人過世了。現在馬蒂問羅森醫師要如何處理這個死亡提醒物。

羅森醫師很喜歡挑動大家對死亡的感受。如果把團體的話題畫成圓餅圖，最大的兩塊就是性愛與死亡。如果死亡經驗有創痛，那麼羅森醫師至少每兩個月都會鼓勵你談一次。

羅莉必須每說一個故事，就要談一下猶太人大屠殺，就算一九四〇年代的歐洲猶太人悲劇似乎與她的卡費無關。當派翠絲在工作上遇到棘手問題，羅森醫師會直接轉到她哥哥的自殺。很自然地，他經常鼓勵我談夏威夷的意外。而我通常會避開，提醒他專注在我的性生活，而不是我十三歲時倒楣的海灘死亡目擊之旅。

馬蒂把罐子交給羅森醫師。他看了一下，用希伯來語說了一些話。羅森醫師告訴馬蒂，如果準備好放下對死亡的執迷，就可以更完整地擁抱生命，跟長期伴侶珍寧也會更親密。

肅穆的沉默籠罩著團體。一股情緒充滿我的胸口——夏威夷的回憶閃現——但我把它壓下去；我相信那只是爲了配合團體情緒而產生的悲傷。

此時，我有一股衝動想交叉雙腿來表達抗拒。羅森醫師要給我什麼神奇對策？我暗藏了什麼東西可以拿給團體，然後就可以準備好接受親密？馬蒂與我同一天加入，現在他超越了我。我來找羅森醫師時很想死，因爲我長期而本質的孤獨，但馬蒂的床頭櫃有氰化物藥丸。結果他就可以進步？我讓妒意與憤怒冒起，但什麼都沒說。

療程只剩下十五分鐘，羅森醫師把注意力放在馬蒂的罐子上。「找一個人幫你接手。」我望著斑駁的地毯，馬蒂掃視房間。他當然會選派翠絲，這個團體的熊媽媽。

「克莉絲蒂。」

我的佛洛伊德媽啊！我朝馬蒂瞇起眼睛，又害怕又懊惱他選我收下一個永遠沒機會長大的寶寶，遺骸還被封在銀罐裡。我怒瞪羅森醫師，他搞出了這個病態的活動。我想要站起來用手敲打腦袋，全力嘶喊：「我來這裡不是爲了死亡與骨頭與骨灰！我來這裡是爲了生命！**我要活下去！**」

這怎麼說得通？馬蒂治療聚會中的一個女人，突然成爲這個罐子的守護者？這個寶寶應該交給愛他或他父母的親人吧？我受不了這樣的草率。

羅森醫師要馬蒂看著我，問我是否願意接過罐子。當馬蒂與我四目相接，我看到了他的痛苦，但無法忍受。我轉身面對羅森醫師。

「把馬蒂的氰化物藥丸給我如何？」

「我想不行。」羅森醫師說，停頓一下，「你不用這麼做，你知道的。」

「什麼？」

「當你害怕或難過、或生氣時，說個笑話。轉移。」

「這樣如何？去你的，羅森醫師。」羅森醫師用手摸著胸口，我見過這個姿勢。他有次說，當有人直接對他表達憤怒，那是一種愛的表現，他會收進心中，當成祝福。

「更好。」

「好吧。」我低聲說，收斂起來。我問馬蒂嬰兒的名字。

「耶利米。」

我無法拒絕耶利米寶寶。那個被愛的孩子仍有一部分在罐子裡，我不能背棄他。我自私又自溺，但我不是個怪物。我朝罐子伸出手。

羅森醫師把罐子交給派翠絲，她交給我。我拿著，保持完全靜止不動。我不想感覺到裡面的內容。我把罐子放在膝蓋上，想像裡面裝滿了小貝殼。我很努力不要去想骨頭。一個意象閃現，我抱著罐子開始搖晃哭泣，但一股對羅森醫師的怒火燒掉了那溫柔的悲傷。

「我有問題，」我對羅森醫師說，「馬蒂放開了耶利米，就可以與珍寧更親密，但我收下了會怎麼樣？」

嗯哼了幾聲之後，他說：「對你而言，這些骨灰象徵著你與這個團體的連結。你需要團體的支持來面對死亡，而不是逃避死亡。」他前傾，好像怕我聽不見，「你想要前進嗎?開始感覺。」

「我不知道。」我顫抖的雙手緊握著罐子。

「你不知道什麼？」

「怎麼做，或我是否做得到。」

「小姑娘，你已經開始了。」

兩週之後，馬蒂拿出一個信封給羅森醫師看。

「我的藥丸。」馬蒂說。他把黃色的藥片倒在手上，準備交給羅森醫師。

羅森醫師站起來說：「我們要舉行一個葬禮。」我們跟著羅森醫師走進團體室隔壁的小廁所。羅莉握著馬蒂的手，直到他準備好放手。羅森醫師宣布他要唸哀悼神聖祈禱詞。

「我們要哀悼什麼？」我問。

「馬蒂的自殺傾向之死。」

「L'chaim。」卡羅斯用希伯來語說。

「意思是『敬生命』。」上校說，伸手摸我的肩膀。

「我看過《屋頂上的提琴手》。」我說，撥掉他的手。

「的確，敬生命。」羅森醫師說，對馬蒂微笑，他把藥片丟進馬桶，看著它們消失在漩渦中。

我們沖掉馬蒂的藥片後，回到團體室坐下。羅森醫師凝視著我。

「你準備好了嗎？」他說。

「準備好什麼？」

「你知道的。」

「我不知道。」

「我想你知道。」

我當然知道。

11

我的行李標籤上寫著「克莉絲蒂．塔特—拉蒙」。珍妮的父親大衛，把標籤交給我時說：「我一直想要兩個女兒。」他擁抱我，然後把我與珍妮趕上旁邊等待的計程車。我們有五個人：珍妮、她爸爸大衛、她媽媽珊蒂、她哥哥沙巴斯金，還有我。六週後就要上高中。

我們降落在檀香山，機場裡所有人都穿著花襯衫，問候我們「馬哈囉」（Mahalo）。乘車去旅館的路上，我們一直唸著這句話，有如祝福。

我們花了三天時間探索蔥綠的主島，停在路旁欣賞山壁的壯觀瀑布、吃夏威夷豆、在黑沙灘上拍照。第二天晚上，我們參加了義務性的夏威夷晚宴，大家都搗了芋頭，戴上新鮮的蘭花花圈。

第四天，午餐後，大衛帶著我們這群孩子坐上租來的轎車，上頭還有毛巾與小衝浪板。我們要去公路盡頭的一處隱密黑沙灘，是我們第一天觀光時看到的。珊蒂待在旅館小屋準備午餐。

「衝浪，衝浪，衝浪。」大衛唱著，我們沿著山壁的彎路前進。沙巴斯金把一捲錄音帶推進音響，開大音量。一個搖滾樂團應景唱著沙灘與槍的歌。我們搖下車窗，以最高音量唱著，讓風吹進我們的喉嚨。

大衛停好車，朝著陰影中的一條小徑走去。「禁止進入」的牌子掛在鐵欄杆上，部分被垂下的植物遮住。我停了一下子，恐懼爬上背脊。我們正在違反規定。大衛繼續吹著口哨。上方的藍天沒有任何預警，只有新鮮的空氣與清爽的游水在海灘等著我們。有這麼多花朵的地方，不可能發生任何壞事。

我們排成一直列走著，我在最後面。我的夾腳拖鞋不太能支撐我走下很陡的山徑。

小徑終於平坦，展開成一片綠草地，我們可以看到海浪捲上岸。黑沙粒在陽光下閃爍。大衛找到一塊乾燥的平地讓我們放東西。海灘上沒有其他人——沒有救生員的椅子，沒有鋪在地上的毛巾，沒有人煙。感覺這片天堂完全屬於我們。我脫下圓領衫與短褲。調整好我的泳衣。沙巴斯金撲入海浪中。珍妮與我跟在他後面。

「我等下去找你們。」大衛彎腰把一瓶生理食鹽水倒入他的隱形眼鏡盒。

海浪看起來很溫和，不像我家人去度假的德州海灣激浪。天空是個藍色的大圓碗。我最大的問題是希望自己的身體如珍妮那樣苗條。

等我涉水到大腿的深度，一道波浪把我打翻。我整個身體沉到水中，後退的浪又把我往下拖。我掙扎要站起來，但當我探出水面，另一道波浪就又把我壓下去，我在海浪中翻滾。鹽水刺痛我的眼睛、衝入我的鼻子。我覺得沙中有無形的力量把我拉下去，挑戰我去抵抗。每次伸出水面都想要喘口氣，但還沒吸滿空氣就會被打倒。我始終無法站起來。

我必須脫身。我驚慌地拍打手臂，雙腳踩踏，但還是被海浪往回吸。我終於踩到可以站起來的地方，喘氣咳嗽，幾乎快累昏了。我的腦袋因為與大海的爭鬥而疼痛。我踉嗆走出水。

我上岸後，因爲逃命而喘著氣。手臂因爲在水中拍打而痠疼。珍妮冒出水，朝我走來。我們同意日光浴會比較好玩。

「我爸呢？」她說，看著水面。

我把手舉到額頭，掃視著海洋——左邊，右邊，然後回到左邊。沒看到大衛。恐懼再次升起，直上我的脊椎，留在脖子後方。

「我的天！」珍妮指著正前方，衝入水中。在我們前方約十公尺處，一個橘色物體在水中滾動。大衛的小衝浪板。旁邊有個大的白色物體漂浮著。

大衛的臉朝下。一道海浪把他往前推到我們所在的小腿深處水面。我們把他翻過身來，他眼睛睜著，沒有眨眼，看著天空。我開始急促喘氣。水從大衛的口鼻流出來。很多水，彷彿他喝下一半的海洋。

珍妮與我各抓住一隻手臂把他拉上岸。我們都不懂心肺復甦法，但兩人擠壓他的胸部，如想像中應該的做法進行。我們瘋狂叫著沙巴斯金。每次擠壓大衛的胸部後，都有更多水從他口鼻流出。他的眼睛瞪著天空，不眨眼，什麼都沒有。

我的牙齒不可控制地打顫，手臂抽筋。當我沒有擠壓大衛的胸部時，我就原地跑步，因爲站著不動，就意味接受他茫然的眼睛與流水的嘴巴所代表的事實。我心中編織著謊言：**他會沒事的。度假時不會有人死的。我們會在回家時笑著夏威夷的兇猛海浪。我還可以聽到他的口哨聲。**

如果我們把足夠的水擠出來，他就會坐起來咳嗽。

「我的天！」沙巴斯金來了，滴著水，喘著氣。他用雙手按壓他爸爸的胸部。

「我去求救。」我說，跑步離開，赤著腳，還在發抖——我的腿迫切需要動作。靜止就會面對眞相，所以我使勁讓自己爬上山坡。三十分鐘之前吹著口哨走下來的大衛鬼魂，糾纏著我的每一步。爬到一半，我被樹根絆倒，整個人趴在小徑上。膝蓋上有道紅傷口。看起來應該很痛，但我沒有任何感覺。我全身只有心跳與驚慌。我已經脫離了身體，飛上山來找人幫助我們。

「不要！不要！爸，不要！」沙巴斯金與珍妮的哭嚎從海灘傳來。我爬起來。我必須繼續奔跑來蓋住哀嚎聲。每次停下來喘氣就會聽到他們。兩人孤單地在沙灘上陪著癱軟的父親，這個意象推動我爬上山坡。

我爬到山頂，倒在四位打高爾夫球的老先生腳前。我看著他們的白色尖頭鞋與格子褲腳。其中一人彎腰望著我的臉：「你還好嗎，小姑娘？」

「有人溺水了——他還沒死。」我堅稱。對我而言，溺水與死亡是不同的。「他的孩子在下面陪著。」

他們四個立刻行動，留下我靠在一塊大石頭上。

「他還沒死。」一聲尖叫，一聲低語，直接從我顫抖的心中發出。靜止很可怕。我又跑到馬路上找更多人幫忙。小石頭刺著我的腳但沒有刺穿皮膚。我跑得更快了。在路上，我找到一間廢棄小屋。敲門後沒人回應。我推開沒上鎖的門，尖叫著：「電話！電話！」黑暗的房間裡，只有一張木桌，幾張椅子與一個老書架。沒有人，沒有燈，沒有電話。

回到路上，我看不到海灘，聽不到珍妮與沙巴斯金。我穿著泳衣站在那裡，等待有什麼事情會發生，顫抖抽搐著，沒地方可去。我的喉嚨發出了低聲的呻吟，無意義的字眼，混雜著「不要不要不要」與「拜託拜託拜託」。我的手抱住腦袋兩側，彷彿放開手就會裂開。

來自於堪薩斯州的一家人——母親、父親與青少年兒子——停車在眺望點。我揮手：「救命！拜託！」好消息：父親是心臟科醫生。他帶著兒子下去，母親給我一罐沙士，請我坐上他們的車。我喝著甜飲料，仍在顫抖，我的身體開始吸收可怕的眞相。

一位公路巡警開著黑色卡車經過，母親跳下車攔住他。他的頭伸出車窗，她對他說了一些話。他看著我，然後說他會去求救。

烏雲不知從何處湧來。雨水打在車上。雨變成了冰雹。每一顆冰雹敲打車窗時，我都會縮一下。我還在顫抖。感覺自己的牙齒快要被震掉。我可以屏息來讓身體靜止幾秒鐘，但只要我開始呼吸，就會顫抖。

頭上出現直升機螺旋槳的斷續節奏聲，一隻巨大的鐵鳥朝沙灘飛去。那位母親握住我的手。她知道其中的含意。打高爾夫的人出現在小徑入口。我衝下車，仍抱著希望，雖然前方兩人搖著頭。沒有，他沒有活下來。沒有，他死了。沒有，已經沒希望了。

「孩子們就在我們後面。」希望終於從我體內流光。

我可以聽到螺旋槳的聲音，但除了灰色的天空，看不到任何東西。直升機從山後升起，機腹掛著一條長繩子。繩子的一端是黑色的袋子，如一條很重的尾巴般擺盪著。直升機飛越天空，直到成爲地平線上的一小點。

一口氣說完那些可怕的細節後，我感覺輕盈了一些。我相信在這個空間讓見證者知道我的經驗，是我所需要的療癒。現在我的團體知道搖滾樂團錄音帶，大衛的隱形眼鏡，洶湧的海洋，我赤腳跑在小徑上，沙士汽水，雨水，直升機。

下一週，我踏進通往團體室的電梯，想像羅森醫生會提到我上週關於夏威夷的好表現。這是一個願望：我想要得到嘉獎，終於讓團體見證了我從那個夏天起就一直沒放下的創痛畫面。

但當我來到候診室，卻產生另一種似乎毫無關聯的感覺：對於羅森醫師即將來到的假期感到焦慮。他將離開兩週。沒有這些每週的療程來安定自己，我會陷入一波孤獨之中。兩週沒有團體聚會，就像兩週沒有氧氣。焦慮之下，我也感到憤怒。他怎麼能拋開我們整整兩週？

「躺在地上抓住卡羅斯的腳。」羅森醫師在聚會開始十五分鐘後這麼建議，因爲我分享了對於他即將去度假的感覺。抓住卡羅斯的腳應該可以舒緩我，讓我安定。結果沒有。

這個團體從療程的第一分鐘開始就很躁動與不專注。我們從卡羅斯的病人談到馬蒂的婚禮安排，再到羅莉的性生活。每次我們改變話題就有多人同時插嘴，離開了主要的討論。羅森醫師認爲這是我們對於兩週不聚會的集體焦慮。

我用右手臂繞住卡羅斯的小腿，左手抓著地毯，而馬蒂談著沒有氰化物之後的生活。突然間，一股想放聲大叫的衝動湧上來——從我的肚子慢慢升起，穿過胸骨來到喉嚨邊緣，然後飛了出來，停頓了房間中的所有活動。啊……！這聲音來自於我深深的肺腑，撼動了牆壁。

「搞什麼鬼？」卡羅斯說，坐在椅子上往下看。

「我不知道怎麼回事。」我說，對自己的原始吼叫感到難爲情，似乎沒有敘述、沒有動機、沒有解釋。

羅森醫師毫不動搖地說：「你當然知道。」

我聽到直升機的嗡嗡聲，感覺到身體驚恐地緊縮。我的意念飛回了夏威夷，來到海浪與黑沙灘之上。

「你覺得我要去哪裡度假？」

「毫無頭緒。」

「你腦中有一個畫面——」

「度假是字眼，不是畫面。」

「我要去滑雪嗎？」

「現在是七月。」

「所以我要去哪裡？」

我脫口而出。「該死的墨西哥。」

「墨西哥有什麼？」

「披索。」羅森醫師不肯讓步。正確的答案在我腦中嘶喊。「海灘。」

夏威夷的故事片段在聚會的第一年就陸續漏出，終於在上次傾巢而出。每次談到這個話題，羅森醫師就會要我表達自己的感受，而我都會抗拒。我擋住那些情緒，堅持說這沒**什麼大不了的，他不是我爸，那已經是很久以前的事情了**。

去觸及我對於夏威夷的情緒，讓我覺得做作且虛假。我有太多藉口來轉移那個話題。況且我不想談自己孤單一個人穿著泳衣爬上山去求救、我流著血的腿、大衛茫然的眼睛，還有從他臉上冒出的海水。我不知道任何言語來表達自己感受到的恐怖，也無法容納我的悲傷。

還有：等我們從夏威夷回來，珍妮與我開始上高中。六週前我們在那黑沙灘上看著大衛癱軟的身體掛在直升機下方，現在我們穿上紅藍相間的制服褶裙與黑皮鞋，從代數課到世界歷史課，到體育課，到英語課。我坐在代數課看著老師在黑板寫下複雜的公式，午餐時聽著其他女孩談著去看演唱會時要穿的衣服。

誰在乎啊？我們全都會死。這一切都無關緊要。

在頭幾個月，一半的我仍在夏威夷，等待大衛咳嗽醒來，讓我可以回去過正常的青少年生活，只關心暗戀的男生，或要留什麼髮型。但放學後我會睡好幾個小時，我爸媽開始擔心我的情緒狀態。我看到他們在晚餐時凝視著我，還有當我把沉重的腦袋放在手掌中，下午窩在沙發裡不起來。但我們從來不談夏威夷的那次「意外」。

一天晚上，我爸媽敲我的門，發現我躺在床上聽收音機。他們試著跟我聊功課與將舉行的足球賽。我可以從我媽握著門把，與我爸靠在梳妝檯的樣子，知道他們想談的是更嚴肅的事情。

「你能不能幫我們一個忙？」我媽站在房門口，她的眼睛像我一樣是褐色的，裡頭出現了前所未有的懇求之情。

「應該可以吧，什麼事？」

「你能不能表現得正常一點？試試看，為了我們。請你表現正常？這樣的消沉對你不好——」

「好吧。」我懂她的意思。夏威夷之後，我就失去了活力。上高中之後，不僅睡眠增加了，對所有新活動也都失去興趣。一切都是浮光掠影。他們覺得我的倦怠是孩子氣的鬱悶，我可以、也應該擺脫，以免失去一整年的生活。我父母堅定相信我可以決定快樂起來。現在我明白他們提供了自己所使用的工具：意志力、樂觀態度與自立自強。但這些工具一直從我手上滑落，所以我使用了較可靠的暴食與嘔吐，來壓抑想要浮現的情緒。

我父母與我有同樣的目標：我可以恢復正常。我比他們更希望有一個「正常的我」，但我們都不懂的是，我並非「鬱悶」，壓抑我的感受可能要付出更高的代價。我也聽到了暗示，我應該把夏威夷與那些可怕的畫面都埋藏起來。

我父母的暗示有以下的含意：不要去想它，不然你會難過。不要難過，不然你會錯過了正常青少女的重要過程。不要去談它，不然你會讓自己難過。不要去談它，不然你會讓我難過。

我想當個有責任感的好女兒，所以我盡力埋藏了它。

§

羅森醫師合起雙手，「你對於我去海灘有什麼感受？」

「不是所有人都可以回到家。」我的聲音破碎。羅森醫師問我是否可以再尖叫一下。

我不認為自己可以，但當我把前額靠在硬毛地毯上，這十年以來的肺腑呻吟湧上來，如波浪般從嘴巴冒出。

「直升機帶走大衛之後，又發生了什麼事？」羅森醫師問。我從來沒談過我們離開海灘後的情況。在我心中，直升機載著裝大衛的黑袋子消失在山頭之後，故事就結束了。

我開始顫抖，如我當時在那位堪薩斯女士的車上一樣。

「你在警察局時很冷嗎？」

「地板在我的赤腳下感覺很冷，我也沒有帶自己的衣服。一位警員給我一條黃色毯子，另一位警員則帶我去一個房間，讓我打電話給父母。他們跟朋友去看電影了，所以我跟我哥哥說明發生了什麼事。」

「你離開警局後是什麼情況？」羅莉問。

「沙巴斯金開車載我們回旅館小屋。我們距離小屋超過一小時車程。然後他轉錯了彎，我們又多走了好幾公里——我們在二線公路上一直開下去。沒人說話。我一個人坐在後座，望著窗外那愚蠢的海洋與夏威夷的壯麗夕陽，一片紫色、粉紅色與橘紅色。搖滾樂團的錄音帶一再重複。一面播完後會喀答幾聲，然後播放另一面。重播了幾次才回到旅館小屋。」

「警察讓你們三個自己離開？」羅森醫師問。

「沙巴斯金快要十八歲了。」

「但他爸爸才剛過世，」羅莉說，她的聲音破碎，「你們都還是孩子。」

「警察應該要照顧你們。」派翠絲伸手。我握住她的手，她緊緊握著，就像第一天的結束祈禱。

「你們回到旅館小屋之後呢？」羅森醫師問。

「我們必須告訴珊蒂。我們敲門，因爲鑰匙不見了。當她從門孔往外看，就知道情況不妙。我們有一人不見了。她開始尖叫：『不要！不要！不要！』」

「天啊，克莉絲蒂。」卡羅斯低聲說。

我推開他們，躲進浴室——沒有打開水龍頭——這樣我就不會妨礙他們。我在淋浴簾幕後面，剝掉腿上的乾泥土與血塊，想承受他們的悲傷。他們站在小屋門口擁抱著，哭泣著，直到最後一縷日光消逝。

「那是什麼樣的聲音？」羅森醫師問。

我張開嘴巴模仿他們的哭聲，但沒有發出任何聲音。我再試一次，聲音卻凍結在身體之內，我的悲傷出口封閉在我的喉嚨之中。

「你剛剛就發出來了。你可以在腦中聽到那個聲音。」羅森醫師說。

我可以聽到他們三個擁抱哭泣著，但我發不出任何聲音。恐懼與悲傷是我的一部分，覆蓋著一切的器官，如皮膚或頭髮一般。如一塊汙跡。我不知道如何放開。我想像著嚎叫。我搖著頭說：「我做不到。」

我很久以前就接受了，這輩子都將帶著夏威夷——只要想到海洋，就會出現那些尖叫與可怕的全身肌肉緊縮。那是活下來的代價。如何才能療癒？我無法想像自己不會被吞噬大衛的海洋所糾纏。

羅森醫師建議做一個練習。「跟著我說：我沒有殺死大衛。」

我搖著頭。「老天，羅森醫師，我不認爲自己殺了他。這不是什麼青少年節目。」

「但你覺得自己有責任。」

「太荒謬了。我才十三歲——」

「那個牌子。」

「你總是會提到那個，親愛的。」羅莉說。

「牌子？」我說，看著大家。

「那個禁止進入的牌子。」羅莉說。

我往後倒入椅子，好像自己被打到。我眞的認爲是自己的錯嗎？「那是我這些年來一直沒放下的？」

「那是你沒放下的許多事情之一。」

我們本來就不應該去那個海灘。從一九八七年起就在我心中低語的聲音，此刻在我耳朵旁吼叫：你本來可以阻止的，應該可以的。我也許只有十三歲，但我識字。我瞭解我們正在違法。我知道「禁止進入」的意思。

「準備跟著我一起說？」羅森醫師說。我點頭。「看著羅莉說，我沒有殺死大衛。」

「我沒有殺死大衛。」

「他死了不是我的錯。」

「他死了不是我的錯。」

「我不需要責怪自己。」

「我不需要責怪自己。」

「那不是我的錯。」

「那不是我的錯。」

「現在呼吸。」羅森醫師說。我的肺在肋骨下擴展。我吐氣時，氣息斷續，卡在我這十七年來的抗拒鉤子上。

「所以這個創痛讓我這些年來一直如此孤單嗎？」

「你掩埋這件事的情緒，讓你遠離了其他人。」

「爲什麼？」

他往前傾，慢慢說著：「如果你有了親密關係，你的強烈情緒就會像今天早上一樣冒出來。你會依附某個人。」他指著自己，「他可能會去海灘。他可能不會回來。愛會帶著你回到那個海灘，一天一千次，直到生命終了。」

「我永遠無法放下這個。」

羅森醫師搖著頭。「克莉絲蒂，你永遠無法放下這個。」

羅森醫師如往常一般結束療程，派翠絲與羅莉都轉向我，伸手擁抱我。卡羅斯站在旁邊，等待輪到他。還有馬蒂與上校。他們都緊緊擁抱我。羅森醫師也比平常多擁抱了我幾秒鐘。在我的皮膚之下，我仍可以感覺到身體隨著海浪沖上黑沙灘的回憶而顫抖。

13

二〇〇二年八月，我加入團體治療滿一週年。我的慶祝是焦慮地每隔三分鐘就重整我的電郵網頁。

我在一間學生餐廳，旁邊擠滿了其他的法律學生。此時我剛完成十週的夏季實習工作，法律公司的人資部門說會在今天用電郵提出正式的工作邀約。我在夏天寫過備忘錄、搜尋資料，還有幾天晚上工作到超過九點，來證明自己的認眞。我也爲小熊隊的比賽加油，在酒吧喝汽水來證明將來我可以跟大客戶應酬。但現在我需要工作邀約。

四點半，我最後一次按下滑鼠，看到法律公司的電郵：**委員會尚未投票**。這家公司以前會在俯視芝加哥市區的會議室舉行美酒派對，然後給所有實習生畢業後的工作邀約。今年，我們喝著簡單的藍莓汁，吃著烤核桃，聽著公司主管用僵硬的微笑談著經濟衰退。現在這封電郵證實了整個夏天讓我們害怕的謠言屬實：他們沒有足夠的工作給所有實習生。

我在法學院的第三年剛開始。九個月後就會畢業。網路泡沫化剛開始，法律公司通常不會僱用第三年的學生——他們僱用夏天的實習生。有些法律公司岌岌可危；前一天還在，第二天就不見了。我的學校是排在第二級的，所以我要跟芝加哥大學與西北大學的學生競爭，那都是全國前十大的大學。等我畢業後，我的貸款將超過十二萬美元。如果沒有得到好工作，我要如何付房租、還學貸與繼續治療？

我快步走到事業服務中心，已經有幾個學生在那裡翻閱著白色大文件夾中的工作機會。有一張面試第三年學生的公司名單被釘在告示板上。有人在下面寫著「我們慘了」。只有兩家機構面試：軍法局與世達法律公司。軍法局不予考慮，因爲我不想讓聯邦政府知道我的心理治療或我抽過三次大麻。世達法律公司是國內起薪最高的頂尖公司之一，那裡有來自常春藤學校的優秀律師人才，每週慣常工作超過六十小時。世達法律公司是法律公司中的哈佛大學。他們絕不會僱用我的。

我強忍著對白色大文件夾嘔吐的衝動。

我最要好的法學院朋友克萊兒對我的恐懼嗤之以鼻。「你是我們班上的第一名！你可以的。」是啊，身爲模範生的我會找到工作，但如果只有基本薪資，我會被自己的債務壓垮。我借了利息一〇％的私人貸款來付羅森醫師的治療費。我的法學院學貸也很可觀。如果一直找不到工作，我的生活會怎麼樣？我會搬回六六四四號嗎？

在聚會中，羅森醫師很堅持。「去世達面試。」

我退縮了。我覺得自己是二流的，一群普通的律師之一。我的法學院是二流的，如我實習的公司。世達公司的合夥人曾在最高法院前打官司，主掌複雜的商業訴訟，並在《華爾街日報》上大幅刊載。他們身穿訂製套裝，腳踩義大利皮鞋。我是有蟯蟲的小女孩，幾乎把自己催吐至死的大學生、有蘋果暴食問題但勉強壓住的年輕女子。

「世達不適合我，哈佛醫生。」

「適合。」

他懂什麼？他整天都跟心理有問題的人坐在一起。世達會期待我表現優越，就像其他普林斯頓高材生慣常的表現。

「你很傑出。世達會想要你。」

傑出是用來形容居禮夫人、賈伯斯等人，而不是我。拿到班上第一名，是因爲我拚命想用成績來蓋住私人生活的漏洞，那不是傑出。我的法學院入學測驗就是證明。

派翠絲碰碰我的前臂，然後誇張地做出摸胸的動作，就像羅森醫師被人讚美或辱罵時所做的。我敷衍地摸摸胸口。但那句傑出有一部分穿透了我的胸骨，有一點點留在我願意接受它的柔軟部位。

回到家，我打開衣櫃，看著自己的海藍色套裝與平底鞋。當然我會塗上卡羅斯挑的口紅。至少，我可以穿對衣服。

一週之後，我坐在一位六十多歲的禿頭白人對面，他靠著橡木書架站著，上面有個厚重的銀相框，裝著他孩子的照片。這位世達法律公司的訴訟部主管眨眨眼，問我覺得自己五年後會在哪裡，一邊偷偷笑著，好像這個問題是鬼扯。我照實告訴他：「我希望成為合夥人。」我不一定是指公司合夥人，但他不知道。

第二位面試我的合夥人穿著我所看過最華麗的炭灰色套裝。我仔細觀察，以便日後對卡羅斯描述。在我們的三十分鐘談話中，他五次用膠帶從桌上沾取看不見的灰塵。我們結束時他握我的手說：「我保證會給你刺激的工作。」

男性律師們的辦公室有古怪的物件：一幅裝框的小熊隊舊球衣、一個戈巴契夫搖頭娃娃、一張簽名的布魯斯．史普林斯頓搖滾唱片。他們沒有一個像神經病，或無法談工作之外的私人生活。我只見到一位女性律師，笑容開朗輕鬆。我坐入椅子的感覺跟在男性辦公室不一樣。當我問她，女性是否可以在世達成功，她慢慢點點頭說：「我覺得可以。」

午餐時，兩位新進律師叫了輛計程車帶我們去吃西班牙小菜。一位相貌莊嚴，打著領結與袖釦。一位有張娃娃臉，有點不修邊幅，剛結婚。我們入座後，領結男建議我們各點四盤小菜來分享。我從來沒吃過西班牙小菜。我沒有在午餐時吃過西班牙香腸與曼徹格起司，或其他的小菜。我從來沒有與兩個男人分享十二盤小菜，同時求職。

食物送來，我平靜地呼吸，每一盤小菜都吃了幾口：烤山羊乳酪、西班牙香腸、油漬三色橄欖、炒蝸牛，還有烤馬鈴薯。美味的食物滑入我的喉嚨，我的肚子快樂而驚訝地顫抖著。這與包心菜、鮪魚與芥末有著天壤之別。我在每道菜之間用白餐巾的一角擦嘴，想到晚上向羅莉報告食物時，她會吃不消。

就算我沒得到這份工作，這一餐也是個奇蹟。他們向我保證，他們在工作之外還有私人生活：領結男有未婚妻，娃娃臉非常喜歡打數小時的撲克。我吃下最後一口，感覺胸中的渴望在翻滾。我也想在世達工作。我想要呼吸一家豪華法律公司的稀有空氣，就像他們兩個。

我們在餐館外道別，我走在街道上，聰明的海軍鞋在人行道上踢答作響，經過精品店與百貨公司。我的腳踩出了完美的節奏，我的背脊挺直。我的步伐屬於一個法學院第一名的女生。那也許是二級的學校，但只有一個人是第一名。那個數字的意義在我體內滋滋作響，終於不只是抽象的，或一種羞愧。那是一種力量，而且是屬於我的。

等我插入家門的鑰匙，我相信自己應該得到世達的工作邀約——一部分是因爲我是班上第一名，同時也因爲有位古怪且頂著顯赫學歷的醫師，說我很傑出。就算我不相信自己很傑出，我也相信他對我的信任。

結果，我得到兩份工作邀約：一份來自我實習的公司，另一份來自世達。克萊兒說我應該回到較小的公司，因爲世達會把我操死。心理治療不就是爲了讓我不被工作吸乾生命？我不想要只有工作的生活。而我最喜歡的法學院教授要我選擇世達，因爲我年輕有活力，不該放過這麼好的機會。

二十四小時內必須做出決定，我將它帶到聚會之中。我與兩位年輕世達律師吃完午餐後，相信自己可以在世達成功，但現在卻逐漸開始懷疑。世達是否會用加班榨乾我？如果讓我沒時間處理自己的情感關係，世達可能成爲我的噩夢。

羅森醫師不同意：「跟其他傑出人士一起做法律工作會比較容易。」又出現了那個字眼，「你現在就可以打電話接受工作邀約。」

告訴學校的帥哥我會吊老二胃口是一回事，但把這樣的決定——我的法律事業起點——交給羅森醫師，則是完全不一樣的。我告訴他，我需要幾分鐘來思考。他聳聳肩，意思是隨你高興，接著把他的注意力轉到其他人身上。

療程還剩下十五分鐘，我胸中的欲望與野心又開始翻騰——如泡泡般顫抖、透明、脆弱。在法學院讀了一年之後，在找上羅森醫師之前，我下載了西北大學法學院的申請表。以我的班級名次，應該可以轉學過去就讀全國排名第八的法學院。我塡好了申請表，放入一個厚信封中。但在法律圖書館前的郵筒，我的手指不願意拉開上面的金屬把手。我的手肘無法彎曲，手臂肌肉不願意收縮。郵筒另一端的未來對我的呼喚，超過了我身體所能付出的。我不屬於那裡。我是個二流角色。我朝圖書館後退了十步，把信封丟入垃圾桶。

世達很尊貴，我不知道自己是否有資格，但我胸中那顫動的肯定突然勝過了對於失敗的恐懼。因爲不安全感與恐懼而拒絕世達似乎顯得很荒謬。況且他們會給我足夠的錢來付房租、償還學貸與繼續心理治療。

療程接近尾聲，我望著幾條街外的摩天大樓尖端。我靜止不動，以免這個全新的意象消失：我印在厚白紙上的新名片。我的五位數紅利獎金。我的新服飾。我的新公事包。我的案子與客戶。我可以承受這一切嗎？我可以試試看嗎？

我想要一試。

我舉起手機，有如舉起一把火炬：「我要世達。」

羅森醫師伸手一揮，意思是請便。

我拿起手機撥號，但在按下通話鍵之前猶疑著。派翠絲搬起椅子朝我移近，伸出她的手。我把自己的手放在她手中。

人事處合夥人的語音信箱嗶聲響起，我望著羅森醫師尋求支持。他點點頭。

我很快吸口氣。吐氣時，我踏入了自己的未來。

「我希望你知道你在幹什麼。」我說，關上手機，「這是我的生命。」

「也許你會在那裡遇見你的丈夫。」羅森醫師開玩笑。我放開了派翠絲的手，對他伸出中指。我找工作不是爲了找丈夫。他笑了，用力摸摸胸口。

我有了一份新工作，來搭配我的新家。

幾週前，我的法學院朋友克萊兒打給我說：「塔特，我需要一個新室友。」我以為她問了她男友，我們的同學史蒂芬，但她說他們還沒準備好走這一步。

克萊兒的公寓有大理石大廳，二十四小時的門房與一座泳池。可以步行到學校，捷運三站就到羅森醫師的辦公室。她的客廳掛著紫色窗簾，有金色絲絨緞帶。我可以使用健身房與停車場。收到邀請，我全身都非常興奮。她願意收我目前租屋處同樣的房租，但少了會作響的暖氣、有水漬的天花板，與數十年舊的廚房。我怎麼能拒絕？十分鐘後，我就找了搬家公司。

§

接受世達工作的那一晚，我躺在床上，清點自己的生活：一份新工作。一個新家。要是我死了，克萊兒可以報警，或找門房。

我死時不會孤單一人。

§

團體治療的卡羅斯是我第一位男性閨密。他會在前往健身房的路上打電話給我，抱怨他的未婚伴侶花太多錢買義大利鞋子或古董布料。他會駕駛他的銀色小轎車帶我去餐館，介紹我認識我從未吃過或聽過的美食。沒有卡羅斯，我永遠不會嘗到希臘菠菜派或踏進精品店。我進入第二年的團體治療，與卡羅斯的關係是我日益明亮生活中的最亮點。我在聚會中吹噓自己和卡羅斯從來沒有任何衝突。羅森醫師插嘴。「祈求吵一次架。」

「爲什麼？」

「因爲你要眞正的親密情感關係。」

「所以要吵架？」

「如果你不願意吵架，怎麼能親密？」

跟我弟弟在六六四四號爲了電視遙控器扭打算嗎？我搜尋記憶中的老式衝突——用力甩門、握緊拳頭、發出怒吼。我沒找到。

高中時，朋友丹妮絲從我家溜出來，跑去跟她的四年級男友在公園中做愛。我沒有怪她從我的窗戶爬出去可能讓我惹上麻煩。我吞下了自己的憤怒，當她敲打我的窗簷，我讓她進來；大學一年級，室友安妮邀請正在與我約會的男生過來跟她看電影，而我人在圖書館。我沒說一個字。兩個月後我搬出去了；當朋友泰莉質問，我為何在她的劇場表演謝幕前就離開，我感到怒火從肚子上升到嘴。她不記得我送花給她、留下來看她說完所有臺詞，離開是因為我肚子痛。我很想對她傷心的臉惡毒地說：「你能不能想想別人一秒鐘？」但我說，「很抱歉，我保證下次會看完。」

對於憤怒，我會吞下去，假裝沒事，置之不理，退縮認輸。我完全不懂如何吵架。

§

「我覺得你應該參加週一的男性團體。」羅森醫師在一個周二早上對卡羅斯說，大約是我開始治療的十三個月之後，「這可以幫助你準備婚姻。」

我問，是否我也該加入第二個團體，羅森醫師搖頭說我還沒準備好。羞愧把我壓在椅子上，接下來的療程我都保持沉默。我不知道自己是否想參加第二團體，但那不是重點。羅森醫師給了卡羅斯一些東西，但沒有給我。在剩餘的療程，我心中滾動著焦慮的意念：

他喜歡卡羅斯超過我。

我做錯了。

我的心理治療搞砸了。

我在無言而氣沖沖的沉默中離開。我不接卡羅斯的電話——一開始是因爲我嫉妒他受寵，然後因爲我對自己的任性感到羞愧。我們直到週日晚上才交談，我承認了自己的嫉妒。「別嫉妒第二個團體，姑娘，」他說，「只會花更多錢，有更多麻煩。」

那天晚上，我留言給羅森醫師，要他在聚會之前打給我，讓我可以聽聽他對於我在知道卡羅斯受邀加入第二個團體時，出現如此強烈的反應有什麼想法。羅森醫師通常會在療程之間回我的電話。

週一整天，我都捧著手機，就像個等待通知的心臟移植病患。天黑後，我失去了希望。我在克萊兒公寓的豪華廚房中一邊煎著雞胸肉，一邊打給瑪妮。她還在看羅森醫師，所以我想她會瞭解我的感受。

我還沒告訴她任何事情前，她的另一條線路響起。「哈，那是羅森醫師。我再打給你。」

喀拉。瑪妮掛了電話。

我抓住鑄鐵鍋的把手，燙到了自己的手指。「可惡！」我握著被燙到的手指，痛得同時跳躍著、咒罵著。我坐在廚房中央，前後搖晃。雞肉與油在鍋中滋滋叫。

五分鐘後，瑪妮打回來。我深吸一口氣。也許羅森醫師打給她是因爲她在流產後又剛懷孕了——也許不太順利。也許她開始抽痛，或聽到醫生給的壞消息。

「一切都還好嗎？」我問，眞心地關心。

「都是我們的笨承包商。他裝錯了門——我們要橡木，不是桃木。羅森醫師教我明天要怎麼跟他談。」

我肺中的空氣剎時全部噴出。我彎下腰，把冰塊壓在我被燙到的手上，剛懷孕的瑪妮在她的四樓豪宅訂製長椅上，興奮地談著如何壓榨勞工。

羅森醫師爲何幫她不幫我？

我撥他的號碼時，全身顫抖，對著嗶聲說：「我眞不敢相信！你這個**該死的混蛋**。你一直教我要尋求幫助。去伸手。**去讓你與團體進入**。但你卻不回我電話？去你的！」我對羅森醫師的語音信箱吼下去，我的手脹脹的。

他的語音信箱嗶聲響起。我已經用光了時間。我把電話丟到地上。我想要砸毀一切：克萊兒的美麗瓷盤，角落的冰酒壺，裝乾燥花的花瓶，牆上的爵士樂版畫。一切都脹脹的：我的腦袋，我的心臟，我的喉嚨，我的手。我討厭羅森醫師的一切：他自以爲是的臉孔，愚蠢的笑聲，自大的處方。去他的，還有十八層樓高的那一圈椅子。

聚會的頭幾分鐘，我避開所有人的眼睛。我雙手交疊放在膝蓋上，目光盯著地毯上的橢圓形汙漬。馬蒂談著他母親的臀部手術，羅森醫師照慣例輪流凝視著每一個人。

「你是不是在電話上留言給我？」我抬頭，羅森醫師凝視著我。我點頭，有點頭暈。

「你要不要告訴大家？」他笑著看我，房間中都是殷切的表情。

「我不高興，說了一些不太好的話——」

「不太好？不要避重就輕！你兇惡極了！」羅森醫師伸手作勢，身體在椅子中彈跳。他摸著胸部，閉上眼睛，彷彿在回味一道美食。「大家應該去我辦公室聽一聽。」

大家都站起來。校外教學！這是我開始團體治療後第一次回到他辦公室，一切都是老樣子：裱框的哈佛文憑、針織品、靠著牆壁的整齊書桌。

羅森醫師拿起話筒，輸入語音信箱的密碼，卡羅斯低聲問：「你到底說了什麼？」

羅森醫師按下擴音鍵，我的聲音響起，尖銳又清晰：「你完全不在乎我！瑪妮**什麼都有！**我呢？」我的聲音繼續響了三分鐘。大家都聚集在電話旁邊。

當我的聲音終於結束，他掛上電話。

「你要慶祝這個嗎？」他慢慢說出每一個字，好像我才剛學英語。

慶祝憤怒？那比吵架還稀少。我不記得曾經對父母吼叫過。青少年時也沒有。我們不吼叫。我們是沉默以對；我們會大力嘆氣，暗中冒火。當我父母不讓我在高二參加新年派對，因爲他們懷疑會有未成年飲酒。我窩在房間裡，錄製悲傷歌曲的錄音帶。當他們告訴我必須去上德州的大學，我丟棄了翻閱數週的大學指南。我擺出假笑容，說著「沒關係」，然後暴食如其他人使用衛生紙。但現在這個人把我的抱怨當成了蕭邦奏鳴曲。

「慶祝？」

羅森醫師的眼睛睜得很大。「非常美！」

「很噁心——」

「誰說的？」

「首先，很自憐——」

「我不同意——這很誠實，眞誠而且眞實。這是屬於你的。你與我分享了。謝謝你。」他用手摸著胸口，「歡迎你的憤怒，小姑娘。這對你會有幫助。」

這是我首次因爲自己的醜惡、非理性、小氣、莽撞、惡毒與口無遮攔而被讚美。我從來沒聽過這種事。如果我是自己的心理治療師，會叫我少耍這種把戲，但羅森醫師卻好像慶祝節日，大家放假到街上跳舞。

「別擔心，」他說，「你才剛開始。」

15

超過一年來，我首次睡了整整八小時之後才醒來。我不太確定自己在何處，但我知道雙腿間有種溫暖酥麻的感覺。

我做了個春夢。一個鮮明火辣的春夢，對方是節奏藍調歌手路德・范德羅斯（Luther Vandross）。我的男人路德撫摸我的臉，深深吻我，他的舌頭塞滿了我整張嘴。然後他舔我的腹部——繞圓圈與戳刺的組合——讓我看到了星辰與其他星雲。當他柔軟的舌尖繞著我的雙腿之間，我像初生的幼貓一樣嘶叫。

我醒來時又濕又熱，非常滿足。

那天早上搭捷運去聚會時，我哼著最喜歡的路德・范德羅斯歌曲，《此地與此刻》（Here and Now）。喔，路德，就在此地與此刻。

列車經過還沒開的夜店與趣味精品店，我感覺輕飄飄——彷彿可以如氣球般飛上天。我的內在沒有自己所擔心的那樣麻木。那個夢也證明了，把范德羅斯先生帶到我床上，讓他的舌頭舔滿我全身的潛意識仍很活躍。她很飢渴。這個性愛厭食者朝著大餐前進。我夢見與感覺到火熱、狂野、吵雜、濕潤的性愛，完全專注於我的快感。沒有壓抑的性愛，沒有修女威脅下地獄，沒有不贊同的父母，認爲性愛只與婚姻有關，也不用擔心懷孕或太胖或做得不對。只有我的身體、一個帥哥與快感。

在聚會的頭十分鐘，我就告訴他們一切。「他爲我口交，他的背又平滑又有肌肉。我在睡夢中達到高潮。」

「持續多久？」

「你有看過他的演唱會嗎？」

「是他與夏卡・康（Chaka Khan）合唱嗎？」

本來沉默地參與這段對話的羅森醫師終於開口：「這個夢是關於我。」

大家猛然轉頭看他，可以聽到頸部格格作響。

「什麼，佛洛伊德？」我笑著說，「沒有冒犯之意，但你完全不像火辣的黑哥，贏了一堆葛萊美獎，而且跟歐普拉是朋友。你是……嗯……」我點出他稀疏的頭髮、他的褐色毛衣、他的厚底褐色鞋。「看看你啊。」

羅森醫師同情地搖著頭。我皺起眉頭。如果這個夢眞的是關於他，那爲什麼不是夢見達斯汀・霍夫曼？或者亞當・山德勒？

「喔哦。」卡羅斯說。

「什麼？」我問。

卡羅斯與羅莉交換了有所洞悉的眼神。然後卡羅斯對我公布答案。

「你不知道一旦開始心理治療後，所有春夢都是關於心理治療師嗎？」

羅森醫師點點頭。「范德羅斯，聽起來跟羅森很像。」

「我的天，還幾乎押韻。」我翻了白眼。我瘦小漸禿的猶太心理治療師與我的新夢中男人路德，兩人沒有任何相似之處。羅森醫師雙手打開，聳聳肩。他不想說服我，這是讓我懷疑自己的最快方式。

「你爲什麼總要把一切都扯到自己？」我低聲說著「眞變態」讓他可以聽到。然後我不理他摸著自己胸口，好像我是說他是個傑出的心理治療師。我拒絕看他，大家轉到其他話題上。

「你明白自己爲什麼會做那個夢嗎？」羅森醫師在療程結束前兩分鐘問我。我搖搖頭。「你在兩週前能夠直接對我表達憤怒，然後做了關於我的高潮春夢，你覺得是巧合嗎？」

我不理會他把我的憤怒與性欲連在一起，我在意的是他堅持那個夢是關於他。

「你爲什麼要毀掉我的夢？」

「爲什麼與我做愛會毀掉那個夢？」

「你是我的心理醫生。」我一想到就頭皮發麻。

「所以呢？」

「慶祝一切的醫生怎麼不見了？」

「我在慶祝。抗拒的不是我。」

「抗拒」是我不能忽略的指控。這是最嚴重的治療罪狀，當我看到其他團體成員這樣時，我會受不了。

羅森醫師一直敦促羅莉向薪資更高的民權組織求職，才能夠有更好的福利，但她堅持自己只能在威斯康辛州找到預算很少的法律診所工作。以她的資歷，可以在芝加哥任何地方找到工作，但她還是通勤到威斯康辛州上班，每當我們催她去找更好的工作，她就會生氣。

抗拒——改變、快感、更短時間的通勤——讓我們無法得到自己真正想要的。就算我寧願揍羅森醫師的臉一拳，不願承認自己的夢是關於他，我也不要犯下抗拒的罪行。

「好吧。」我坐到椅子邊緣，挺起背脊。我抓住扶手，用唱歌的音調低聲說，「羅森醫師，我希望你的臉貼著我的胯下。我渴望你用舌頭舔我，慢慢地舔著圓圈，直到我高潮。」我呻吟了一下來增加效果。

「真厲害，姑娘。」卡羅斯喃喃說。

上校眼睛睜得如卡通人物一樣大。羅莉臉紅了，望向窗外。

羅森醫師眼睛眨了兩下。然後他說：「你可以加入第二個團體了。」

大家都等我說話，但我無話可說，只有感受：火辣的路德在我兩腿之間，對羅森醫師的惱怒在我肚子裡翻騰，還有我聽到他的話之後，胸中升起的恐懼。

我匆匆說完聚會結束時的祈禱詞，跟著卡羅斯快步離開。他摟著我的肩膀。「我跟你說過，你會有機會到第二個團體。」

當然，現在我得到了，就會開始質疑。我眞的想要另一個團體嗎？每週來市區兩次，挖掘蟯蟲回憶與領取處方，打電話向團體隊友報告我的基本人類功能？我爲何如此需要？我以爲這樣可讓自己感覺像個受寵的孩子，羅森選中之人，但現在第二團體的邀約讓我對自己的嚴重病情感到羞愧。

下一週，聚會一開始，我就提出自己迫切的炙熱問題：「爲什麼是現在？」羅森醫師甚至尚未入座——他在調整房間中的百葉窗。

他坐下後思考我的問題：「你願意告訴團體自己的夢。感到自豪，願意討論，意味著你準備好了。」

「準備好什麼？」

「更多。」

「更多什麼？」

「熱度、親密、強烈、性愛。」

「可以幫助我的情感關係？」

「保證可以。」

「現在團體治療也提供售後保證？」

§

有時我覺得羅森世界就像個祕教。

我開始在外面發現羅森的病人。在一個戒癮聚會中，我聽到一個女人說：「我叫金妮，我的瘋狂心理治療師叫我告訴你們，我暴食巧克力夾心餅乾。」她還沒說下去，我就知道自己從卡羅斯那裡聽過她：她跟男子團體中的一個成員約會，因爲他不肯爲她口交，兩人幾乎要分手。在另一場聚會，一位坐在圈子中央的女子大口咬著一個大漢堡。在我飲食失調的十一年聚會中，我從來沒看過任何人在聚會時吃東西。大多數聚會有明確的規定，不能提到任何特定的食物，因爲可能引發某人的暴食。所以看到有人大吃漢堡很讓人震驚——就像看到月亮從空中掉到膝蓋上一樣。瑪妮靠過來低聲說：「她一定是我們的成員。」後來我們證實了羅森醫師開給她的處方是在聚會時大吃速食，而不要在家裡偷偷吃。

進一步參與羅森世界，對我的非正常生活有何影響？

身為法律學生，很難調適我的公衆職業軌道與我的……這麼說吧，非正統心理治療生活。衣櫃中放著寶寶耶利米，每晚打給羅莉與馬蒂，告訴菸男我會吊老二胃口。部分的我想加入第二團體，理由與參加第一個團體相同：我很好奇。好奇有什麼人會在我的團體裡，加入後我的生活會有什麼改變。目前團體中的五位成員與羅森醫師都知道我的飲食、睡眠與春夢細節。我要如何應付更多團體？

我思索著加入第二團體的可能性，並審視加入第一團體後的愛情生活發展。

從五十分鐘山姆的災難與烤雞胸肉安德魯的鬧劇之後，我有一次正式的約會。我跟安德魯上床的兩週後，我在一個家庭派對中認識葛瑞，他問了我的號碼。他剛從一年長的醫療昏迷中醒來。我們首次約會離開壽司餐館時，他忘記自己住在何處。我也許還沒準備好建立關係，但他是絕對還沒有準備好。

然後還有賽維爾，我的大學前男友——我甩掉的好男生之一，因為他的忠誠讓我受不了。我回德州看家人時連絡到他。我們在機場附近的黑暗停車場碰面。當我們開始親熱，我可以看到夜空的星辰。他的嘴唇喚醒了我。他的手摸著我的大腿，打開了鎖，讓我想要更多，在霓虹燈招牌下直搗黃龍。當然，我在大學時從來沒有對他有這樣的渴望——我逃避性愛，抱怨頭痛與賣場工作要值早班。

我撩起裙子，賽維爾卻退縮了。

「康妮的班機快要降落了。」他說。我瞪著他，沒有眨眼。「我知道你想要什麼。但我不要跟你搞上，因爲我非常想跟康妮認眞走下去。」

我的心沉了下去。腦中閃現「傻瓜」兩個字。幾天後我回到芝加哥，我的團體指出賽維爾已經有別人了，所以我才會被他吸引。

現在賽維爾訂婚了。還有我的大學室友凱特、法學院的兩個朋友、兩個表親都訂婚了。羅森醫師的新團體似乎是我應該抓住的一條繩索。

「好，我願意參加第二團體。」

「我建議全女性的。」

「爲什麼？」

「這是你的下一步。」我的眼皮跳了一下。

他建議週二中午的團體。那就是一天總共有一百八十分鐘的心理治療。週二要搭兩趟捷運來回。

「那太瘋狂了。」況且中午的團體有瑪妮。我提醒他，我們是朋友。我的眼皮又跳了一下。

「你會有社交的風險。」我閉上眼睛，想到五年級時的碧安卡與那桌女生。從五年級之後，我就害怕任何女性團體會背叛我，落到去廁所吃午餐的下場。但是忍受一些友誼上的摩擦，是否勝過死時孤單、不被愛、不被觸摸、心如玻璃般硬滑？

我認爲値得。

第二部

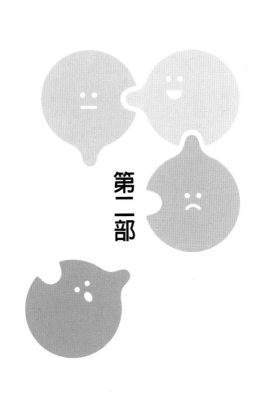

16

前往第一次的週二中午聚會時，我感覺很得意，已經知道該怎麼做。我計算出過去十三個月的團體療程時間：五千兩百六十五分鐘。我的心被刮出了幾條線——很淺，但仍是痕跡——來自於我的所有努力。

我不打算告訴克萊兒，她不是心理治療的顧客。然而我一天要參加兩個團體，有天下午從學校走路回家時，我就說漏了嘴。她停下來，然後露出微笑，似乎為我感到驕傲。「週二要吃點東西，因為那天會很漫長，塔特。」她把自己最喜歡的毛衣借給我穿去參加第一次雙重療程。

第二團體開始三十分鐘前，我快步離開學校，準備像顆雞蛋被打入攪拌器。我早到了七分鐘，但還是按下了團體室的按鈕，雖然那是給團體成員遲到後，想進來時通報羅森醫師用的。猜猜看是誰，*羅森？你現在還喜歡我嗎？一天兩次*。我坐下來，不久之後來了艾蜜莉，她在羅森世界很有名，因為她住在堪薩斯州的父親用藥成癮，很不高興艾蜜莉開始心理治療，用信件與電話騷擾威脅羅森醫師。她與瑪妮是好朋友，我們在聚會開始前閒聊。我發現這樣闖入「她們的」團體感覺很奇怪。我不理會自己的恐懼，問候一位戴著草帽的高眺女子。「我是瑪麗。」她說，坐在我旁邊。我聽瑪妮談過瑪麗，但不記得她是喜歡瑪麗或恨之入骨。

中午時間，羅森醫師打開候診室的門，對我們微笑。我們還沒坐到團體室的椅子上，就來了位豐滿的女子，名叫桑妮雅，有著紫紅色的頭髮與很大的褐色眼睛，配上了驚喜的表情。她率先告訴我們她的多重高潮週末，歸功於一個電玩的性愛網路社群。她提到一位住在克羅埃西亞的女友，她從未親眼見過。

我在這個房間待了超過五千分鐘。其中的九十分鐘是在三小時之前。一切看起來都一樣：旋轉椅，書架，廉價的百葉窗，又撐過一季的麝香百合花。但是感覺很陌生。就像夢見了自己的家，但又不是眞正的家，因爲門的顏色不對，而且有兩層樓而不是一層。這一切在能量與分子的層面很不對勁。

羅森醫師看起來像個不友善的陌生人：他的嘴唇線條嚴肅、手臂看起來僵硬不自然。我們之間沒有溫暖或熟悉的互動，我的心緊縮著，思念週二上午的聚會。

桑妮雅神采奕奕談著自己與克羅埃西亞的葛麗塔之間的關係——她們在線上的數小時性愛，她們如何存錢準備到布魯塞爾的電玩展覽會見面。桑妮雅每隔幾分鐘會對我笑，我當成是一般的歡迎，然後她天衣無縫地連接到一個問題，問羅森醫師該如何治療她的一位病人。

「病人？」我大聲說。

「我是個醫生。」

羅森醫師笑了。那個混蛋在嘲笑我！喔，看那個孤獨的老小姐坐在成功的女醫師旁邊，看著女醫師與女友享受虛擬性愛！我瞇上眼睛怒視他，他的嘴卻咧得更開。我不期待他安慰我，但也沒想到他會坐在王座上嘲笑我。

瑪麗分享她凶暴的哥哥——從小就威脅要殺了她——打電話找她要錢；蕾琴娜，一位穿著像是兩條黑披肩與尼龍襯衫的按摩師，在桑妮雅說著性愛故事時進來。她同情而低聲地告訴瑪麗，當她的狂暴表兄拔刀相向時，她申請了禁制令。

羅森醫師錯誤解讀了我的歷史。我的肚子累積起恐懼，發現這個團體並不適合自己。我想要揪住他的褐色衣領提醒他，沒錯，我是有夏威夷的創痛經驗，對抗著飲食失調，但沒有兇殺。我雖然變成了完美主義者、冷漠、幾乎無性欲，但他怎麼會認爲我屬於這裡？我是輕量級，是小兒科，只是希望可以找到男友——在這些更勇敢、更有趣、更有成就的女人旁邊，我很不搭調，而且很單調。

二十分鐘過去了。瑪妮呢？她應該當我的冒險同伴。

瑪妮在療程開始三十分鐘後來到，很失禮地把她的橘色皮包丟在地上，重重坐進椅子裡。我想跟她視線交會，但她不看我。她咬緊下顎，褐色的眼睛掃視著圈子，尋找獵物。

「我眞是累得想死。」她說。六週前，她生下一個美麗的女兒。「派特每週都出差，寶寶不肯睡。我無法——」她顫抖地拿出一瓶礦泉水。我早上跟她通過電話，但她沒有表達任何焦慮。現在她似乎假裝我不在房間裡。那種刻意的避免只意味著一件事：她在生我的氣。我聽不到其他的東西，因爲我被捲入自己的驚慌中，想要消除瑪妮的憤怒。我見過瑪妮生氣，很不好看。

門鈴響了。一個女人帶著巨大有流蘇的皮包進來，還有一個保麗龍餐盒，房間中的所有分子都改變了。這一定是楠——瑪妮提過她，但沒說她是如此充滿活力、光芒四射。雖然我知道楠已經快要退休，但她的皮膚有如年輕姑娘般細緻。她笑起來有兩個酒窩。我無法不盯著她的銀色涼鞋，還有那串作響的鑰匙。她把皮包放在椅子後面，坐下來對羅森醫師微笑。瑪妮說話時，她抿著嘴說了一些話。她朝我點了一下頭，我微笑以對。

「內黑今天對我很不好，」楠說，「內黑想要我死。」

我望著羅森醫師。內黑？他看著我但沒說話。如果想知道楠在說什麼，我必須問她。

楠拿起她的保麗龍餐盒，打開蓋子——一格裝滿了香腸乳酪通心粉，有著幾乎橘色的醬汁與彎管狀通心粉。她繼續說，同時吃了一口。「我甚至不餓。」她笑了出來。她看著我解釋說，「內」是「內在」，「黑」是這輩子一直壓迫她的種族歧視字眼。她清楚表示只有她可以說內黑的全名。老天，我可不想違逆楠。我點頭，謝謝她的告知。

「楠，我在說話。」瑪妮說。我知道這個口氣。我看過瑪妮與派特在吵架前這樣用過。我往後縮，發現自己屏住了呼吸。空氣尖銳，帶著暴力的威脅。我不想吸進來。

楠用叉子指著瑪妮。「你給我等——一——下。」我吸了一口氣，沒吐出，停頓在我的肺中。

瑪妮扭開她的水瓶。「等輪到你再說。」聽起來像一聲警告，嘶嘶作響。

這不像我的另一個團體，派翠絲對炸雞上校的不耐或卡羅斯抱怨羅莉不準時。我感覺瑪妮與楠之間有著更沉重，更有形，與更不穩定的東西。她們從身體的深處說出來，而不是發自於腦部。她們揮舞著手。她們虎視眈眈。空氣充滿了熱度與惡意的東西。

楠放下食物。我以爲她要站起來捲袖子，但她從皮包拿出一條紙巾，慢慢擦嘴，就像一位火大的西部警長。我吐出肺部的空氣，一次一小口。她們互相叫罵起來——瑪妮是「瘦白種婆娘」，楠是「抗拒幫助的誇張天后」。羅森醫師看起來很警覺，但不緊張。然後楠用叉子指著羅森醫師。

「你要幫我。」她低聲說。我沒注意到的眼淚流下她的臉頰。她低下頭，好像是在對她的食物說話。「請幫助我。」我想要過去擁抱她。但我把右手拇指的表皮摳到流血，胃也緊縮起來。

「我很樂意。」羅森醫師說，露出微笑，坐直身體，好像一個準備登場的演員。

「我只會這樣。」她用紙巾擦拭眼睛。

楠轉身對我描述了充滿暴力與毒癮的童年：一個不穩定的繼父賭博整夜後對她揮舞一把槍，一個躁鬱症的哥哥會打牆壁、砸破家中的傳家物。「暴力——我只知道這樣。」

瑪妮把自己的椅子朝楠移過去，碰觸她的手臂。「我也只會這樣。」瑪麗與艾蜜莉的眼睛含著淚水。我的眼淚則出現在自己的拇指上，我摳到了粉紅色的肉。一滴血聚集在我的指甲邊。

在我認識瑪妮的五年以來，她都是用強硬的方式對抗一切情緒狀況，陽剛的義大利式「你是在跟我說話嗎？」讓我既害怕又佩服。我被催眠般地看著楠與瑪妮，我很確定幾分鐘前準備大幹一場的兩個女人，融化成相同的創痛與療癒。瑪妮抓著楠的左手臂。

我從來沒看過兩個人這樣吵架——或這樣和好。我的拇指腫脹，我咬著下唇以免哭出來。時間逐漸過去，我幻想著自己縮小——失去皮膚、肌肉、骨頭、細胞——只剩下一堆衣服，留在我的舊旋轉椅上。

下次羅森醫師的目光來到我這裡時，我無聲地說：「幫我。」

「什麼？」他說，用手圈住耳朵。

我沒有發出聲音，但繼續說：「幫我。」一直說，幫我。

房間中的注意力從楠與瑪妮轉移到我身上。我無法看任何人，我也發不出任何聲音。

「你有什麼問題？」瑪妮問，終於把注意力放在我身上。

我搖著頭，繼續凝視著羅森醫師。

「拜託，你到底有什麼問題？如果你想在這裡待下去——」她瞄了羅森醫師一眼，抬起下巴——「正式聲明，沒人問我對於她加入我的團體有何感想——你要大聲一點。我們這裡很深入。」

我唯一想的是**我要回家**——回到早上的團體，回到那些瞭解我與愛我的人。

我轉向羅森醫師：「你為什麼帶我來這裡？我不適合這裡。這裡每個人都面對過刀子或可怕的暴力。我只希望生活中有多一點人，也許一個不會酗酒或沮喪到不想做愛的男友，但我覺得很噁心——」

「噁心（disgusting）不是情緒——」

「是情緒！」我全身顫抖。我扭著雙手，好像想擰乾它們，想把噁心從皮膚上清除掉，儘管那是發自於內。

「不是。」

「好吧。我羞愧闖入瑪妮的團體，也對我所看到與聽到的感到害怕，更氣憤你把我放在這裡。我在這個團體永遠找不到歸屬。我不應該加入第二團體！」

「好！」羅森醫師舉起兩個大姆指，好像我的發作是他剛看的一場電影，推薦給其他的觀眾。「已經開始生效了。」

「什麼生效？」

「這個團體。」盛大的笑容。他的手朝著圈子一揮。樂不可支。

「小姑娘，親密的一部份就是學習表達憤怒。你在早上的團體有很大的進展。但親密的另一部分是學習包容其他人的憤怒。這個團體可以幫助你做到這點。」他看著瑪妮，瑪妮回瞪他，沒有眨眼。「已經開始有幫助了。」他以幼稚園老師的模式，向我解釋恐懼其他人的憤怒，只是親密的另一塊絆腳石。當然，現在我可以與法學院朋友一起共進午餐、預約我的洗澡、對羅森醫師吼叫，但總是還有更多事要做。心理治療是一種薛西弗斯的宿命。

「我該對瑪妮怎麼辦？」

「你可以慶祝她的憤怒。」我翻了白眼，然後問該怎麼慶祝。「看著瑪妮。」他指示。我轉動椅子，凝視著她憤怒的雙眼。「告訴她，你愛她，她的憤怒是美麗的。」

「瑪妮，我愛你，你的憤怒很美麗。」

「現在呼吸。」我的字句飄浮在圈子上。我的所有直覺都要我脫離羅森醫師的腳本，撲倒在瑪妮的腳前，承諾離開團體或幫她照顧一整夜的寶寶——任何事情都可以，只要能平息她的憤怒。但我繼續呼吸，過去的每一秒都拉著我離開疲憊且舊有的衝動。

我轉移目光去看時鐘，但羅森醫師叫我繼續看著瑪妮。「告訴她，你歡迎她的憤怒，你可以承受更多。」我說了。她什麼都沒說。

「你有什麼感覺？」羅森醫師問。

「害怕。」我的腳趾不由地想摳住地板。

「很好。如果你能學習包容那種恐懼，而不去試圖修正她的憤怒，你就準備好接受親密關係。」

「我以爲我只需要向羅莉報告飲食、預約我的洗澡、接收耶利米寶寶、告訴菸男我會吊老二胃口。」

「你當然需要做那些事。這是下一件事。」

療程時間終止。羅森醫師以慣常的方式結束。擁抱開始時，我的眼睛繼續看著瑪妮，看她擁抱艾蜜莉、瑪麗、還有桑妮雅。請擁抱我，我從對面許願。把背包掛上肩膀。

「喂，你。」瑪妮說，碰碰我的肩膀。

「嗨。」我說，瞄了她一眼，然後望著地板。

「你今天表現不錯。」我們都笑了。

「感覺不好。」

「我知道。」

她伸出雙手，我迎向前。瑪妮在我的頭髮中說了一些話。「什麼？」我問。

「我可以生你的氣而仍然愛你，你知道的。」

其實我不知道。我毫無概念。

17

我套上克萊兒的一件黑裙裝與一雙新的黑細帶涼鞋。

瑪妮要爲派特舉辦四十歲生日派對，而且發生了奇蹟——我找到了一個派對男伴，一個我喜歡的人。幾年前還沒上法學院時，在一個戒癮聚會的派對上認識了傑若米。我被他的細框眼鏡、溫和的綠眼睛與有料的談吐所吸引。後來得知他也在卡羅斯的另一個羅森團體中，所以我偶爾會聽到關於他的事情。例如他與女友分手。

在派對前一週，我在捷運上看到傑若米。他正埋首於一本很厚的書中——古希臘歷史學家修昔底德的著作。他穿著束腳卡其褲，藍上衣讓綠眼睛顯得更亮。我溜向他。當一波人下車時，他抬起頭來。

「嗨。」他說，把書頁折角，闔起書。

「我想應該是你。」我伸手抓住他也握著的金屬桿。他問起法學院，我問起他的工作、爲何要讀修昔底德。「好玩。」他說。他的微笑讓我感到舒服，好像我們坐在火邊，而不是在一輛擠滿了不耐煩通勤乘客的列車上。

「我從來沒看過你搭這班車。」我說，發現我們的住處僅隔兩站。

他發出簡短且不太高興的苦笑。「我以前住在女友那裡。我們分手了。」

「我聽說了。」我笑笑，希望我可以眨眼而不顯得很笨。他抬起頭來。「我有看羅森。週二早上與卡羅斯。」

他朝我靠近，近得讓我看到他綠色眼睛中的金色，然後我說：「我聽說了。」

「說得好。」羅森團體閒話的力量在我們四周迴響著。

我們都笑了，兩人談話的聲音蓋過了周圍使用手機、看書與看報紙的人們。我對這位微笑文藝男產生的渴望，從我的手指流到了金屬桿，流下我的手臂，穿過我的胸部、腹部與兩腿之間。

接下來，我脫口說出派特的派對邀請，彷彿我習慣邀請喜歡哲學的新單身漢。他立刻接受了，用他當成書籤的便利貼寫下自己的地址。我們在列車的震動中碰觸到手指，一股新的欲望貫穿了我。

下周五晚上，我開車來到他的住處，他在外面等我，穿著與他在列車上完全一樣，讓我感到自在。我們的第一個話題是羅森醫師：笑著他糟糕的衣著選擇、他荒謬的樂觀，相信團體絕對可以治好一切的情緒失調。

「他的確喜歡團體。」傑若米笑著說。

「他的確喜歡褐色上衣。」

我的四肢感覺放鬆與自在，我們談著共同的治療經驗。我沒有慣常的首次約會僵硬，沒有想要壓抑自己。我不需要：他也看羅森醫師。

等我抵達瑪妮的住處，我已經認定：傑若米生命中唯一缺少的，是一位情感上可付出的女性。等我拿到一杯氣泡水與一份零食，我更決定那個人就是我。

「來，我要給你看樣東西。」我帶傑若米上樓來到育嬰房，瑪妮在她女兒的奶黃色牆壁上用模板描畫了很多鴨子。我毫不害躁地打開每一個抽屜，欣賞小尿布與小到不可思議的襪子，粉紅色的睡套，如雪般柔軟。

「可愛。」他說，我舉起一件有著帽兜與兔子耳朵小浴袍。傑若米一直望著門口，好像我們在犯罪。我給他一頂嬰兒帽子來玩，他後退一步。「這是個處方嗎？給我看這些衣服？」我搖著頭，拿起一件喀什米爾毛衣貼著我的臉。「也許我們應該回到派對上。」傑若米走進走廊，等我放下嬰兒衣物。

樓下，他與派特、瑪妮和他們的郊區朋友談話。我的四肢仍然很放鬆，十一點之後開車載他回家。

當我們的談話脫離羅森醫師時，我注意到一點警示——不算紅色，而是粉紅色的吧。

「我算是一個孤獨者。」當我問他是否在聚會之外與他的團體成員互動，他這麼說。

我不知道這將來是否會對我產生反效果。當我想到過去想約會的男性類型，孤獨者不在清單上。

他也提到自己的車子故障了，但他買不起零件。金錢問題讓我有點擔心——卡羅斯說，傑若米與女友的分手跟他向她借錢有點關係。我緊握方向盤，試著保持放鬆。他會不會討厭我即將獲得的財務安全？他反對資本主義嗎？他在三十六歲的熟齡，是否在職業上與金錢上仍然有所迷失？如果是這樣，我會多介意？

會有點介意吧，但他戴那副眼鏡眞可愛。

「我對你的工作不是很瞭解。」我說，希望工作上的描述會讓我的脖子不那麼緊繃。

「我管理一家工業清潔公司的櫃檯。西邊的一家小公司。」緊張並未消退。我以爲他是市中心一家大公司的網路科技主管。我又調整了一下方向盤。

所以我們不一樣。有什麼關係？很多伴侶的差異衆所皆知：阿諾．史瓦辛格與瑪麗亞．史萊佛。詹姆斯．卡維爾與瑪麗．瑪塔林。荷馬．辛普森與瑪姬。也許我們無法撐到慶祝銀婚，但我們當然可以第二次約會。

當晚最後我開車回到他住處，我鬆開右手，放開了方向盤。

「週一晚上有部波蘭電影頗受好評。要不要去看？」我點頭，像約克夏犬一樣熱切。他捏了我的手臂一下，不算是很純眞，然後下了車。

第二次約會！我對空舉拳。迴轉回家時，車子擦到人行道，那股震動差點害我扭到脖子，也把我的水瓶從架子震出來，但我幾乎沒感覺。我快樂得幾乎有點歇斯底里。

「告訴我關於這個傑若米的事。」克萊兒第二天晚餐時說。當我告訴她，我帶他去參觀了育嬰房，她把頭埋到手掌中。「塔特！你不能在第一次約會時讓男人看育嬰房！」

但我不覺得羞愧。「別擔心，他也看羅森。我不用跟他玩遊戲。我可以當我自己。」

她懷疑地歪著頭。

§

「聽起來很有希望，塔特。這是你加入第二團體的獎勵！」

那天晚上，我在一張紙的中央畫一條線。再也不會有亂七八糟的愚蠢戀情了。我現在有心理治療了。

我先從「優點」開始：他無可否認地很聰明，誰會把修昔底德當消遣讀物？他不酗酒，所以不會半夜尿尿在我身上。他養了一隻貓，所以他懂得如何照料。那副眼鏡、那個微笑、那專注的傾聽。我全寫下來了。然後我寫下所有優點中的最大優點：看羅森醫師。

與一個看心理治療師的人約會——任何治療師——都很理想。心理治療讓人更敏感與自覺。有工具處理情感關係。與一個跟自己見同一位心理治療師的男人約會，可以建立起堅不可摧的情感關係。畢竟我信任羅森醫師。最重要的是，我知道羅森醫師的能力。我就是他的作品。傑若米與我有廣闊的共通之處。我們有永遠聊不完的話題。紅利：可以有免費的伴侶諮商——我們只是在不同時間去看，而且有其他人在場。

第二次約會，我們坐在擁擠的戲院中，讀著一部波蘭電影的字幕，劇情則是關於兩個悲傷的人在城市公園中散步。我交叉雙腿時，傑若米用手肘碰我：「團體的大禁忌。」他低聲說，我們都笑了。他把手放在我的手上，一直到電影結束。溫暖而有重量，感覺如固體的愉悅。

走路回到他的住處時，我們在風中相擁著，彼此說出最困難的處方。我的吊老二胃口處方——完全想不到會在第二次約會時說出來。他說自己還沒有去做他最困難的處方。我問那是什麼，他望向別處。

走了幾步路之後，他說：「羅森說，我應該要求前女友放棄她借我的錢。」他苦笑著，低頭看自己的腳。

他的客廳有褐色沙發與搭配的咖啡桌。他把書桌與電腦放在廚房窗邊，浴室雖然不算充滿漂白水氣味與毫無任何毛髮，倒也乾淨地讓我驚訝。我很欣賞他的銀茶壺與許多茶葉種類。

一隻橘白色的胖虎斑貓在他腳邊呼嚕。「這是布爾喬亞先生。」

「這是牠的名字？」

他點頭微笑。

「看了你的書架，我當時不該感到驚訝。」馬基維利、沙特、柏拉圖、蘇格拉底、海德格、康德。最容易讀的是聖奧古斯丁。

我脫下鞋子，說我討厭自己的新團體。

「爲什麼？」他問，坐到沙發上、我的身旁。我們膝蓋相觸。

「那裡很粗曠激烈。大家都尖叫與吃東西，然後哭泣與擁抱。瑪妮也不高興我在那裡——」

「你認爲羅森爲何把你放在那裡？」

「唔。」

「什麼？」

「他認爲可以幫助我接受情感關係。」我舉起茶杯掩飾自己的難爲情。

他握著我的手。「我也討厭自己的第二團體。每一秒都討厭。」

「你爲何待下來呢？」

「我想知道這些情緒的意義，以及它們來自何處。」他聳聳肩，「現在我來到這裡。」我的心快要跳出來。

他靠過來。

「我可以吻你嗎?」他問。

我感覺胸口有股新奇的安全感朝著欲望前進。我點頭,我們四唇相接。我嚐到了甘菊茶,當他的手放在我的脖子上,我靠上去,抓住他提供的機會。我幾乎兩年沒眞正嚐過男人的嘴唇——與安德魯一起時,我忙著神遊太虛而沒任何感覺;與賽維爾時,只在停車場嘗到我自己的需求。現在,與傑若米的嘴唇與舌頭貼著,他的小鬍子搔著我的上唇,我感覺到自己的欲望閃了幾下,然後就發動了。我兩腿間的壓力混和著快感與痛苦、欲望與渴望、滿足與飢渴。我活了起來。

這是我一直等待的。

「不要有祕密。」羅森醫師建議。因爲我告訴團體自己的大新聞：我與傑若米約會兩次了。「你與傑若米之間的任何事情——情緒上、愛情上、性愛上——都要告訴你的兩個團體。」

「還有財務上的事情。」卡羅斯說，知道傑若米過去的問題。

快速計算一下：我的兩個團體加上傑若米的兩個團體，大約有二十人將會知道我們晚餐各付各的、互相給鑰匙或做愛的日期。我縮了回去，舉起雙手。「哇，等一下。每週都要告訴所有人，不會讓感情失去滋味嗎？」

「我建議不要有祕密。」羅森醫師重複。

「你的建議很爛。」

「你自己的做法到目前爲止就很好嗎？」

§

第三次約會，傑若米與我照顧瑪妮的女兒幾個小時，讓她與派特可以出去吃結婚週年的晚餐。寶寶睡在我懷中時，傑若米查看櫥櫃，凝視克萊兒的餐盤，站在陽臺欣賞風景。

瑪妮與派特帶走寶寶後，我向傑若米建議我們去酒吧找克萊兒與史蒂芬，享受一些現場音樂。他同意時，我有點驚訝。眞的這麼容易嗎？我只需要問就好？

「你要不要帶個小袋子，去我那裡過夜？」他問。

我無法隱藏自己有多高興，趕緊尋找隱形眼鏡保養液，把一件乾淨的運動衫塞進袋子裡。

那個酒吧不太是傑若米的活動領域——一窩兄弟會男孩與老一輩的小熊隊球迷用塑膠杯大口灌啤酒。第一段演奏之後，傑若米低聲說他想走了。我全身興奮了起來，闖了紅燈與停止標誌，等不及跟他身體相貼。

黑暗中，我坐在他床上，等他餵布爾喬亞先生吃東西。他回來坐到我身邊，我靠著他。他的嘴唇貼上我的。「這樣可以嗎？」他低聲說。我點頭，把他拉過來。我的身體貼著他，他緊緊抱住我，親吻我，很用力，很深。

他輕輕把我推開，仰面躺著。「我還沒準備好面對性愛。」他說。簡單的承認，我從來沒聽過任何人這麼說，包括我自己。這是一個處方嗎？

「沒關係。」眞的。我想要的是與別人親密的機會。那不需要是性愛，今晚不用。

他一說不想做愛後，我的身體更放鬆地靠向他。這張床，此時此刻。今晚，親吻將是開始與結束。他翻身轉向我，擁抱我——胸貼胸、肚貼肚、大腿貼大腿。

「也許我們可以睡覺就好。」他說。

「當然。」

我們互相安頓好，呼吸越來越深沉。

「你總是穿著這麼多衣服睡覺嗎？」他在我頸邊低語。

我還穿著牛仔褲與圓領衫。唯一脫掉的是件薄羊毛衣。

「對。」我真的總是穿著胸罩睡覺。從九年級胸部暴增成D罩杯後就是如此。我喜歡睡覺時胸部被包覆，塞在內衣與肩帶裡。和過去的男友做愛時，我會脫下胸罩，但是睡覺時就會穿上。從來沒有男人注意到或願意問我。

第二天早上，陽光從傑若米的遮光窗簾邊緣射進來，布爾喬亞先生坐在床邊觀察我。我走進客廳，看到傑若米坐在他黑暗廚房中的小桌子旁，在電腦上打字。

「嗨。」我走進冰箱與充當櫥櫃的金屬層架之間，雙手環抱住自己。

我們之間有一種尷尬的寂靜。我清清喉嚨：「你今天有什麼計畫？」我們會不會去吃早午餐，走在街上，如昨晚那種淺薄的親密？我們會不會回到床上？

他的身體幾乎完全面對著電腦。我把右腳交叉到左腳前。

「正在處理一些事情。晚上有戒酒無名會。你呢？」

「網路法課程要讀一些書。克萊兒與我可能會去看早場電影。」我停下來。我應該邀請他嗎？他看著電腦螢幕，上面有一些格狀圖案與井字號，黑色背景亮著百分比符號。

「那是什麼？」

「這是一種字元電玩。」他臉紅了，看著自己的腳，「有點讓人分心。」

電玩？分心？

「我不介意。」我對他微笑。但有一絲警訊穿過了我。一個成年人坐在黑暗的房間裡打電玩？這種封閉的景象讓我喉嚨緊縮。

「你現在這麼說，但我可能會玩一整天——」他的綠眼睛裡沒有任何輕鬆，而是我認得的某種陰暗。羞愧。

「如果能讓你快樂，無傷大雅。」我的聲音因爲虛假的鼓舞而尖銳起來。他的臉放輕鬆，但我把自己摟得更緊，感覺到一股想逃的衝動。「我想我應該要走了。」

我開車回到住處的停車場時，撥打了羅莉的號碼。

「我對他不是很確定。」我說。

「親愛的，他才剛結束一段關係。聚會時全部說出來。」

週二早上，派翠絲、羅莉、馬蒂、艾德與羅森醫師，都讚美傑若米的性愛界線很明確。我與傑若米在一起時，他承認還沒準備好面對性愛這件事讓我感到自在，但現在他們的讚美讓我覺得幼稚——他們是可以正常享受火辣性愛的成人，我們則是只能親吻擁抱的兒童。我討厭他們的快活，我討厭自己同意把一切都告訴團體。

下午的團體就沒有讚美打氣。瑪妮認爲他克制性愛，顯示出他還沒準備好接受新關係。「我不喜歡。」她搖著頭說。楠與艾蜜莉奇怪的是他爲何沒請我吃早餐。瑪麗奇怪的則是他沒有適宜的櫥櫃。我聳聳肩，吞下一塊又一塊的羞愧。

「羅森醫師，早上的團體喜歡這傢伙的一切。下午的團體只看到了警訊。到底是哪一種？」下午團體的尖銳批評嚇到了我。

「兩個團體反映了你自己的內在矛盾。你的分裂——你不知道傑若米的慢調子是一種贈予或你準備要挨餓了。他是電玩成癮或只是內向喜歡電腦？」

「我要怎麼知道是哪一種？」

「繼續參與。」

「參與什麼？」

「全部。」

§

我很盡責地參加兩個團體，每一次聚會都報告。所有十位團體成員都知道我們出去用餐，都是我用夏天存下來的錢請客；都是我開車，因爲他的卡車仍然故障；我們幾乎都待在他家。他們得知，傑若米第一次觸摸我的胸部時，我興奮地幾乎反胃——就像吃到太甜膩的蛋糕、看見太感人的夕陽。「這樣可以嗎？」傑若米每次用新方式碰觸我時都會問——吻我的肚子、摸我的大腿。早上的團體喜歡他總是徵求同意，但下午的團體說「有點無趣」。

結果，我們的性愛進展緩慢眞的是羅森醫師搞出來的。一天晚上，我們在他的床上親熱時，傑若米承認羅森醫師警告他不要急。「他說我應該慢慢來，不然我會討厭你，就像我討厭我的前女友。」顯然他們的關係破裂不僅是因爲財務衝突未解，也因爲他們的性愛進展速度超過了他的情感準備。

我用毯子包住自己的身體，感覺自己赤裸裸的——是我想在肉體上更親密。我感覺被拒絕，讓我想遮住自己的臉，不去面對他，不去面對羅森醫師，不去面對那二十幾個知道我想要跟他做愛的人。

廣播電臺的意見調查顯示，大多數情侶在第三次約會就「直搗黃龍」。當我在早上團體抱怨落後了全國標準，羅森醫師堅持說我們還沒準備好。我感覺到一種利益衝突——因爲其實是傑若米沒準備好。羅森醫師堅持立場。

「你急什麼？」他問。

「我忍受了一輩子的失敗感情與性愛壓抑。」

「那麼再多等一下又如何？」

跟羅森醫師爭執沒有用。如果要他同意我能做愛，我必須調整自己的策略。幾分鐘之後，我靠向羅森醫師，用我最理性的聲音說：「我們可以談談傑若米嗎？他躲藏在電玩後面。你應該考慮給他一個處方，多花點時間陪他情感上與性愛上可配合的女友。」

咳，咳，咳。羅森醫師戲劇性地清喉嚨。翻譯：你滿口鬼話。我不理他。

「他表現了經典的逃避跡象。他畏懼親密——」

更多咳嗽，然後是一個問題：「你呢，小姑娘？」

「我？我完全可配合。」我大大地伸開手臂。沒什麼隱藏的。整個房間都笑了。

「有什麼好笑的？」

「你是問眞的？」羅森醫師說。我點頭。「你穿著幾件胸罩？」

「露餡了。」卡羅斯低聲說。

我困惑地看看自己的肩膀，三對肩帶從無袖背心下露出。我在聚會前去跑步，加上我的D罩杯，一件運動胸罩無法管住我的雙寶，所以我穿兩件，有時三件。

「你討厭自己的乳房嗎？」羅森醫師問。

我當然討厭我的乳房——兩袋脂肪掛在我的鎖骨上。我把它們視爲醜陋、不性感。它們有讓人害怕的地方——對其他人（男人）是多麼重要，而且又是多麼笨拙。我一輩子都希望有平胸。如被冰河削平的大地。如芭蕾舞者一樣的平，如模特兒，如小女孩。

「我不喜歡。」

「你想讓乳房更小——」

「我想要運動，不是想贏得花花公子兔女郎比賽。」

「你有沒有想過，討厭自己乳房會干擾性關係？」

正確的答案是「會」，但我無法讓自己說出來。我從來沒跟任何人談過我對自己胸部的感受。我坐在那裡搖著頭，努力不哭。我對乳房的討厭從來沒有如此悲傷。

「傑若米覺得如何？」

「我確定他認爲我睡覺穿胸罩很奇怪。」

羅森醫師的眉毛縮進額頭中。其他人都倒抽了一口氣，好像我剛承認自己殺了一隻小猩猩。上校看起來比聽卡羅斯敘述女同性戀色情影片時還要興奮。

「你不好奇自己爲何穿胸罩睡覺？」羅森醫師問。

我的嘴噴出了怒火：「我知道你在幹什麼！此時我應該會想起我爸、或叔叔、或狡猾的體育老師做了什麼或說了什麼。我沒有發生過那種事情。我遇到的一切事情都很正常——」

「夏威夷聽起來完全不正常。」羅莉說。

「太瘋狂了！大衛溺水不是我穿這麼多胸罩的理由。」

「你不好奇爲什麼嗎？」羅森醫師又重複了一次問題，穩定而平靜。

「沒有故事。我是個想瘦的小女孩，因爲大家都喜歡瘦女孩身體。因爲我喜歡芭蕾，以厭食爲基礎的藝術。乳房不瘦，而是充滿脂肪。乳房讓我在服飾店很難買到上衣。讓我覺得自己很胖。」我調整自己的上衣，藏起所有的肩帶，「歡迎來到美國的女性身體，各位。」

「你需要幫助嗎？」羅森醫師坐著不動，有如一隻獵鷹。

我爲何沒有找一位女性治療師？我不相信我的男性治療師能瞭解我與自己乳房的關係。他雖然曾經飲食失調，但從來沒有跟祖母去購物時，聽銷售人員說他的乳房讓他看起來更「豐滿」；他從來沒有在乳房出現時，被芭蕾舞老師建議嘗試雞蛋節食——早午晚餐各吃一顆蛋，不吃其他東西；他從來沒有在街上被酒醉的男人盯著胸部看。就算他在哈佛大學所有科目都拿最高分，對團體互動有天才般的瞭解，男人就是不知道一個女人的感受。但我點頭——**對，我需要幫助**——因爲獲得男性治療師的幫助總比沒有好。

「在你的肚子上刺個非永久性的刺青『我討厭自己的乳房』。」

「討厭？我以爲我們是要愛與接受。」

羅森醫師搖頭。「先接受討厭。停止想要逃避它。」他指著我的肩膀與胸罩，「帶傑若米一起去。」

傑若米與我開車到一座破舊的工業倉庫。我按下寫著「大恩尼」的門鈴。

大恩尼在報紙廣告上自稱是魔術師、遛狗人與非永久性刺青師。他開門讓我們上去，爬樓梯到二樓時，一個綁著黑髮馬尾，穿著寬鬆黑褲的男人在公寓門口迎接我們。他可能是三十歲或五十歲，難以確定。他的溫暖微笑讓我放鬆，他住處的四公尺挑高天花板讓我覺得自己是玩具屋中的道具。磚牆漆成白色。他叫我們坐在客廳，他準備紋身。我坐在沙發上，傑若米坐在火爐邊。

我不小心穿了兩件胸罩去早上的聚會後，中午的第二團體聚會結束後我就打電話預約大恩尼。我告訴第二團體的女生們關於我的處方。她們都點頭聽我描述我畢生對自己乳房的厭惡，也分享了她們自己的故事。

最近楠去買唇膏時，一個男人朝她襲胸；桑妮雅的爸爸總是批評她的胸部；瑪麗很羞愧自己胸部太小；艾蜜莉描述她與先生吵架，是因爲他們看電視時他戲弄地抓她胸部。此時我用手遮住我的嘴，開始哭泣。

§

十六歲，高中二年級舞會。我穿著尺寸十號的無肩黑色裙裝，有心型的頸線，前方畫了一朵很大的粉紅色梔子花。我每隔一天就去日光沙龍曬黑皮膚，去了四週，所以我的膚色是不自然的褐橘色，還有一點刺痛，因爲躺在那棺材般的艙內太久。我的舞會男伴麥特與我幾乎不認識；我們是在其他人都找到伴之後才湊在一起。他還要幾年後才會宣布自己是同性戀。交換胸花、吃了晚餐後，我們一夥人開車來到公園喝啤酒，還有從父母酒櫃中偷來的水果酒。梅子的水果酒甜氣泡在我的胃中激盪，讓我開始頭暈。我腳下的地面感覺很愉快地在晃動，彷彿我在一張水床上走路。我記得站在賈瑞的黑色吉普車旁，周圍有十個男生。

我們談笑著。雲朵飄過，每隔幾分鐘遮住月亮。

賈瑞靠近我，帶著挑戰的眼神。我一隻手抓著空啤酒瓶，另一隻手抓著裙子來保持穩定。我聞到他嘴唇上的啤酒，看到他下唇的食物殘渣。我正在談笑中，他伸出兩根指頭從我的衣服滑入我的胸部。我繼續笑著，彷彿什麼事都沒發生，因爲我不確定眞的發生了。

有發生嗎？他快步離開，就可以怪我灌飽酒的肚子、我昏沉的腦袋。我的乳房被緊緊包在衣服中，沒有太多感覺，這個記憶很容易就會消散。

我舉起手中的瓶子，舔掉瓶口的最後一滴啤酒。

下一個是史本賽。他的動作也很快，避開我的眼睛。他還會臉紅，但羞愧沒有阻止他跟皮傑與泰德說悄悄話，他們兩個似乎籠罩住我，把兩根指頭滑入我的胸部。我看著樹梢在微風中搖晃，雖然那個晚上無風，還有著晚春的潮濕。我的手把衣服與酒瓶抓得更緊。我沒有其他東西可以依附。

雲朵繼續飄過月亮。

其他女孩呢？我的男伴呢？爲何我還在笑，假裝跟這些從小就認識的天主教好男生玩得很開心？我一直渴望其中任何一人約我出去、邀請我跳舞、打電話給我、親吻我、想要我。他們都與我的某位朋友交往。這是他們首次有人碰觸我。

賈瑞又來了第二回。這次他把整隻手都伸入我衣服之中。此時我才後退。此時我才感覺到羞愧撞穿了頭暈、衣服與笑聲。此時我才讓自己明白，他們是在笑我。

我繼續笑下去。

笑著，笑著，笑著。笑聲可以遮蓋很多——遮蓋了整個德州的天空，僞裝了我的恐懼。

我的團體安靜地坐著，聽我說著那些高大的天主教男孩名字，還有他們濕黏的手怎麼伸入我的衣服之中。

現在大恩尼柔軟的濕畫筆讓我的肚子很癢，但我沒有笑。我瞪著天花板，握著傑若米的手。一種預期中的感覺搔弄著我的喉嚨。那是哭泣或尖叫，我無法分辨，但我不準備讓它冒出來。我繼續望著天花板，不往下看。

§

回到傑若米的住處，我站在浴室中審視自己的紋身，剝掉硬的表層。平滑的褐橘色漩渦與曲線在我的肚臍眼上舞蹈著，襯托出文字：我討厭自己的乳房。老實說，看起來跟感覺起來都很假。但我用手蓋住，同時打電話給羅莉報告我的飲食，還有向馬蒂尋求肯定。

我脫下胸罩，然後穿上傑若米的黑圓領衫。他發現我躺在他床上，縮在被單下，就問是否可以加入我。

我讓出空間給他，展開我的身體。他脫下牛仔褲，穿著內褲與圓領衫上床。我靠上他的身體，雙手保護性地交叉在胸前。我深呼吸一次，然後又一次。我放鬆雙手，放到身體兩側。眼淚從我胸口柔軟的部位湧上來，我對乳房的厭惡在那裡棲息了太久。

「怎麼了？」他問。

「我一直很害怕。」他用手掌安撫我的後腦。

「我也是。」

「我不知道自己在幹什麼。」

「我也不知道。」他把我摟得更近。

我繼續哭泣，想像肚子上的油墨穿透皮膚，進入我的血液。

20

傑若米在法律圖書館的大廳等我，埋頭於一本破舊的尼采中。我伸手握住他的手。「我們去逛街。」我夢想著兩人手牽手走在五光十色的商店與餐館大街上。在這個時節，每盞街燈都掛著聖誕節小燈，救世軍的義工裝扮成聖誕老人在百貨公司前搖鈴。

我的夢想是一頓好晚餐後，在我的住處做愛。我整個週六都窩在圖書館苦讀刑事程序。十二月剛開始，這是期末考的時間。我在世達的工作已經確定，大家都說第三年的分數不重要，但我想保持在第一名。我因為埋頭鑽研政府拘留法而背痛。現在，我決定要鑽研我的情感關係。我受夠讓羅森醫師控制我的愛情生活。我的感情需要有人領導，而我準備好踏出去。親吻與愛撫很不錯，但我渴望更多。其實我餓壞了。

大湖的風吹著我的胸口。我縮進外套，更貼近傑若米。人行道上擠滿了觀光客，提著很大的假期商品袋子。傑若米被一個大袋子撞到大腿。他皺眉加快腳步。我跨大步跟上他。

「我們要去哪裡？」

「我受不了人群。」他離開了大街。

我吞下兩口失望的口水。我的幻想並不包括小巷子。我們應該走在大街上，沐浴在假期的燈光中，充滿生命的能量與歡樂。

走了半條街，他躲進了一家加州披薩店。我吞下更多口水。我的幻想不包括擠滿青少年的連鎖披薩店。

「想不想一起吃片披薩與沙拉？」我說。

「不用，我要點一個香腸卡頌尼。我可以自己吃光。」我勉強點頭，點了一片加州素食披薩與沙拉。

他打了一天的電玩。我忍住不滿。我的成年男友，四十歲生日即將來到，花了一天的時間想贏得電玩護身符。我都已經跑了六公里、參加一場戒癮聚會，還爲犯罪程序考試溫習了四小時。

談話暫停了。食物來到時，我想對女侍無聲地說：「幫我」。

我用心電感應告訴她，我被困在自己與男友之間的死寂空間，幾乎兩個月之後，他還沒準備好做愛。

傑若米咬下他的卡頌尼，一股蒸氣冒出來。我把番茄片從盤子的十二點位置移到六點半的位置，思索著要說什麼才會讓他想帶我上床。

「要不要吃一口我的沙拉？」

回到我的住處時，克萊兒與史蒂芬要去公園聽現場演奏。

「一起去吧。」克萊兒說，把外套披在肩膀上。

我還沒開口問去哪裡，傑若米就說：「我要去睡了。」向克萊拉與史蒂芬敬禮，朝我的臥室走去。

克萊兒低聲說：「好好享受，塔特。」還挑動了一下眉毛。

我順著演下去：「早上別叫醒我！」

等我關掉客廳的燈，走進我的臥室，傑若米已經鼾聲大作。我用力坐上床，希望可以把他震醒。我靠著枕頭，瞪著牆上的影子。心想到底是什麼讓我與克萊兒如此不同？她的男友整晚都想摸她、跟她談話。是不是我多年的暴食？我潛意識抗拒傑若米？我知道自己與羅森醫師和團體成員建立了關係。爲什麼不能與一個男人也如此？我並不如羅森醫師說的那樣畏懼性愛——我此時就想跟傑若米做愛。

時鐘顯示八點四十五分。比我與山姆夭折的約會還早了五分鐘。對於傑若米、我自己、羅森醫師、我的團體，與這整個愚蠢夜晚的失望與憤怒衝擊著我，讓我的手指扭曲。我大聲嘆氣。傑若米沒有反應，於是我爬下床。在廚房水槽下的櫃子裡，找到一箱我從舊公寓帶來的盤子與玻璃杯。克萊兒與我有一把修理東西的榔頭，但從來沒用過。我拿起那個箱子與榔頭，用手肘推開陽臺的門。

我舉起榔頭，胸部起伏。砸下去。碎片在陽臺上四散。我赤裸的膝蓋壓著水泥地。砸，砸，砸。我的臉頰因爲使勁與寒冷而變得通紅。

§

羅莉與卡羅斯驚呼。

「你有保護自己的臉嗎？」派翠絲問。

我感覺到一股砸東西的動力。我的身體無法克制砸下榔頭的衝動。憤怒快要脹破我。我只知道如果自己不毀掉這些盤子，我就會用榔頭對付自己。

「你想要吵醒他嗎？」派翠絲問。

「也許吧。但砸碎東西完全是生理的，就像打噴嚏或——」

「嘔吐。」羅森醫師說。

「對！就像我體內的東西感覺——」要怎麼說？

「有毒？」

「一點也沒錯！我的身體必須排斥。」

「嘔吐是你的身體防止自己死於食物中毒。」羅森醫師說，「這種憤怒很古老。你以前想吐掉的是憤怒，但它仍然存在。逃避親密關係，你就能避免這種情緒。」

「我對你感到過憤怒。記得你帶我們去辦公室聽我的留言?」

「我們並沒有性關係。」

「有道理。」我暸解其中的差別。我向傑若米獻出我的身體,我想要他的身體回報。但沒有成功。「我現在該怎麼辦?」

我願意接受答案是與傑若米分手。但羅森醫師建議我繼續表達憤怒,並邀請傑若米加入。好像傑若米會對我與我的榔頭讓步。

「問題是,你是否願意問他。」那有什麼好處?我癱了下來。羅森醫師似乎刻意忽略我的障礙。

「你眞的認爲我應該繼續這段關係?」

「才開始好轉——」

「但完全失調。」

「不完全如此。」

「你有聽我說嗎?我半夜在二十八層樓的陽臺上,用榔頭砸碎廉價餐具!」

「你說是九點鐘。」上校從圈子的另一端說。

我叫他閉嘴。我的口沫橫飛。我敲打椅子的扶手。「幫我!」

「我完全支持你的憤怒。」羅森醫師說,語調如黑板一樣滑順。

「我需要你給我更多。」

「去買護目鏡。」

三小時之後，我衝進中午的團體叫羅森醫師閉嘴。她們聆聽著我說砸盤子，還有羅森醫師建議我買護目鏡。瑪妮斜眼看著羅森醫師，指控他沒幫助我。艾蜜莉建議傑若米與我「暫停一下」。

「我需要你給我更多，羅森醫師。」我敲打著上午同一張椅子的扶手。

羅森醫師沒說話。他像平常一樣巡視著大家，讓我對他吼叫。

我滑到地板上，對地毯吼叫。吼著不可理喻的字眼。在其他女成員的腳邊費力呻吟。我越是吼叫，握拳敲打地毯，我就越陷入絕望的黑洞。汗水流下我的脖子，頭髮黏在前額。

§

小學三、四年級時，我父母計畫全家去海邊度假。我爸駕駛我們的淺藍色旅行車，裝上了橡皮艇、防曬油、海灘毛巾，朝南方海岸前進。八小時的車程開到一半，天氣預報不佳：一個颶風改變方向，朝德州尖角而來，距離我們的目的地只有幾公里遠。

我父母說我們無法過去，太危險了。我們想出新計畫，住進休士頓的旅館，找我母親的高中朋友。也許去參觀航太總署。第二天早上，在旅館的泳池，我哥哥與妹妹玩水，而我待在淺水區。來啊，克莉絲蒂，下水啊。吃一點花生。看看走廊那臺製冰機。

我不肯，或不行。我腦中的畫面是爲我的沙堡挖一條護城河，這個笨旅館泳池不符合我的想像。我的哥哥妹妹不知道擁有什麼能力，讓他們可以在旅途改變時調整、適應，我缺乏他們的能力。我只會生悶氣，被心裡的怒火與失望吞噬。我的家人不太知道如何接近我，只好隨我而去。沒有人能提供我任何工具，後來當我沒有得到芭蕾獨舞，或男友與我分手，或沒進入我想要的研究所，我只能吞下憤怒或嘔吐。

現在，憤怒全都冒出來了，又髒亂又吵鬧。

§

這裡，在芝加哥市中心的這個房間，我的拳頭有著地毯摩擦出來的粉紅色印子。我坐在地板上讓呼吸平靜下來。每一雙注視我的眼睛裡都充滿了同情。除了羅森醫師。他的表情完全一樣：專注且無動於衷。幾乎對他的誇張病人不斷下沉感到氣惱。

「你！你！你！」我用雙手抓住頭髮用力拉扯。我的頭皮疼痛，但我又拉，繼續拉。有人說了我聽不清楚的話。我坐起來，仍抓著頭髮，好像那是贖金一樣。

「可憐的寶貝。」楠說。她的聲音宛轉。「好可憐的寶貝。」

我的身體在她如搖籃曲的聲音中放鬆了。她靠過來拍我的背。我放開頭髮，爬回我的座位。我的頭皮與手隨著心跳而腫脹著。手指之間纏著亂髮。我甚至無法看羅森醫師。女成員們都對我投射著愛，但感覺如憐憫般刺痛。

我有個男友、十個團體成員、幾乎兩年的羅森醫師治療。

我還是同樣被困住。

21

砸破盤子的那一夜之後，羅森醫師指導我如何向傑若米提出我的要求。羅森醫師裝成是我說：「傑若米吾愛，我要你今晚帶我出去吃晚餐。」或「我要我們脫掉衣服，在床上互相擁抱。」裝成我的羅森醫師坐得挺直，咧嘴微笑。他提出我的要求，看起來非常輕鬆。

輪到我眞正去做時，我像輛老爺車般斷斷續續：「我要——你認爲是否可以——你是否願意，也許——我不知道——跟我一起離開你的公寓？」

傑若米笑得很甜：「你想去哪裡？」

「街上那家壽司店？」

他遲疑一下，然後說：「好啊。」

一個週二早上，我得到了一個處方：邀請傑若米來親吻我整整五分鐘。我很懷疑傑若米願意努力親吻五分鐘，但重點是，我是否願意去問。

我們傻笑著，我帶著他來到我的臥室。走廊另一端，客廳中的電視作響，史蒂芬與克萊兒在弄晚餐。窗外一片黑夜。傑若米調整手錶。他朝我走來，手指放在計時的按鈕上。

「準備好了嗎？」

我深吸一口氣，發出小聲的尖叫。部分的我想要脫離角色，說這個練習很笨，想要吵架。我打起精神，閉上眼睛，召喚出另一部分的我：願意親吻的我。

「準備好了。」

嗶。

他伸出一隻手環繞我的腰，另一隻手放在我腦後，輕輕地親吻我。我的頭腦打結——擔心計時，是否該伸出舌頭，是否有得到處方的最大效果。然後我派遣自己的頭腦到嘴唇去。我靠近傑若米。腳尖碰到他的鞋子，我把身體靠上他，測試著。他能承受我的重量嗎？他聞起來是汗水，咖啡與薄荷味。我把他拉得更近，知道最後幾秒鐘快到了。

嗶。

「很不錯。」他說，弄著手錶的按鈕。他勾起背包，準備離開。我感覺安穩與平靜，幾乎像個被緊緊包住的嬰兒。當傑若米與我擁抱道別時，他多抱了一下。他的身體感覺很結實，好像他可以抱起我很長時間。我站在前門，等待電梯鈴聲響起，然後看著他消失在電梯的銀門之後。親吻填滿了我。我希望這樣足夠。

我忍受傑若米。我忍受羅森醫師。我忍受我的兩個團體。

我忍受，是因爲我相信忍受的痛苦可以在我的心上刮線。我認爲想離開與眞正離開，就證明了我無法獲得眞正的親密。我必須向自己證明，我可以忍受情感關係中出現的任何痛苦。我可以熬過痛苦而不放棄。我可以親密。

聖誕節早上，我讓傑若米繼續睡，自己去與朋友吉兒喝咖啡。咖啡店響亮播放著聖誕歌曲，吉兒哭著說自己孤單一人，沒有計畫，除了去看她暴力的父親，我也哭訴自己無性的情感關係。回到傑若米的公寓時，他叫我回到床上。「脫下你的牛仔褲。」他說。

聖誕快樂！

我喜歡他的主動。

他旁邊的枕頭上有個保險套，我飢渴的身體撲向他。喜悅地開放我的身體。他衝刺了一次，我的全身就立刻到達高潮。

我也立刻流出眼淚。

「怎麼了？」他說。

在一切的挫折與憤怒之下，是傷痛與悲哀的海洋。孤獨的波濤，正如羅森醫師很早以前就預期的。

「爲什麼這麼難？」我一再說。爲什麼，爲什麼，爲什麼？爲什麼愛我與我的身體如此困難？爲什麼我們沒有一直享受這種肉體親密？這段時間我追逐傑若米的愛與注意，讓我對自己的愛與被愛感到更恐懼。我的被忽略證實了，我在親密關係上的能力缺陷。我挑選的男友只能給予有限的愛與注意。我會選擇他，是因爲我只能容忍他，儘管我想要更多。我像個厭食症患者，繼續只吃米餅與芹菜，儘管夢想著牛排與奶油烤馬鈴薯。

二〇〇三年，我在法學院的最後一學期。傑若米仍比我需要更多分開的時間。他偶爾會關閉自己，沒有任何解釋，他對電玩的熱情也讓我翻白眼。但我沒有砸碎家具，而是傳簡訊給羅莉、馬蒂與卡羅斯：**我好孤獨。他在打電玩。**在這些斷電的時刻，他拉起我們之間的簾幕，我們慢慢前進，如羅森醫師所承諾我們的。

但羅森醫師的利益衝突仍不是小問題。他是照顧我還是傑若米？

一個週四晚上，傑若米從他的男性聚會回來，問我是否可以出錢爲他訂閱《金融時報》與買一雙慢跑鞋。我從他詢問的方式，以及他剛參加聚會回來，我知道這是羅森醫師的處方。

「你竟敢讓我當他的有錢乾媽！」我在下一次聚會時對羅森醫師吼叫，「你應該要幫助我，不是利用我來贊助他的嗜好。」

「我是在幫助你。」

「鬼扯。」

「你對傑若米的最大兩項抱怨是什麼？」

我提過傑若米似乎在職業上停滯不前。他是高智商學會的成員，閱讀我不知道如何發音的希臘哲學家著作，但他的工作沒前途，不夠付他的帳單。他討厭自己的上司，覺得自己浪費了潛力。他有次說想上法學院。我也對他久坐的生活方式表達擔心，覺得可能會對我們剛萌芽的性生活有負面影響。

「如果他閱讀《金融時報》，也許可以幫助他專注事業？如果他有慢跑鞋，他會更活躍。也許你們可以一起慢跑然後做愛。」

偉大的玩偶師羅森拉著他的線。他讓傑若米提出要求，他叫我出錢。他知道我有錢，因爲前一週我帶來了世達寄給我的七千元預付薪資支票。羅森醫師建議我傳給大家看。傳到他時，他把支票舉到頭上，用希伯來語說了一些話：我讚美你什麼什麼的。

聖誕節之前讓我跪在大家面前的那股憤怒又升起——氣憤羅森醫師無法眞正幫助我，所以就利用我來幫助傑若米——但我坐在椅子上，抿起嘴，讓怒火中燒。我說不出話來，只有憤怒的感覺在身體裡增溫。

下一個週末，傑若米開始每天收到《金融時報》，我們買了一雙黑色運動鞋。我問他要不要跟我一起慢跑，他說：「不用，你自己跑。」

對我的金錢下手之後，情況更糟。羅森醫師瞄準了我的陰部。

深冬的一個夜晚，傑若米從電腦遊戲中轉身，宣佈三月將是「克莉絲蒂下面之月」。

「怎麼會有這個？」我說。

「我剛決定的。」

我們約會了幾個月，都沒有什麼口交的活動。現在我很期待三月的禮物。但在二月的最後一個週四，傑若米從聚會回來後宣布：「羅森醫師認爲這是個壞主意。」

我丟下手上的法律書。「什麼？」

「他認爲我想要搞砸自己的情感關係。」

我的治療師承諾要讓我有健康的關係，包括了性愛關係，如今正在積極與我的快樂作對。我找藉口告退，拿著手機到浴室，撥打羅森醫師的號碼，但進到他的語音信箱。我掛掉。不要留言。我將親自把全部怒火送給他。

「我聽到了你的憤怒。」羅森醫師平靜自信地回答。我是在早上團體質問他。我敲打椅子的扶手，說他是厭惡女性的控制狂。

「我聽到了你覺得我在操控。」

「你叫我男友不要爲我口交！搞什麼鬼？」他的微笑似乎是說天啊，她眞的火大了！

「不要再操控了。」

羅森醫師舉起雙手搖著頭。「沒有操控。我無法控制任何人的舌頭。」

「人們花錢請你告訴他們該怎麼做。」

「你想要什麼？」

「我要你滾開。」怒火卡在我的喉嚨與胸口之間。更多的困境。在我的椅子中、在我的身體裡、在我與男友和治療師的關係內。

當羅森醫師雙手合在一起，表示療程結束。我與其他人一起站起來，但我沒有唸平靜祈禱詞，當大家雙雙擁抱時，我擁抱了派翠絲、羅莉、馬蒂、卡羅斯與上校。但我背對著羅森醫師。我不想假裝一切都很好，只因爲九十分鐘到了。我覺得遭受背叛。他顯然效忠傑若米，用他的哈佛專長來治療傑若米的性愛障礙。羅森醫師完全不在乎我的利益或性愛快樂。

下午的聚會，我拒絕看羅森醫師，但向所有女成員解釋，羅森醫師干涉我的情感關係，建議傑若米不要取悅我。瑪妮瞇起眼睛怒斥羅森醫師利用我來幫助傑若米。然後她把椅子轉向我，怒斥我如此願意在情感關係中挨餓。「這不完全是羅森醫師的問題，」她指著我說，「你一直都很配合。」我並不難過她吼我——我可以聽得出來她愛我，希望我更好。我也是。

22

世達的七千美元預付薪資讓我的膽子大了起來。法學院的朋友都計畫著，在律師資格考之後與愛人去旅行。我夢想與男友出國；夢想我們去義大利，手牽手走在中世紀的橋上，互相餵披薩，周圍是小河與高聳的大教堂；我夢想我們歡笑著，碰觸著，探索著，恩愛著。在我的白日夢中，與我牽手的男人跟傑若米相似之處甚少。但我已經鎖定了旅行，不願退讓。我在法學院努力用功，掙得了世達的一席之地，讓我得到七千元的預付薪資，我也努力接受治療，有了新的感情。這會有多困難？

商量從一開始就很激烈。我提議托斯卡尼，傑若米聳肩，然後重重嘆氣。

「我們可以去希臘，哲學的誕生地。」

還是聳肩。

「我們可以談談嗎？」

「你要控制，因爲你有錢。」

「那你來選。」我舉起雙手。老實說，我不在乎去哪裡，只要一起去。

長長的停頓後，他說：「義大利可以。」

我的兩個團體與羅森醫師都建議我自己計畫旅程。

「他會跟你去或不去。」羅森醫師說。眞會安慰人。我推開自己的焦慮。在傑若米的抗拒下繼續計畫，因爲一個年輕女子單獨去義大利不是我願意想像的。孤獨的旅程並非我心之所嚮。

§

佛羅倫斯的氣溫高達三十二℃，廣播報導七人因熱致死。傑若米與我在旅館二樓陽臺上吃早餐，有炒蛋、新鮮草莓、橘子醬吐司。我們把椅子移到無花果樹的陰影下。我可以待在這裡一整天，眺望河流、聆聽鴿子咕咕叫著，但我已經安排了十點的單車觀光。前一天我搭巴士出遊。自己一人。傑若米不想面對炎熱。

「你要參加單車觀光嗎？」我用高昂的度假聲音問，心裡抱持希望的聲音。

「你去吧，我要讀書。」他拿出一本法學院入學測驗的參考書與他的筆。他最近決定申請法學院，以他對目前工作的痛恨，這無疑是正面的發展。但他的嚴格溫習計畫不想被佛羅倫斯的鄉野所打斷，儘管入學測驗還有幾個月的時間才到。

「你會想做其他事嗎？我可以取消單車——」

「不用，你去吧。我要做測驗練習。」

旅行之前，羅森醫師鼓勵我接受傑若米的內向。不要想改變他。我瞭解接納的重要，但當傑若米第二天也不肯加入我，使我想翻桌，讓他寶貴的參考書飛到卵石街道上。我要把欲望折得多小，傑若米的拒絕才不會刺痛我？我要如何不介意這個宣稱愛我，但又不想與我在一起的男人？

他按下他的筆，開始寫考題的答案。

我親一下他的頭頂，出發去單車觀光，生著悶氣。誰會出錢帶男友來義大利又被冷落？我的心跳是熟悉的節奏：孤獨、孤獨、孤獨、孤獨。

一位有瑜伽老師般瘦長身材的美國籍女子，推著我的單車出來時問：「你的伴侶呢？」

「喔，他——」就像掩飾自己老公酒醉無法下床的妻子，我說謊，「生病了。」我說是因爲炎熱與時差。

我們這一團的其餘十二人成對出現。度蜜月的、父女檔、大學室友、慶祝結婚三十周年的一對夫婦。我們的第一站是座老石造農舍，一位曬得黝黑的管理員提供我們早餐的零食。我坐在古老的石椅上吃鹽乳酪與奶油鵪鶉蛋，周圍是互相拍照的陌生人。

「要拍一張嗎？」一位來自聖地牙哥的父親問我。我擦拭額頭上的汗水，站在一棵無花果樹旁，擺出自然的樣子，儘管我不知道手要放在哪裡。在前方合掌嗎？放在腰間？扶著石牆？

父親對他女兒低聲說：「獨自到國外旅行眞是勇敢。」相信我，老兄，我有很多狀態，但勇敢是排在絕望、愚笨、孤獨、沮喪、悲傷、迷失、羞辱與飢渴之後。

單車觀光結束後，返回佛羅倫斯時我脫離隊伍，盡全力踩踏板到大腿肌肉痠痛。我交還單車後，沿著狹窄的街道走回旅館，但半路停下來。急什麼？傑若米沒有在等我。他會高興看到我嗎？我改變方向，朝老橋的觀光大道前進，路邊攤上掛滿了皮帶，有如肉條。我在路邊找到一個公用電話。我投進一枚又一枚的硬幣，直到接通了芝加哥。

羅森醫師的語音信箱響了三聲後接通。嗶聲時，我就說了：「我剛去單車觀光，一個人。昨天我也是一個人出去。我以爲你說可以治好這個——你可以治好我。」我對著陳舊的義大利公用電話啜泣，直到一個電腦聲音掛掉電話。

我接受了這一切療程。我心甘情願去做的處方。感受我的各種情緒。此刻我在這裡，仍然非常孤獨。孤獨感應該要消退才對。我以爲自己在心理治療的進展應該是往上的直線，只往上。但一個人在佛羅倫斯，我感覺到同樣的絕望，就像在芝加哥還沒開始團體聚會之前。如果我還沒有改變，那麼何時才會有變化呢？也許我不可能改變了。我愛我的團體成員們——甚至包括羅森醫師——但他們無法跟我來義大利。羅森醫師說得對：我嘗到了團體與週復一週參加聚會的情誼，現在的孤獨比以往更黑暗、更傷害著我。

當我回到房間，傑若米在床上睡著了，他的參考書蓋在肚子上。他睜開眼睛後微笑。我躺在他旁邊，身體稍稍碰觸。我們在沉默中看著窗外的光線暗下，太陽西沉了。

晚餐後，他關燈躺下來。我們要做愛嗎？我深呼吸，命令自己的身體不要想。我把自己的欲望折成了一隻小紙鶴，藏了起來。

「我要在睡覺之前自慰。歡迎你加入。」傑若米脫下內褲，忙碌的手肘來回碰觸我的手臂。

「要我來嗎？」我低聲說，一絲欲望鬆動。

「我可以的。」

我把手放在他肩膀上，並感謝他讓我放在那裡。

§

從義大利回來之後，我開始了大法律公司的第一年律師長時工作，從來沒有在七點之前下班。突然間我有一位祕書、一個開銷戶頭、一間可眺望芝加哥河的辦公室。在第六週時，我首次在公司熬夜整晚。我身爲新律師的主要案子，是一天花十小時查閱一位客戶的財務文件，這個客戶生產的飲料是我從小就喝的。世達派我去客戶的總部見他們的行銷主管人員，讓我們可以爲他們向證管會提出辯護。經過一整天與男性人員連續的會面，還有漫長的晚餐，我倒在旅館的床上，打電話給傑若米，他在家打電玩。

「你很棒。我爲你感到驕傲。」傑若米說。

我學習如何成爲世達的律師時，傑若米陷入了沮喪。他體重增加、不刮鬍子、不去戒酒無名會，不工作時幾乎都坐在電腦前打電玩。布爾喬亞先生吐出了一團毛球，留在他的客廳中央一週。浴缸中的毛髮與汙垢越積越多。當我在那裡過夜時，我盡量忍住不去尿尿。幾乎長達十八小時。我們幾乎總是待在他的住處。我知道他沒有精神大老遠去到我那裡。

在我的餘暇時間，我試著拉他脫離沮喪，幫他買一些家用雜貨，建議他去參加戒癮聚會或打電話給他的輔導人。聚會時，我求羅森醫師幫助他。「你看不出來他很沮喪嗎？」羅森醫師的回答總是相同的：「你有什麼感受？」

我的兩個團體有一致的回饋：「專注於你的新事業。」

「專心過你的新世達生活。也許你的口味會改變。」羅森醫師說。聽起來像隨口說說。我的口味？

我渴望行動。我的男友絕不能在我的看護之下心智衰退或再次酗酒。我爲他買了新毯子，有男性化的方格圖案；我拿了一瓶漂白水進浴室，從排水孔撈出天知道是什麼的汙垢；我把貓的嘔吐物從地毯上清理掉；我爲他的冰箱補充了新鮮水果與瘦肉，在他的櫥櫃放了低糖的燕麥片。

在我的狂熱中，我不理會他所表達出來的唯一需求——讓他一個人靜靜。現在回顧起來，我能夠同情他與讓他失去快樂和活力的疾病，也能同情我自己身爲他的前女友，以爲可以用新毯子與鳳梨治好他的疾病。當時，我只能更加努力去「修好」他，把他做成我想要他成爲的男人。

在這個黑暗時期的一天晚上，在傑若米還沒睡軟的新方格毯子下，我爲他口交。我成爲律師六個月了。我的生活標準從法律學生變成了大公司律師。我有時去有機超市購物、買沒有打折的服飾。我的存款戶頭增加到兩千元。白天，我挺起胸膛，表現出夠資格使用世達的厚名片。

夜晚，我癱軟下來，身體痠疼。

口交是我的主意。試圖拉近我與傑若米之間的鴻溝。我的頭在他流汗的大腿之間上下衝刺時，我只有一個念頭：我不想這麼做。我假裝有情欲來用口交讓他更注意我，減輕他的慢性憂鬱。這麼做違反了我自己的意願，也違反了他的。傑若米好幾天沒洗澡——他的身體汗垢發出酸臭的氣味。我用嘴巴呼吸，試著不理會他的身體臭味與我自己湧上來的噁心。

之後的週二早上聚會，我沒有提到口交，因爲我感到羞愧。我覺得應該保護傑若米沒洗澡的身體，儘管羅森醫師一直建議我對團體毫無保留。我也羞愧強迫自己做了毫無樂趣的口交。

我的情感關係是場鬧劇，我繼續不誠實，違反自己的利益與快樂。到了下午，所有我沒說出口的東西，成爲一把瞄準我喉嚨的槍。在談話的誘惑下，我說了出來。

「我不想吸骯髒的老二。」

大家都轉頭看我。

「你說什麼？」瑪妮問。

楠的眼睛在我描述口交時越睜越大。「絕對不行。」她低聲說。

當我終於看著羅森醫師時，我從他眼中看到了同情。

「你不用吸骯髒的老二。」他說。

我淚水盈眶。他又非常緩慢地說一次。你——不用——吸——骯髒的——老二。然後加上：永遠不用。我點頭。

「我不玩了。」我說。我的背脊在這個眞相中挺直起來。

羅森醫師伸直雙手，掌心朝上。然後慢慢地把手掌翻過來。「你要這樣放手。」

我不懂。看起來像太極拳的動作。我的團體成員爲這個動作做了補充說明。

「不要打電話給他。」

「不要在下班後去那個豬窩公寓。」

「不要再出錢買任何東西。」

如果我就此停止——追逐、計畫、引誘、縱容、哄騙、清理、購物、渴望、出錢、吸吮——一切就會結束。傑若米是不會自己跑來我住處的。他不會訂位餐館或買票去看演唱會。如果我放手，就會什麼都沒有。我就會真正孤單一人，但我也會自由。

「所以如果我放手——」我說，用雙手抓住羅森醫師毛茸茸的前臂。我靠上前，直到我們的臉相距不到三十公分。我要他完成這句話。不管他說什麼，我都會要他負責。

「你就會知道真正的情感關係是什麼感受。」

23

「你能讓自己跟他有高潮嗎？」

羅森醫師與早上的團體等著我回答。

我與傑若米分手了三個月，與一位世達的實習生調情了兩週，他想要爭取全職的工作機會。

「這樣是不是違法？」我問，「我不應該跟求職的人上床。」

「你自己是律師。」楠說。

「我不處理性騷擾。」

「顯然你會。」

我在公司的日本式晚宴上認識這位「實習生」。在生魚片之間，我讓他恭維我的眼睛很美，他暗示自己的性能力可以讓我上雲霄。他眞的是個小男生——自大、動作輕鬆而誇張，穿著設計師的性感牛仔褲與時髦網球鞋。他比我小六歲，但感覺小更多。他駕駛父親的全新日本高級休旅車，參加法學院入學測驗的補習班。他從來沒做過全時的工作。我讓他陪我從餐廳走路回家，心想這樣一個小男生，絕對無法打破那道性感男人與我的隱形屏障。但他滑過了屏障，很俐落地在一盞壞掉的街燈下吻住我，我張開嘴來迎接他。他的嘴唇輕柔地碰觸我的嘴唇，我雙腿之間有種酥麻感，對於世上其他一切東西的胃口更瞬間消失無蹤。

第二天，他查到我的私人電郵。**那個吻眞厲害**，他寫著。我沒說自己整晚沒睡，都在想著那個吻；我沒說，我的四肢在十五個小時之後仍充滿活力；我沒說，我到三點才吃第一餐，因爲我靠著那個吻的回憶斷食。我告訴他的是：**我有過更好的吻**。一個美味的謊言，逼他向我承諾他會是最棒的。**證明給我看**，我要求。

羅森醫師對於職場性騷擾法毫不在意。

「所以呢？你能讓自己跟他有高潮嗎？」

可以，我非常想跟實習生上床，讓他兌現承諾。我要他舔我的蜜糖直到太陽升起。但我也要一段眞正的關係，週日一起去購物的那種。這個小男生似乎無法欣賞在工作十六小時之後，穿著運動衫，臉上都是痘痘藥膏的女人。在他的第三封電郵，他承認自己有雙性戀傾向，最近在邁阿密吸了古柯鹼。

「他的履歷中完全沒有提到自己會是適合戒癮女子的終身伴侶。」

「你可以藉由跟他上床來弄清楚。」羅森醫師說。

這裡眞的不是教會學校。

§

我們首次約會是在一個週一晚上，就在他接受世達工作邀約後幾天，所以我不會觸犯性騷擾法。他一整天都在上課，並在憲法研討課後，駕駛閃亮的黑轎車來到我的辦公室。他像車僮般爲我打開車門。那輛車一塵不染——閃亮的黑皮革、乾淨的杯架，還有點亮整個儀表板的音響系統。

「我平常的招數是帶女孩上餐館後去附近的酒吧，但你會得到豪華待遇。」他的微笑很淘氣。他對這次約會所花的心力，已經超過我認識的所有男人。

他開車到了一間小酒館。我本來認爲他只是個自作聰明的花花公子，他當然也是，但在他表面的性感招搖之下，他對於司法倫理與民權自由有著強烈的興趣。當他談到首次抱起寶寶甥女時，臉上露出眞實的溫柔。他投票給小布希是扣分，但提到自己的心理治療師時又加了幾分。

「不是強納森．羅森醫師吧？」他搖搖頭。謝天謝地。

南瓜湯送上後，我已經準備好跟他「路德．范德羅斯」了。他用腳磨蹭我的小腿，我兩腿間再次感到熱度。我用叉子分開海鱸時，只有一個念頭：天啊，我今晚會做愛。

帳單送來時，他掏出皮夾，抽出一張美國運通黑卡。他寫下了小費數目，潦草簽名，然後站起來。「我們走。」他伸出手，我握住。他的微笑暗示著他今晚不會想打電玩。

回到他住處時，他問我關於德州的事情，好像那是外太空的領域。

「那裡又平又熱，而且保守。」

「有猶太人嗎？」

「有一些。我的芭蕾老師是法國猶太人。爲什麼問這個？」

「我們猶太人總想知道親戚的數目。」這是我首次聽到實習生的宗教信仰。我可以想像那傢伙知道要我跟猶太人擁有高潮時的得意笑容。**小姑娘，我眞爲你感到驕傲。**

大廳的電梯門關上後，實習生的手指勾住我的腰帶，把我拉近。他聞起來像乾淨的衣物與香料，如肉桂。他親吻我，彷彿他很飢渴，我同樣強烈地回吻他。他的手圈住我只有一件胸罩的乳房時，我發出愉悅的呻吟。

我感覺非常自由——彷彿感受到我們之間的空氣粒子舞動慶祝我的解脫。我的手滑進他的襯衫，他貼上來。感覺如魔法——一個男人朝我靠近，一個男人爲我保持清醒，一個男人對我飢渴。

「你喜歡嗎？」他低語。他每次碰觸我，我的另一層就融化了。他頑皮地咬著我的嘴唇。再見了，說深吻是罪惡的修女。他碰觸我的腰。離開吧，我母親對於婚前性行爲的告誡。他捧著我的臉吻我，洗去了我與傑若米的汙跡——排水孔的毛球，惡劣的口交，他的冷硬孤獨。

電梯門打開時，我想要拉開他，但他把我摟得更緊。「我們不出電梯嗎？」我說。他的舌頭進入我的耳中，低語：「喔，我們當然要出電梯。」

我們快步走過走廊，他在我前方，往後伸手牽我。這個會吸毒，也想帶我一起去的男人究竟是誰？

我們還沒到他的房門，他就解開了我的胸罩。我從來沒有被吻得這麼深。部分的我從未在外人之前被觸動的，現在都活了過來。這個，這個，這個，我的身體愉悅地唱著。還要，還要，還要，還要。

他帶我來到他乾淨的小臥室。燈光暗著，但我可以看到床上有一條灰毯子，旁邊的架子上有幾本法律書、一個閃著紅數字的小時鐘。我伸開雙手，跳上他柔軟乾淨的床。

我們之間沒有任何阻隔——沒有電玩，沒有精神疾病，沒有心理治療師。他拿出一個保險套，脫下褲子。他的前額靠著我的前額，我看著他坦然無懼的眼睛。我靠上他，執行我的處方。

當我睜開眼睛，他得意的笑容只有一個含意：我說過我很棒。快樂的浪潮從我兩腿之間升起，穿過我整個身體。然後，我哭了出來。

「我不知道自己爲何要哭，我並不難過。」我試著把啜泣壓回我不爭氣的心中。實習生親吻我臉頰上的淚水。他問有什麼問題。

「你只是太——」

他揚起眉毛靠得更近，親我的脖子，追著流下的淚水。「太什麼？」

「乾淨。」眼淚繼續流下。「我的天。」我低語，用雙手矇起臉。

「其實有點熱。」他抬起我的下巴，吻我的嘴唇。「你的治療師會怎麼說？」

§

「我做了，然後我哭了。」我的下午團體都聽得入迷。我睡太晚而首次錯過了早上團體。我等待了三年，終於因爲忙著做愛而沒去聚會。

楠感到難以置信。「那個白人男孩對你做了什麼？」

羅森醫師搖著頭，他的手放在太陽穴。「你讓他取悅你，然後對他表達了自己所有的感受。你知道那有多親密嗎？」他驚奇地看著我。

「我要再來一次。」

「你們下次約會是何時？」

「下週。」好醫師豎起了兩根大拇指。「對了，他是猶太人。」正如我的預期，羅森醫師吸了一口氣，雙手放在胸口。「我就知道你會這樣。」

「你為何認為我會這樣反應？」

「你就可以說都是因為你，就像路德。」羅森醫師猛點頭，還是豎著大拇指，好像我說對了答案。

「你眞的很討厭。」瑪妮對羅森醫師說，不屑地甩手。

羅森醫師繼續凝視我。「你瞭解嗎？」

我只知道自己的治療師充滿了佛洛伊德式的噱頭，正確解讀了我的無知空白表情。

「如果你在療程這裡依附著我——」他指著自己的鞋子，「你就可以在外面依附其他男人。」他指著窗戶，「如果我們有健康的依附，你就可以當成基礎來建立你的情感關係。」

「有進步嗎？」我把手掌放在胸口。

「熊在森林中會尿尿嗎？」他反問。

§

每週一次，實習生開著閃亮黑轎車接我到時髦的小酒館，我們在那裡調情如分享一包爆米花。超級挑逗的調情——他自誇要如何取悅我，而我暗示自己比他想像得更飢渴。「我空虛了好久，」我會說，「我可以承受一切。」他毫不退卻。回到他的住處，他會找出最完美的情調音樂。他喜歡艾爾．格林與嘻哈樂。看他努力營造氣氛眞的讓人非常興奮。

我們在一起的第三晚，他拉著我進臥室時，眼中有惡作劇的光采。「我有個驚喜。你在這裡等一下。」他說，後退離開房間。他回來時給我一個藍白色的東西，像一面摺疊起來的旗幟。

「搞什麼？」我笑著，打開厚重的布料，舉起一件很大的美式足球球衣，十八號。

「這是培頓．曼寧的球衣。我要你穿上。」

「我雖然來自德州，不表示足球會讓我興奮。」

「如果你穿上，睡在你旁邊會讓我興奮。」

我的身體臣服於他輕鬆奔放的威力。我想鑽進那件球衣，進入他的身體，進入他的世界，欲望赤裸而炫耀，做愛總是選項。

我的兩個團體都喜歡實習生。一致預測他愛上了我。兩個團體都說，導致我與傑若米在一起那麼久的情感創傷或人格缺陷，已經被治好了。每次療程，羅森醫師都讚美我詳細地透露我們的親密接觸、我的喜悅、我的臣服於快樂。

我漂浮度過白天工作時間。火辣性愛的光芒與眞實感情的萌芽，減輕了在法律公司身爲女性資淺律師的日常委屈。一個週二，一位公司合夥人要我（房間中唯一的女性）在團隊會議中做紀錄，好像我是祕書。我咬咬嘴唇但隨即釋懷，因爲看到實習生傳來的電郵。

兩小時之後，我把電郵印出來交給羅森醫師。「讀一讀，」我說，「從第二段開始。」

「『最重要的是我必須娶一位猶太女子。』」羅森醫師抬起頭來。

「他爲什麼要談婚姻？你們只上床……六次吧？」楠說。

「五次。」

「他只是害怕了。」瑪妮說。艾蜜莉與蕾琴娜同意。

「白人眞奇怪。」楠笑了笑，她的金耳環在陽光中閃爍。

驚慌貫穿我全身，很難坐在椅子中聽大家說。他們怎麼會這麼平靜？實習生將收拾起所有的愉悅與自由，駕駛黑色轎車離去。

「你不知道是否會那樣。」羅森醫師說。

「很多値得約會的好猶太男人甩了我！多謝了，羅森醫師。」

「對你很有幫助。你不知道接下來會如何。」

我知道下次走進這間愚蠢的房間，會帶來一大堆的心痛，淚流滿面地用光衛生紙。

幾天後，實習生最後一次來到我辦公室。他的微笑看起來虛假，沒有招牌的耍帥。他的擁抱就像擁抱老祖母。我們之間不再有火辣與性愛的承諾。

他開車去日式餐廳，我們分別點了生魚片捲。我避開了蝦子，來證明自己也可以成爲好猶太人。我在餐廳廁所打電話給羅莉：「我可以感覺到永久的道別即將來臨。」我的胃彷彿站在山峰，即將跳入深谷。羅莉叫我深呼吸，對一切可能性保持開放。「也許他會要你改教。」她說。

「不會成功的。」那天晚上他停車在我住處前說。

我問，我們爲何不能只是一起玩。他搖頭，堅持說這樣對我不好。我說我考慮改教。

「你是天主教。」

「我多年沒上教堂，我會是很好的猶太人。我討厭火腿。我會送孩子去猶太教堂。我會吹羊角號。」他的嘴角上揚，但那不是眞的微笑，而是苦笑。

「我是說眞的。不是什麼網路的改教課程。我會去猶太會堂，我會泡淨身池，我會吃猶太潔食，烤安息日麵包，割禮——」

「很抱歉。」

我閉上嘴，望著前方。他第一次吻我的地方，我的胃口被挑起並稱之爲「戀愛」卻降級成「勾搭」的誕生之處。

「你不能上來再過一夜嗎？」

「我們別變成通俗劇吧。」

第二天早上，我從辦公室求羅森醫師回電。我等不到下次聚會。我現在就需要他。他回電時，我對著電話哭出來，要他告訴我爲什麼。爲什麼實習生不要跟我在一起？爲什麼我又在電話上對他哭訴？爲什麼我是天主教？爲什麼我父母用基督的名字來命名我？我把電話線纏繞在手指上，想從羅森醫師的回答中找到希望。

他說的都無法安慰我。他問我生活是否比治療之前更好。是的，我的生活比以前更好——我對他與我的團體感到親密。克萊兒知道我的團體與我的治療。我學習如何在他人面前做眞正的自己。但與男人的關係還是如以往一樣困難。

「我需要更多幫助。更多的什麼東西。一定還有什麼可以幫助我。也許我已經跟你走到盡頭了，羅森醫師。」我不知道自己要什麼。我的思想不連貫——我對電話胡言亂語來壓住自己的悲傷。我的指頭被電話線纏繞到發白。

「我有一些想法。明天可以在聚會中談。」

我抽搐地吸口氣：「你有什麼想法？」我期待著一條穿過心痛的捷徑。

「我們明天再談。」他有什麼計畫？個別療程？約會網站？

「給我一點暗示。」

「我們明天見。」

24

我提早十分鐘來到候診室，表情嚴肅，有哭過的痕跡。我癱入書架對面的椅子中，閉上眼睛。有人走進候診室，我睜開眼睛，期待看到卡羅斯或派翠絲，但那是位高個子男士，穿著灰色公事套裝，拿著一個褐色皮革公事包。完全是律師或金融類型。比我大約十歲。

我忘了羅森醫師說過，我們會有一位新成員。

「我是瑞德。」他說，伸出手，好像是在一場雞尾酒派對。我沒站起來，但我伸出手，當我們手掌碰觸，我感覺我們之間有點氣氛。他的褐髮兩側很短，上面很長，他的鞋子擦得閃亮，我可以看到自己悲傷腫脹的臉。當然，我也注意到他左手的金戒指與他微笑時左臉頰的酒窩。幾秒鐘之後，羅森醫師開門，我們走進團體室。卡羅斯與派翠絲隨後也到了。

「那是什麼？」瑞德指著我膝蓋上的一條紫色毛巾。自從實習生放我下車後，我就一直抓著這條毛巾。

「這是我的哀悼巾。我剛被人甩了。」我用食指與拇指抓住一根線頭扯掉。然後又扯掉一根，又一根。不久，我的膝蓋上就有許多根紫線頭。幾根掉到地上。我扯著，熱淚流下臉頰。手上有東西弄，讓我感到紓解，扯線頭幫助我少量地發洩怒氣。派翠絲把一盒衛生紙滑到我椅子旁。我踢開來。「我不需要衛生紙。」

派翠絲不理會我的發作，按摩著我的手臂，提醒我那個實習生不是結婚的料兒。

卡羅斯帶頭詢問瑞德，問出相關的資料：成功的投資銀行家、已婚、雙胞胎女兒、戒酒幾年，然後是最重要的：

「你究竟爲什麼來這裡？」卡羅斯問。

瑞德的臉變紅，他看著羅森醫師，羅森醫師點頭鼓勵，好像說告訴他們。

「我的婚姻遇到困難。」啊，親密的問題。

「繼續說。」卡羅斯揚起眉毛。

「唉。」派翠絲嘆氣。她感覺到他要說的故事——不忠的丈夫、長久受苦的妻子、讓他感覺有活力的情婦。羅森醫師的臉上掛著最大的笑容。

「數週前，在一個基金的雞尾酒會，有個女人——」瑞德環顧房間，不太確定自己能信任我們嗎？「她與我回到她的辦公室，她給我——」

「我的天，她吸了你的老二！」卡羅斯拍手。

派翠絲問他是否有告訴妻子。他沒有；他希望能挽回自己的婚姻。派翠絲與羅莉讚美瑞德有勇氣告訴我們。

我把自己的毛巾攤開在膝蓋上，拉扯中央約十公分的光禿處。我摸著這塊布。想著用手摸瑞德的衣服是什麼感覺？摸他的腿？這是我一週以來沒有想到實習生最長的時間。我感覺到像希望的東西鑽入自己破碎的心中。我希望聚會比九十分鐘更長。

聚會結束之前，我收拾著紫色線頭，問出火熱的問題：「你們認為我還會有性愛嗎？」瑞德的嘴露出半個微笑。

「如果你想要。」羅森醫師說。

「我想要，越快越好。」我的身體因為缺少實習生與他提供的快感而傷痛。

「你願意聽建議嗎？」

「我什麼都願意。」我們火辣而婚姻不忠的新成員，讓我忘了羅森醫師說過要給我一些建議，「你有什麼想法？」我放下毛巾，打開我的手掌。

「我建議你加入週一/週四的團體。」

我猛吸一口氣，用雙拳握住毛巾。

「你不是說真的吧。另一個團體？一週兩天？」他知道我有全職工作嗎？他知道律師必須一週工作四十小時嗎？我搖著頭，咬住嘴唇。我撿起毛巾，用力從光禿處扯一根線頭。

「這個團體不一樣。同樣的團體一週兩次，會產生更高的強度。每個成員都是長期病人——」

「我需要一週來這裡四次，才會有眞實的關係？我到底有多糟糕？」

「你是很糟糕。」羅森醫師微笑。

「眞會推銷。」

羅森醫師建議我待在週二早上的團體，但退出下午的團體，空出時間參加週一／週四的團體。爲何一年前沒有這種建議？當時我寧願剃光頭也不想回到楠與瑪妮幾乎打起架來的團體，現在我卻感到一股悲傷。這些女人陪伴我度過傑若米時期與跟實習生的勾搭。楠在我想扯掉頭髮的那天擁抱著我。桑妮雅讓我知道網迷與長距離的同性性愛。我眞的準備好離開她們嗎？

「讓我想一想。」

當我們站起來結束療程時，我讓毛巾與線頭都落到地上。

我又必須考慮是否加入另一個羅森團體。我同意了兩次，現在我的生命中有很多親密瞭解我的人。羅莉知道我放入口中的每一口食物；馬蒂每晚給予我肯定。我的兩個團體都知道我吸過的髒老二，我的蟯蟲，我的脾氣發作。這不是我一直想要的嗎？有人瞭解我，知道我所有故事，也分享他們的故事。當然是的，而現在我想要更多。

我要自己的家庭，就像瑪妮的，派翠絲的，羅莉的，楠的家庭。我很感激自己現有的，但新的欲望誕生：與一個伴侶建立自己的家庭。成爲母親。在愛情上安定下來。在世達找到我的力量。我相信羅森醫師可以帶我找到，儘管驚訝要先花三個療程，也就是每週兩百七十分鐘的團體聚會。

我聽說過週一／週四團體。那是羅森唯一每週聚會超過一次的團體，是所謂的「高級班」。受邀參加讓人感到有點自豪，也讓我懷疑羅森醫師只是想賺我的錢——我很脆弱，年收入超過十萬。他也許能讓我找到想要的，或把我當成搖錢樹來買遊艇。我怎麼知道？

但是，我當然同意了。一週三天聚會，我當然可以在一年內得到我想要的一切。

第三部

25

一月份的第三個週一，氣溫低於冰點，但我太緊張而沒有感覺到風吹在臉上的刺痛。我的腳在人行道上的薄冰上一滑，屁股著地，距離羅森醫師辦公室兩條街。加入新團體是糟糕的主意嗎？我疼痛的髖骨說是的。

「你聽說了我們什麼？」麥斯問。他有一頭凌亂的金髮與完美的體型，穿著有金鈕釦的套裝，四十多歲。很有鄉村俱樂部風。我聽說過麥斯。羅森流言世界說，他多年前曾經吸毒與住在車上。我聽說有重罪起訴。但他後來戒毒，在一家製藥公司做到高位。現在他是成功的主管，在他女兒的高級私立學校擔任董事，夏天去高山滑雪度假。從他的眉頭與笑容中，我知道他也明白我聽說了這些傳言。

「沒什麼。」我的皮繃緊了。

「你在說謊。」麥斯凝視我。我閃躲掉那個眼神，瞄著羅森醫師，他什麼都沒表示，只有他的傻氣微笑。

「嗯，」我吸一口氣，「我聽說你戒了毒癮。」

「還有呢？」我繃緊的皮膚變紅了。

「你以前很愛玩。」

麥斯沒有移開視線。他完全知道我沒說出來的。這是一次測試，而我失敗了。這裡沒有桑妮雅描述她的網路性愛。沒人吃東西或尖叫或吵架。每個人都提著公事包或高級皮包，並塞在椅子下。「我們是高級班。」麥斯顯然是這群高度文明團體的代言人。

週二早上的派翠絲也在這裡。她一年前晉級到高級班，但沒有透露什麼，除了麥斯可能很麻煩。今天早上，她溫暖微笑，但沒有提供任何線索，如何熬過接下來的八十五分鐘。我臀部的瘀青隨著心跳脈動，但如果我去揉，就會引人注意。不用了，謝謝。

羅恩是另一個熟面孔。四十來歲，有點不修邊幅——皺皺的卡其褲與舊紅色運動衫——但笑容開朗，感覺是歡迎。我在羅恩的婚禮認識他，當時我是傑若米的女伴。傑若米與羅恩在同一個男性團體。我的左腳抽了一下，想到了其中的含意。

「我們聽說過你。」布萊德說，彷彿讀了我的心。布萊德比羅恩稍老，身材高瘦，褐色的頭髮。我唯一聽過關於他的事情是他執迷於金錢。

「你聽說了什麼？」

他與麥斯交換了一眼，兩人都笑了笑。

「你與布雷克肛交過。」布萊德稍帶羞怯地說。不是我所期待的，那是我在開始治療之前的回憶。我噘起嘴來。管他的，布萊德，我可以接受自己的性愛史。

「也有跟傑若米。」我說。

「我也聽說了。」布萊德說。

我的胃焦慮地翻騰著。我要嘔吐嗎？我在幹什麼，讓陌生男人詢問我的性生活？這是我跟著羅森醫師三年半以來，首次非常希望能保密。這些年來，我很佩服羅森醫師堅持認爲祕密是有害的。現在我看到了混濁的負面：我剛加入的團體全都知道我的肛交史。

團體讓我悶在不適中，繼續討論羅恩的瘋狂前妻，與布萊德的工作面試可能讓他薪資增加二〇％。在談話暫停時，我抓住羅森醫師的目光。「這個團體爲什麼是高級班？」我問。在他回答之前，一位銀髮及肩，穿著海藍色褲裝的女子插話。

「麥斯與我是這個團體的元老成員。可回溯到八〇年代末期。對了，我叫瑪姬。」她坐在羅森醫師旁邊。「我們知道以前的羅森醫師——」她停下來。

「以前？」我說。

瑪姬轉動眼睛。「可以這麼說，羅森醫師以前的規範很不一樣。」

「什麼意思？」我問。

「麥斯有一次在他家吃午餐——」

「他給我吃火腿三明治。」麥斯說。火腿？猶太醫師給病人吃不合猶太教義的食物？

「他以前比較不那麼猶太。直到娶了第二任妻子後，才開始超級猶太。」

瑪姬靠上來告訴我，她曾經與羅森醫師的前妻「非常親密」。他前妻厭食，而且跟一個在夜店認識的男人外遇。「我想那是個黑人。」

「看來，那說明了你對我的路德．范德羅斯夢的反應。」我對羅森醫師說。他抓著肚子笑了。

麥斯說羅森醫師在九〇年代初休了長假，原因未公開。布萊德與羅恩爭論，那是為了治療性成癮或依賴症。

聽到了每一項揭露，我的胃就縮得更緊。活在我想像中的閃亮羅森醫師，我給予力量來決定我最深欲望的羅森醫師，隨著這些新資訊而沾上了汙漬。我的牙齒用力咬住嘴唇。

麥斯拍拍羅森醫師的手臂。「記得你曾經腹瀉了幾個月？那是什麼時候？八九年？九一年？」其他成員喊出不同的年份。他們為何都知道羅森醫師拉肚子？

我想要化為一團霧飄出房間，離開治療。麥斯與瑪姬像消防栓般，噴出關於羅森醫師的各種故事，早至雷根總統的第一次任期——我還在讀初中。那次他的狗跑掉。他穿泡泡紗布料的夏天。那次他必須制止瑪姬攻擊麥斯，結果弄斷自己一根肋骨。十五分鐘內，我對這位治療師的瞭解超越過去三年多。白紙沾滿了汙泥。

羅森醫師以慣常無防禦的方式微笑著。他沒有對這些揭露感到難堪。我環顧房間——

沒人介意。他們的身體都很放鬆。這些故事就像每年感恩節餐桌上分享的家庭傳說。如果麥斯故事說到一半停下，瑪姬或布萊德就會繼續。這麼多故事、這麼多歷史、這麼多層髒汙塗在我的羅森醫師身上。

直到此刻，我一直很欣賞羅森醫師的打破傳統，就算我一些看其他治療師的朋友，聽到我說耶利米寶寶、吊老二胃口處方、每晚打電話給羅莉與馬蒂時。都很驚訝。我相信羅森醫師的勇氣、才智與治療我這種成癮者的能力。但現在我擔心他可能很不一樣：有很多缺點、可能瀆職。也許甚至很危險。

我聽著新團體笑談往事，越來越想吐。他們都有婚姻、子女與事業。瑪姬是祖母了。他們都不像我這樣絕望地想得到什麼，雖然布萊德顯然執迷於增加自己的財產。他們都不像我那樣需要羅森醫師像個魔法師，而不是個平凡的騙子。

羅森醫師轉頭對我說：「嗯？」

「我對這趟往事回味沒什麼要補充的。」

「你不想分享嗎？你似乎在自言自語？」瑪姬的微笑像老祖母一樣無邪。

大家都看著我。我的手顫抖著，好像剛站上講臺面對數百位聽衆，而不是六個人。

「聽著，我來這裡是想建立健康的情感關係、成立自己的家庭。我不想知道羅森醫師的骯髒歷史。」我轉向羅森醫師，提出我最喜歡的問題，「這樣怎麼能幫助我？」

他還沒回答，麥斯回答了。「你怎麼知道沒有幫助？」

「聽他身爲心理醫生而無規範的故事可以幫助我？」

「爲何不能？」

麥斯對我一無所知。我又瞄了一眼時鐘。我爲何不能站起來走向門口？我爲何要忍受這個？這個團體——這一切療程——也許永遠無法到達我想要的。我也許每週忠實地來這裡兩次，每次療程七十美元，死時仍然孤單一人。

瑪姬婆婆舉起左手，指著她的婚戒：「羅森醫師很擅於讓你這樣的女人結婚。等著瞧。我兩年前結婚了。」瑪姬可能六十多歲，從雷根總統年代就跟著羅森醫師。想到我可能還要數十年才能安定下來成家，這並不算什麼安慰。

「六個月，」我說，「如果我的生活到七月沒有好轉，我就要離開。」不管我在第一次約診時說的五年。我已經跟著羅森醫師三年半了，現在一週來三次療程，每個月花八百美元治療。價碼增加了，我要有結果。

「威脅著要離開，是建立信任與親密的有趣做法。」麥斯取笑著。

「我一週來這裡三次——」

「我也是。」羅恩說。

「還有我。」派翠絲說。

「這裡眞是一個祕教。」大家都笑了。「六個月。」

「你也要離開週二早上的團體嗎？」羅森醫師問。

「對。不成功就成仁。六個月。」

那天晚上，我坐在辦公室，太陽西沉。我上網搜尋：「芝加哥心理治療師」。出現一列連接。一位心理學家名叫琳達、一位心理分析師名叫法蘭斯，與羅森醫師在同一幢大樓。我想像打電話給琳達或法蘭斯，但感覺不可能。要花太多精神去找新人塡補。蘋果、蟯蟲、傑若米、實習生。羅森醫師與我的頭兩個團體教導我進食、睡眠與性愛。我會懷念羅森醫師的傻笑。我會懷念週二早上的成員。「高級班」的第一次療程不算是改變生命，但我應該要多給予一些時間。爲了以防萬一，我把琳達與法蘭斯的聯絡網頁加入書籤。

§

我每週三次團體療程的新生活：週一與週二上班前去聚會；週四是中午。我稱爲「長午餐」。我從上午九點半工作到晚上七點，除非有案子需要，我才會加班。晚上下班，我會走路回到克萊兒住處對面的新公寓。

她最近跟史蒂芬訂婚了。我不想當他們的電燈泡室友，就向凱瑟琳租了一間單臥房高樓公寓，她是羅森週五女性團體的成員。我雖然懷念克萊兒的陪伴，但擁有屬於自己的新空間，可以從西邊窗戶看到夕陽也很不錯。羅森醫師認爲搬到自己的地方，證明我爲情感關係製造了空間。當他這麼說時，我瞇起眼睛，不敢放棄我堅實的懷疑，去接受薄弱的希望。

週末，我會參加戒癮聚會，花半天在辦公室看文件，（對自己）證明我有待在世達的資格。

在我日常的作息之中，我等待著大事發生。我等待「高級班」像火炬一樣對準我的心施展魔法。但是沒有魔法，沒有火花，沒有讓我連接他人的捷徑。只有圍著圈子談話，聆聽，感受——跟我加入羅森之後完全一樣。

六個月的倒數繼續著。

有一些改變。首先是我有了嚴重的便祕。我每八天才會排便，所以有七天的時間，下腹總是隱隱作痛。彎腰會痛，跑步會痛，打噴嚏會痛。我感覺比最脹的月經還要脹。我一加入新團體後，我的消化系統就罷工了。沒有東西通過我的腸胃。如果這是新團體唯一的好處，我寧可不要。

爲了安慰自己，我像孩子計算聖誕節一樣，翻開七月的月曆，但我不是期待聖誕老公公，而是想像自己要如何跟「承諾我不會孤獨而死的古怪治療師」結束關係。當我在週一團體抱怨自己的便祕，激發麥斯談起羅森醫師在八〇年代末的傳奇腹瀉。我問該如何對付便秘，麥斯會數落：「也許沒有六個月的期限，你就不會滿肚子大便。」

週二早上，我告訴自己最早的團體，我不知道該如何應付新團體。我試著描述九十分鐘內，不知道如何處理我的手或我的聲音。派翠絲搖著頭。「她在那裡很好。」

「感覺不像團體療程。沒人有問題，除了羅恩。他們像老友一樣聊天。沒人知道我的蟯蟲，或飲食失調，或我對傑若米的貶低自己。他們似乎不關心任何事情，除了他們面前的。」

「問題是……？」羅森醫師問。

問題是我每週經歷兩百七十分鐘的治療，卻沒感覺任何好轉。

在週一／週四療程，我覺得自己像是闖入別人家庭聚會的陌生人。在所有對話中脈動的，是多層的歷史，回憶，故事與情感關係，我無法觸及。當麥斯與羅恩問我情況如何，我說出心中最迫切的渴望。

「說眞的，我要如何擺脫便祕？」

「喝很多水，」羅森醫師說，「你也可以試試洋車前子殼粉。通便劑的主要成分。」

顯然我現在每個月花八百四十美元來瞭解瀉藥的成分。

週一／週四團體，羅森醫師不開任何處方。沒人在睡前打電話或討論晚餐後的水果暴食。每週兩次九十分鐘，我們圍成一圈互相丟話題。布萊德會說到在工作時被搶走了一個案子；麥斯會說布萊德對金錢有病態的執迷；派翠絲會抱怨她的病人，羅森醫師則質疑她身爲資深醫生卻沒有表現出權威。如果我保持沉默太久，麥斯就會問我還有幾個月就要退出。我會不理他，而問羅森醫師這樣如何幫助我。

「當然有幫助。」麥斯厭煩地嘆氣。

「但什麼都沒改變，除了我的排便。」

「鬼扯。你知道嗎？」麥斯說，聲音變高，「別再說服我們相信你很可憐。停止吧，這樣很討厭。」

沒人的羞辱功力比麥斯高。當他搖著頭不屑地嘆氣，我就覺得被糾正。我看著羅森醫師尋求指導或安慰，卻只看到他高深莫測的微笑，所以我低頭去看地毯上一塊形狀像澳洲的汙漬。

幾分鐘後，羅森醫師問我：「不妨讓麥斯告訴你，你並不可憐的所有理由？」

我的胸口緊縮。在我聽從羅森醫師建議前，有那麼一瞬間，我想像麥斯重複著那在我腦中如雷的訊息：孤單是你自己的錯。你無可救藥。你太可憐了！我雙腳踩地，直接看麥斯。

「我爲什麼不可憐？」

麥斯看著羅森醫師說：「這裡最辛苦的人是我。」然後他嘆氣轉向我，「你是這個城市最大法律公司的傑出律師。來到這個高級班，努力想瞭解自己的問題，應該如何處理。你不可憐——你是氣惱還沒達到你努力的目標，比你現在這個『我真可憐』好多了。」他停了一下，我屏住呼吸，覺得他把最刺痛的留在最後，「別這樣搞了。」

我知道自己應該繼續看著麥斯，開始呼吸，但我不行。如果我用麥斯的看法來看我自己，我到底算什麼玩意兒？

§

三月的一個下午，我坐在書桌前吃一盒葡萄乾——仍在處理便祕——我的工作電郵響起。**你願意去喝一杯嗎？**來自亞歷克斯，他住在我公寓上方四層樓。幾天前我們都要去健身房時，在電梯中聊過天，得知他跟我一樣是大法律公司的新律師。他選擇了靠近我的跑步機。我從鏡子裡看他結實的雙腿運動著。零體脂，姿勢完美，輕鬆呼吸，儘管是每分鐘三百公尺的速度。他的優美體態非常讓我分心，我必須換成騎飛輪。

我掩嘴來按捺自己對這項邀請的喜悅，這可能是大事。

26

隔週的週一下班後，我們約在一家愛爾蘭酒吧見面。更好的是：我不再便祕了。收到亞歷克斯電郵後不到一小時，我的肚子就恢復了功能。

亞歷克斯與我互相交換剛萌芽的法律事業心得——「太多文件要審閱」——晚餐分享了一個牧羊人派。看到那褐色馬鈴薯泥派皮下的神祕塊狀物，我只遲疑了千分之一秒。我可以的：我可以與這位美麗的男人一起享用異國的肉湯。

我從廁所打電話給羅莉，說自己與一個長得很像布萊德彼特，但更乾淨、更高的鄰居約會。

「同性戀？」她問。

「有可能。」他由單親母親扶養長大，有兩個姊姊，所以他不那麼陽剛也情有可原。這個美麗男人的心中藏了什麼，會在日後傷害我？

亞歷克斯與我互通電郵一週了，我擺出了最佳的克莉絲蒂：機智的回應、法律公司生活與流行文化的笑話。我等待幾小時才回他的電郵，雖然我幾秒鐘內就想好了內容。我策畫出一個覺得會吸引他的克莉絲蒂。我推測亞歷克斯這樣美麗標緻的男人可能會喜歡：輕鬆的幽默。理智與野心。獨立。根據他的身高體重指數，他重視鍛鍊身體。我都符合，我也在每次書信往來中都平衡地展現出來。至於我的情緒起伏，則都鎖在團體聚會中。

我們第一次約會的兩天之後，他邀請我第二次約會：義大利美食、現場爵士樂。黑暗的俱樂部擠滿了看起來比我們老十歲的伴侶。亞歷克斯與我坐在牆邊，頭上是一張比莉·哈樂黛年輕時的照片，前頭是一張只放得下兩杯酒的小圓桌，侍者在周圍忙著送酒。三重奏表演時，亞歷克斯握著我的手，拇指在我手心打著節拍。

樂隊暫停休息時，他問了首次約會初步認識之後的問題。

「你覺得自己會回德州嗎？」

「不可能。」他問我為什麼，我停住了。有很多答案。我可以說自己不喜歡那裡的氣溫或保守的政治；或我覺得自己必須在我選擇的城市站穩腳步，回到老家是一種挫敗；或我沒有維持住任何德州朋友的友誼，所以不會想回去。這些都是答案，但當我看著他的嘴唇與完美的下巴，我感覺有勇氣給他真正的理由：「我相當依賴我的心理治療師。」等我說出羅森醫師，我就決定全說了。「我參加團體治療，所以我也很依賴我的團體成員。」不需要告訴他有兩個團體，一週三次療程。我看著比莉·哈樂黛的照片。天啊，我做了什麼？我潛意識想嚇跑亞歷克斯，暗示自己神經不正常？

「很酷。」亞歷克斯說。他露出好奇的微笑，好像很驚訝我透露了如此脆弱的訊息。

他靠近一些。「要不要我也加入你們那一邊？」

我微笑。「好啊。」

「我說過我父母離婚了，對不對？」我點頭。「我沒說的是，他們離婚後又結婚了。不是跟別人。然後又離婚了。」他目光移到空舞臺上。然後回到我身上。「所以很複雜。」

「聽起來是。」

我想要說的是「謝謝你」。謝謝你瞭解脆弱性，願意配合我。讓我知道在第二次約會時提到心理治療不是什麼災難。

樂隊回到舞臺上，亞歷克斯把椅子朝我移近。在黑暗的俱樂部，我們手握手，膝碰膝，讓音樂滲入我們骨頭裡。我感覺到情緒風險的衝擊之後，熟悉的溫暖安全感。就像我在聚會分享了困難的事情，然後聽到成員說「我也一樣」或「我有同感」。例如我告訴女性團體關於我對自己乳房的厭惡，她們也都分享了她們自己與乳房的惡劣關係。

我先說，然後你說，一來一往。

這就是建立親密關係的過程。一字一句。一個故事與一個故事。互相揭露。

就像團體聚會。

他在爵士俱樂部之後，邀請我上樓去他的公寓。「我要讓你看看我南邊陽臺的風景。」他伸手摟著我，指出北斗七星。在星辰的見證下，我們首次接吻。他完美的嘴唇貼上來，我吞下了星光，我的心開始發亮。他送我回我的住處。「還會有更多。」他說，又親了我。

如果這是高級班的禮物，我永遠不會離開。

§

亞歷克斯非常棒。我們的約會是我深切渴望的。我幾乎難以相信自己多麼喜歡跟他在一起。唯一的缺點是，我總會有點輕微焦慮要如何維持下去。我擔心這段關係何時會變壞或消散或炸掉。

我把自己的焦慮帶到聚會中。「這無法長久，」我說，「告訴我要如何維持下去。」

「你能不能放下自己的控制欲？」羅森醫師說。

「不行。」羅森醫師不瞭解。亞歷克斯的身體幾乎完美，他聞起來像清爽的運動除臭劑，我可以看到自己未來的性愛巔峰。如果我接受這段關係，相信這是真實的，如果失敗了呢？會不會毀了我？

「你能不能別一直想著失敗？」

「我會試試看。」

亞歷克斯報名參加了夏季的兩場鐵人三項與秋季的一項馬拉松。有了他的生活，意味著上班前要跑步與騎單車，下班後要去健身房或密西根湖游泳。

§

約會後一個月內，他開始邀請我在早上與晚上加入他的練習。一個週六，他在早上六點敲我的門。他的背心上有比賽號碼，手上戴著薄黑手套。他把我的號碼別在我的襯衫上，給我一瓶水。他為我們報名了十六公里的比賽，在起跑線上，他按摩我的肩膀，因為看到我冷得發抖。路旁仍有些積雪，這場湖邊競賽只有幾百位跑者到場，強風吹襲著我們的臉。我從來沒跑過十六公里的比賽，但自從跟亞歷克斯約會後，我的身體輕盈了起來，部分是因為焦慮，部分是喜悅。有股傻勁願意嘗試一切，包括了這場冷得刺骨的公路賽跑。我願意接受他提供的一切。

每次我們下班後走路去吃晚餐或去湖邊跑步，一種輕若羽毛的樂觀敲打我的心，邀請我放下對於情感關係失敗的執著。也許不會每一場戀愛都是我在聚會中哭成一團而收場。也許不是每一場戀愛都會結束。也許可以長久。

賽跑後，我的大腿肌肉痠疼，肩膀被運動胸罩的肩帶卡得刺痛。但跟亞歷克斯在一起，這些疼痛都化為純粹的快樂。

羅森醫師舉起一張照片給週一早上的團體看。派翠絲戴上閱讀眼鏡，麥斯往前傾。「這就是所謂的脫困。」羅森醫師說。那是我與亞歷克斯的照片：我穿著粉紅色雞尾酒裙裝，亞歷克斯穿著禮服。我們參加了現代芭蕾舞團的酒會。

在黑暗的劇院中，舞者穿著薄紗旋轉著，亞歷克斯雙手握著我的手。我在紅絲絨座位中朝他靠近，直到我們的腿相碰。在舞廳的晚宴中，他按摩我的背，玩弄我的項鍊。在舞池中，他摟著我起舞。稍晚，他在他的陽臺又吻了我。「感覺你是我的女友。」他說。我靠上去，鬆了一口氣。

§

瑪姬婆婆指著照片，然後碰碰她的婚戒。「下一個就是你，小鬼。」

亞歷克斯對自己的外表非常自在，讓我覺得自己也可以如此。他非常輕鬆地談著我們將來會去做的事情。六月與他的公司去芝加哥河泛舟、七月鐵人三項、夏季去愛荷華州看他姊姊。看一場喜劇表演、看一場演奏會、去動物園。他的計畫彷彿我們有一個未來，我慢慢讓自己想像我們的交往不會只有幾個月。

「眞的，到底會有什麼困難？」我問我的團體與羅森醫師。

「你說呢？」麥斯問。

我搖著頭。他父母的情況聽起來很複雜，但他似乎並沒有隱藏的創痛或畏懼情感關係。他的健身習慣幾乎像是執迷，但從來沒有讓他累到無法出來或做愛。他的閱讀品味讓我覺得有點不成熟，但很多人喜歡《哈利波特》，這不是個看輕亞歷克斯這麼好的人的理由。我只是恐懼作崇罷了。

一天早上，亞歷克斯與我在上班前去麵包店吃早餐。我們坐在窗邊，互相餵鬆餅，就像我一個人或與傑若米糾纏時會詛咒的那種情侶。我在某個時刻起來去拿餐巾，亞歷克斯趁機打電話到我放在皮包中的手機，就在他身邊。後來我聽到的留言融化了我焦慮而防衛的心：「你好，咖啡店的美麗女士，這是你男友打來的。他覺得你很可愛。」我一再重播，心裡想著，等這一切瓦解時一定很糟糕。

羅森醫師變成了一張跳針的唱片：「信任，小姑娘。信任。」

一週一週過去，些許的焦慮依舊，但我的便祕減輕，喜悅增加。兩個團體為我的每週報告加油。

「穩定很適合你。」羅森醫師說。

「我希望你把這段關係歸功於我們，請不用客氣。」麥斯說，「在其他團體，你吸了髒老二、因為不是猶太人而被甩。」

羅恩給我一個大拇指。布萊德計算我與亞歷克斯的高薪法律工作收入。瑪姬婆婆拍我的手，輕聲說：「我就知道。」

我神采飛昂。在七月的一個早上，是我參加週一／週四團體滿六個月，我宣布自己要永遠留下來。

「喔，好吧。」麥斯假裝不耐煩地說。

「你可以留下，」羅恩說，「但我不會盛裝參加你的婚禮。如果我不能穿牛仔褲去，我就不去。」他從圈子對面眨眼。

我對他們微笑，我的高級班同學們。亞歷克斯與我有穩固、健康、性感的關係，我要歸功於他們。

§

「媽，」我在週日下午的電話中報告，「我認識了一個人。他很棒，真的很棒。我們這個週末一起跑了十公里。」我告訴她這個消息時在公寓中舞蹈。我踏入了克莉絲蒂的新現實，這個克莉絲蒂享受非常整潔、高功能、專注的男友。這個克莉絲蒂值得花時間去注意。我可以把自己功能失調的過去拋到身後。

「眞好，親愛的。你聽起來好快樂。」

§

「上來吃些肉醬。」亞歷克斯有天晚上說。他把碎牛肉與罐頭番茄放入小鑄鐵燉鍋中。茴香的氣味飄揚。我從後面摟住他。他繼續攪拌。

「你知道祕方是什麼嗎？」他問。我搖頭。

「你真的不知道？」他肩膀下垂，露出困惑與幾乎傷心的表情。我忘了什麼肉醬的笑話嗎？哈利波特喜歡肉醬嗎？我不想讓他失望，但我唯一想到的是一個低級的放屁笑話。

「告訴我。」

「愛。」他說，「祕方是愛。」

我吃了兩碗。

§

「喔，我的天。」羅恩聽了我吹噓亞歷克斯肉醬中的愛。「他好肉麻。」

我把椅子轉向羅恩，踢了我們之間的空氣一腳。「別煞風景！他好窩心。」

「肉麻。」

「你只是嫉妒。」

「嫉妒亞歷克斯的笨肉醬？」

「你必須買大鑽戒給芮妮，亞歷克斯只需要給我吃肉醬。」

「你聽到自己說了什麼嗎？」

§

一個週日，亞歷克斯與我在五點醒來，太陽還沒照耀湖面，我們已經在湖邊大道騎了五十公里的單車。我們穿著單車短褲，喝著運動飲料。等我們下單車吃早餐時，兩人都背部僵硬，步伐不穩。

「上樓來。」他說。

我們在他的銅床上親吻，身體因爲早起與騎車而疲倦沉重。他脫下我的褲子。中午的陽光照在他乾淨的白床單上。他的皮膚有鹽的味道，我想要喝下去。他填滿了我。我不停高潮。

這個可愛的男孩看《悲慘世界》時哭個不停。他讓我從單車上看到密西根湖壯觀的日出。用愛烹調食物給我吃。這個男孩沒有銳利的邊緣可以傷害我。我的心與身體貼上他。在我心中，亞歷克斯與我的新團體構成的雙螺旋，圍繞著我被刮線的心。

「這傢伙是眞命天子。」瑪妮一天晚上與我和亞歷克斯一起吃了壽司後說。克萊兒也同意。派翠絲與羅森醫師也是。

「我眞的喜歡他。」我告訴我的團體與朋友。我不停這麼說；我用這句話來刷牙。我睡得很熟。

七月中，我們參加朋友凱瑟琳的婚禮，她是羅森的病人，把她在亞歷克斯公寓大樓中的公寓租給了我。凱瑟琳嫁給傑可，是在羅森團體中認識的。在婚禮宴會的第四桌，羅森醫師與他妻子吃著牛排，對川流而來害羞致意的病人們微笑。在巧克力泉旁，我介紹亞歷克斯給羅森醫師。他們握手時，我看到羅森醫師的臉充滿了溫暖的歡迎。一股完整的感覺充滿了我的胸口。我從來沒有這麼完整。克莉絲蒂，他們說著我的名字。我聽到了愛，並占爲己有。喜悅在我心中如棉花糖般越捲越大。

那天晚上，在我的黑暗臥室，亞歷克斯把我的白棉紗睡衣從頭上脫掉。感覺如墜落後被接住，不斷如此。他往後躺。

「你好美麗。」他說，「我好快樂。」

「我愛你。」我說，雙手捧著他美麗的頭。

我直挺挺坐在週一早上的聚會中，讓夏日陽光從窗戶進來照耀我的手臂。我臉上是百萬瓦的笑容。「我告訴亞歷克斯我愛他。」

「他有回應你嗎？」羅恩問。

「沒有用這麼多字。」布萊德與麥斯快速交換眼神。瑪姬婆婆低頭看手。我朝後坐進椅子中，趕走閃現的不安。我還記得我們皮膚相貼。當然我們相愛。

§

七月底，我與派翠絲和她家人到俄國聖彼得堡一遊，這是在我認識亞歷克斯之前就計畫好的。我們當地的住處蚊蟲肆虐，在我的手腳上留下憤怒的紅斑點。我在夜晚渴望亞歷克斯，凝視著月亮，抓著叮咬處。白天我溜進網咖查看電郵。我的肚子糾結，沒有亞歷克斯的任何訊息，兩天，三天，四天。我焦慮地幾乎無法好好吃完一餐。他爲什麼不寫信？我們不是互相依附嗎？這不是愛嗎？

「他走了。」我在沙皇舊宮外對派翠絲哭訴。她摟著我的肩膀，叫我享受好戲：一位街頭藝人透過手提音響，誘導一隻被拴住的黑熊隨著辛蒂羅波的歌《愛玩的女孩》跳舞。

「我不行。我肚子痛。」我彎腰搔著腳踝的一團叮咬處，「我討厭俄國，愚蠢的圓頂，蚊子，跳舞的熊。」我在俄國又冷又反胃又距離遙遠。孤獨而被遺忘。我搔著腳踝直到流血。我的指甲下卡著血與皮膚。派翠絲揉著我的背，給我一塊黑巧克力。我閉上眼睛，想念團體，我在那裡可以哭，咬，發洩所有情緒。

「你去俄國時，我有一些時間思考。」亞歷克斯與我跑完法律服務協會的五公里賽跑後走在街上。我的身體在空間中旋轉，處於俄國與芝加哥之間，時差讓我感覺如酒醉。

「問題是，我知道你不是我的眞命天女。」他大步走著，沒有改變速度或看我。

不要，不要，不要。我用鼻子呼吸來遮住我的聲音。「你說什麼？」

「我只知道你不是我的對象。」

我的手在潮溼的八月空氣中顫抖。口中嘗到了我在四條街外吞下的賽後香蕉。脖子後面的汗水變得冰冷。

他在大廳停下來察看郵件，我像一隻迷路的貓在電梯旁發抖。他眞的需要在此時拿他的信用卡帳單嗎？

電梯門打開，我進去，但他後退等待下一趟。

§

我把那天晚上砸碎的盤子全帶到週一早上聚會，倒在圈子中央。我買的感恩節大陶盤、宜家家居的玻璃杯、我跟卡羅斯去買的淺藍色水果大碗。我把這些碎片裝入雙層的大購物袋，勾在手臂上從公寓走到聚會處。碎片刺穿了袋子，割破我的小腿。一條血跡從我的腿流到黑色平底鞋中。

「他走了。」我對著把亞歷克斯帶進我生命的團體說。現在我需要他們接住我，因爲我眞的在墜落。「我不是眞命天女。」眼淚流出，緩慢而不停。派翠絲起身把我拉起來。她擁抱我。「我很遺憾。」

羅森醫師靠上來，好像要告訴我一個祕密。「小姑娘，他只是在你去俄國時感到害怕。」

不是，他永遠離開了。我想像藏在他平滑皮膚與美麗肋骨下的炸彈引爆了。我被炸成碎片。

「你們對我不感到失望嗎？你們都認爲亞歷克斯是我的男人。」我看著圈子中的臉孔。麥斯目光關切。羅恩與布萊德目光專注。總是用婚戒逗我，叫我小鬼的瑪姬婆婆現在憐憫地搖著頭。派翠絲再次用她的聚會時間來安慰我。當然羅森醫師仍相信他的小姑娘，儘管她（又一次）砸碎了所有盤子，走路來聚會時還割傷了腳。

「我們不知道他究竟是不是。」

羅森醫師是永遠的樂觀派或神經病？

我在祈禱與擁抱之後走出聚會，羅恩、布萊德與麥斯邀請我與他們一起去吃早餐。

「但你不能帶著那袋瘋狂的碎盤子。」麥斯說，所以我放在團體室。我吃蛋，他們喝咖啡。我們胡扯著羅森醫師的服裝，猜測著他與時髦羅森夫人的婚姻，有時週四聚會之後會在走廊上看到她。當我望向一旁，想著亞歷克斯、他的肉醬、他的銅床，羅恩在我臉前彈了一下手指：「回來，克莉絲蒂！吃你的蛋。告訴我們你對羅森夫人的看法！」

十點了，我站起來。「我三十分鐘後要開會。」我說，拿起紙巾以免我走去工作時哭泣。他們三個都站起來擁抱我。羅恩提醒我亞歷克斯「肉麻透了」；麥斯說我可以快遞購買餐盤；布萊德爲我的蛋付錢，還陪我走去辦公室。他提著我的工作包走了六條街，在每個紅綠燈都保證我會再次找到愛情。當我在街上哭泣起來時，他也陪著我。

工作時，沒有團體成員讓我分心或安慰我，所以我還沒關上門就哭了。同事拉吉經過幾次，看我是否還在流淚。如果我還在哭，他就進來關上門、談起合夥人律師的性生活，直到我露出笑容。我的桌子下有臺小光碟音響，重複播放著《大河之舞》的音樂。上班時間就這樣過去，我聽著凱爾特族盪氣迴腸的歌曲，符合我的心境。我把一把拆信刀的銅尖端壓入我左手中指。皮膚沒有破，但刺痛感慰藉了我。如果有需要，我可以刺破皮膚。

我在週二的聚會從頭哭到尾，幾乎沒說出連貫的句子。週四，我坐在羅森醫師的右邊，把皮包放在膝蓋上，就可以偷偷把拆信刀尖端壓入我的中指。當然在那個房間是不可能隱藏的。團體的用意就是要讓人見證，不再躲藏。

羅森醫師對我伸出右手，手掌打開。「我要拿走你的武器。」我搖頭。「我要你交給我。」

我交出刀子，因爲我並不是眞的要傷害自己。羅森醫師接過拆信刀，繼續握著我的手。我讓他握著，因爲我要他拯救我於我自己，拯救我於可讓我流血的尖銳物件，拯救我於不愛我的男人，拯救我於心理疾病，不管那是什麼。我要他拯救我那顆永遠無法被刮得夠深，以建立持久依附的心。我會這樣死去：在我生命結束時花錢請人握著我的手。我一直存在的問題，現在感覺惡化到了極點。我無法直視任何人的眼睛，只能看他們的鞋子。麥斯的昂貴皮鞋，羅恩的舒適運動鞋，瑪姬婆婆的厚底白鞋，布萊德的灰色網球鞋，派翠絲的平底鞋。這是我唯一能接受的畫面。

「不要獨自哭泣。要盡量與你的團體成員在一起。」羅森醫師說。我的目光仍停留在他們的鞋子上。

「芮妮這個週末待產。來醫院吧。」羅恩說。

「週六晚上來用餐，」派翠絲說，「你可以來過夜。」

「我有兩張歌劇門票，威廉不想去。」瑪姬婆婆說。

我在雜貨店哭泣。我在工作時哭泣。在列車上，在聚會中，在家裡。在瑪妮的沙發上。在派翠絲的沙發上。在打電話給瑪妮、馬蒂、派翠絲與羅莉時哭泣。我去醫院看羅恩的兒子，在育嬰室哭泣，驚動了值班的護士。我去婦科檢查，醫生問我是否需要避孕時哭。醫生擔心地放下筆，介紹我去看心理治療師。

每天早上我會因爲劇烈肚子痛而驚醒。我拉了肚子。一天早上，還來不及走到浴室，我就在客廳中央，拉在我最喜歡的藍棉布睡衣上。羅森醫師保證不會永久如此——哭泣，拉肚子。我前一秒鐘相信他，下一秒就不相信。羞愧吞噬了我。羞愧我爲了五個月的戀情而崩潰。羞愧我爲了一個上床二十七次的美麗男子而拉肚子。羞愧經過三百八十次的療程——跟一位常春藤心理治療師超過三萬四千分鐘的治療——我的心仍然有缺陷，無法依附。

27

「你的護照沒過期吧？」傑克是中年的合夥人律師，戴著厚眼鏡，有著友善的咯咯笑聲。他探頭到我的辦公室，我正在爲飲料公司案子寫備忘錄。我暫停《大河之舞》，坐直起來。時間是二〇〇五年八月，兩天後是我在世達的兩週年。

「到二〇一四年有效。」

「你會說德語嗎？」

「Nyet？」

「那是俄語。」

「那我不會。」

「沒關係。我們有新案子。司法部介入，所以我們必須快點行動。你週日能出發嗎？」

「去德國？當然可以。」這是我聽到最好的消息。我荒廢了自己事業幾個月，忙著騎單車、跑步、吃肉醬。傑克在公司能呼風喚雨——他的明星門生快要成爲合夥人。如果我能取悅他，我也有可能成爲合夥人。我的心中閃現光芒：我被選中了。別管我幾年前找上羅森醫師是想要建立充滿情感關係的生活，而不是加班出差。

「在合夥人會議上，我們討論哪一位律師沒有牽絆——沒有伴侶或孩子——最先想到的就是你。」

「太好了。」我的笑容凍結。

兩天後我來到週四的聚會，多日以來首次帶著微笑。

「沒有眼淚與銳利物件，我認不出你了。」麥斯說。

「公司要派我去德國。未來幾個月我每隔一週都要飛過去，也許更久。」

大家都點頭，很佩服。無疑他們都想像我白天踏上德國高等法院的石頭臺階，晚上在酒館暢飲啤酒。

「你有個機會處理自己的專業生活。」羅森醫師贊成地點頭，「現在你可以不用假裝自己不想成爲合夥人，承認你在兩方面都想成功——」

我遮住耳朵。「我討厭你這樣子。」職業上我很成功，而且總是很成功，因爲我知道如何賣力幹活，達成使命。我還沒進入羅森世界時就是班上第一名。我懂得如何拍合夥人馬屁，把部屬當成值得尊重的人來對待。我懂得如何在酒吧與同事一起歡笑，當證管會威脅採取法律行動時握著客戶的手。我的衆多失敗是藏在私人關係裡。「專注於我的私人生活，老兄。那才是重點。」

那天晚上，我突然打電話給我媽。我們通常一個月談一次或兩次話，通常是在週日，她與我爸參加彌撒之後。我想告訴她關於德國的事情，但我脫口而出的是我很害怕自己有什麼不對勁，無法擁有自己的家庭。

「我好孤獨。」我說，哭了出來，這是我成年後首次。我們從來沒談過我與家庭的疏離，或我畏懼死時孤單一人。我的計畫是讓羅森醫師治好我，我就可以成爲沒有搞砸的女兒。但以我目前的進展，我們可能到死都無法成功。

「親愛的，我也感覺如此。」

我從沙發坐起來，用袖子擦鼻子。據我所知，我父母是在一次排球派對上認識，然後就是三個孩子與六六四四號。難以想像我母親頂著六〇年代末期的蓬鬆髮型，在銀行擔任出納的工作，會蜷縮在床上，擔心自己死時孤單一人。

「我就像你一樣。我的朋友都結了婚，準備生小孩，我覺得自己不可能如此。我在二十六歲時仍單身，在一九七〇年算是老處女了。我感覺沒人要。」

這是遺傳嗎？奇怪地，我感到高興——也許這不全是我的錯。也許不是想像力或女性主義或意志力的錯。我與我母親都相信自己在情感關係上有問題，就像我們都有褐色眼睛、都非常怕牙醫。也許我可以停止想要克服它。也許我不用向她隱瞞自己的悲傷與困惑。我還沒準備好說出自己又開始心理治療，每週有三個團體療程，但能夠分享一些情緒上的眞相，讓我感到很慰藉。

「你要我去芝加哥嗎？」

她的提議讓我哭得更厲害。我需要她的母愛，但我無法接受讓她搭飛機來芝加哥。她這樣問就足夠了，我不再需要向她隱瞞我最大的恐懼。

§

我沒有看到德國無速限高速公路或德國的法院。我在德國每天看到的是一個無空調的大房間，在奧格斯堡郊區的一幢不起眼四層建築中。無預期的寂靜中，會傳來母牛的哞哞聲。牛糞的刺鼻氣味也會飄入二樓的辦公室，來自德國、芝加哥與亞特蘭大的律師與助理們，在大桌上埋頭苦幹。廁所的衛生紙很少，如果需要擦屁股，必須在下午三點之前去廁所。

一天的精采時刻是員工餐廳的午餐，主要的食物是褐色肉汁。幾乎所有東西都會澆上它：主菜，配菜，沙拉。又黃又黏又肥，還沒有味道。

我討厭德國。我討厭我的工作。我討厭我的生活。

我很感激可以忙碌，但在工作之餘，我瞪著時鐘，計算回到芝加哥的時間。週二下午，我用辦公室的電話打到羅莉的手機，她正在聚會，沒有接電話。

那天晚上，一個人在德國的旅館，我倒在床上。我期待四星級的豪華住處，結果我們住在德國版的廉價旅館，少了友善的員工與隔壁的速食餐廳。蓮蓬頭只有溫水。我想念我的家，至少水是滾燙的。

電視上只有卡崔娜颶風的災情——怵目驚心的水患與無家可歸的人擠在紐奧良的巨蛋體育館——還有兇猛的德國色情片。客房服務是我最後的希望。我點的「披薩」，是一團乳酪融化在抹了番茄醬的薄麵皮上。我縮在被子裡，因爲淋浴而發抖。睡神終於讓我擺脫了意識。

不到一小時之後，玻璃杯碰撞與笑聲吵醒了我。我拉開窗簾，看到我下方就是泳池，開放的酒吧，與十幾個人在吃東西喝酒，光著屁股。我的房間是在所謂的「冒險水療」上方，意思大概是「吃肉排與喝啤酒的天體營」。

我撥了國際臺，說出羅森醫師的號碼。在大西洋的另一邊，羅森醫師正在進行當天最後的團體療程，很快就會去聽他的辦公室語音留言。

嗶。

「我房間外有人舉行裸體派對。我受不了了。請回電。拜託。」我留下了他可以找到我的電話號碼。

德國凌晨兩點——芝加哥晚上七點——我接受了事實：羅森醫師不打算回電。我蜷縮在被子裡閉上眼睛。他竟敢放棄我。我爬起來再次打給國際臺。

嗶。

「給我看任何『醫生無法用國際電話幫助病人』的文獻！你連花五分鐘讓我知道你還在那裡都不願意？我會補償你電話費，你知道的。混蛋！」我用力掛上電話。去他的。我心甘情願花了這麼多錢，時間與信任——他卻毫無表示？

週五，在奧格斯堡的會議室，傑克問誰想回家？回家的必須到芝加哥做簡報，下週再回來。大多數律師想在週末去啤酒花園與黑森林。只有一天的距離。我立刻舉手，又快又高。送我回家。

我提早三小時來到機場，但奧格斯堡飛往法蘭克福的班機取消。櫃檯的女士提供我翌日的班次。我搖頭。不行，我買了一張火車票去法蘭克福、訂了飛往芝加哥的夜班飛機。就算我必須用爬的，我也要回家。

一小時之後，我把車票交給火車收票員，頭都沒有抬一下。我做出了決定：等我回到聚會，我將與羅森醫師斷絕。我的傷心與憤怒不是火爆的，而是冰冷銳利的。我已經做出決定，簽下合約，鎖上門。如果我要墜入谷底，就讓我的腳落地吧。羅森醫師證明了，當我最需要他時，他不肯照顧我，所以我不要被他照顧。我會去找琳達或法蘭斯。找一個真正的心理治療師。一個在乎我的。

我靠著車窗，沒看掠過的德國鄉野。我現在應該要好一些。其他人經過這麼多年治療都不會像我這樣進步緩慢。其他的團體成員加入後都更好了。他們的事業衝上了有希望的高峰；他們還清了欠債；他們的孩子畢業，進入了藝術學院；他們與男友同居了；他們結婚了；他們生孩子了。

然後就是我。情感關係持續落空，不管我加入多少團體。眞是個傻瓜。也許羅森醫師生我的氣，因爲我毀了他的紀錄。我是應該獲勝的黑馬，但連一圈都沒好好跑完。應該有人一槍斃了我。我回到自己還沒找羅森醫師之前的狀況，只是現在更糟，因爲我學到去感受更多這些兩個音節的情緒：憤怒、傷心、孤獨、羞愧。

我拿出手機，讓人知道我會比預期晚六小時抵達芝加哥。但是要告訴誰？我可以告訴我父母，我現在搭火車而不是飛機，但那讓我覺得自己是個十三歲的廢物。誰會關心我此時在何處？沒有人。完全沒有任何人。

我傳了電郵給羅森醫師：我很抱歉。我眞的很累。我發誓。

周一早上的聚會，我頭一小時二十五分鐘沒說一個字。大家似乎都感覺到我需要空間。我感覺麥斯與瑪姬婆婆看著我，但他們沒說話。我沒力氣跟羅森醫師斷絕。要說太多話，引發太多討論。目前我只是漂浮著，等待滅頂。

「我下週不會來。」派翠絲在還剩五分鐘時說，「要去舊金山開會。」羅森醫師從口袋拿出藍色的約診簿——當有人說要缺席時他總會這麼做。我有次問他為何要在小簿子上寫下我們的缺席，他說因為關心我們的去處。我記得當時自己相信他。

他看著我，拿著筆，等待我說何時要去德國——他就可以在週一、週二、週四的方格寫下我的名字。我什麼都沒說。我的頭沉入了水中。

羅森醫師把他的筆夾回小簿子，清清喉嚨。「我有一件事需要交給團體。」他的嘴唇是一條直線，目光嚴肅。我感覺他看著我，但我望著布萊德的網球鞋。

「當我收到你上一封電郵，克莉絲蒂，首次以來——」他停下來，環顧房間，「我擔心你的安危。」

我嚇到了無可動搖的羅森醫師？此人不是認為一切都可當成情感成長上的有趣題材？

「通常你充滿了熱情與怒火。」他揮舞雙手，前後搖動腦袋，模仿著我，「你會尖叫發怒。這次不一樣。很嚇人。」

嚇到自己的治療師可不妙。

一個回憶閃現我腦海：兩年前的夏天，我每天忙著準備律師資格考試，空閒時忙著處理我與傑若米的關係。

「我可以借一個嗎？」我指著羅森醫師放在團體室的一堆填充玩偶。「我去傑若米那裡時，他忙著打電玩而不陪我上床時，我可以抱著睡覺。」羅森醫師張開雙手，意思是不用客氣，卡羅斯丟給我一隻舊褐色泰迪熊。我靠在下巴，假裝睡覺。「太好了。」

那個夏天的一個週日晚上，我的小表妹——我小時候有幫她換過尿布——打電話告訴我，她與未婚夫在休士頓簽約買了一幢房子。我掛上電話後充滿羞愧。我甚至不知道她訂婚了，也嫉妒她的未來，因爲我的男友甚至無法離開電腦螢幕。現在我的整個家族樹譜都成雙成對了。只有我還一個人吊在樹枝上。

當傑若米那天晚上睡著後，我坐在他的黑暗客廳，在心中爲我表妹的新房子裝潢：一張拓荒式的大餐桌，主臥室是大木床。我想像著她的完美生活，一盞街燈的微弱黃光射入窗口。我看到傑若米桌上有把剪刀。我拿起來，剪斷了泰迪熊的右臂。下一個週二，我把剪破的泰迪熊與裝著棉花的塑膠袋，丟在團體的中央地板上。

「我小表妹要買房子。兩層樓的。」團體已經習慣了我的發作，但羅森醫師一動也不動，全然地專注。

羅森醫師的目光嚴厲。

「他看起來很生氣。」羅莉聽起來有點擔心。

「他的下巴爲什麼抽動？」卡羅斯說。

上校拿起獨臂的泰迪熊。一些棉花掉落在地板上。

「你爲什麼這樣怪異？」我問羅森醫師。他顯然並不感到自豪。他嘆氣，開始說話，然後在椅子中動了一下。我想像他會說：你麻煩大了。

「你破壞了屬於我的東西。這對你有什麼含意？」

「意味著我在整個家族中是個孤獨的廢物！他們所有人都有伴侶——」

「那隻熊呢？」我尋找著羅森醫師認爲我應該要有的感受。我知道自己有麻煩了。我的肚子糾結著羞愧。

「我抓起自己看到的第一樣東西。」

羅森醫師沒有眨眼或軟化。「那隻熊象徵了我與團體。」他對著圈子一揮，「你要不要想想使用剪刀的含意？」

「但我敲碎了所有盤子——」我的手開始顫抖。

「盤子不是屬於我的。」

他爲何沒有微笑？爲何我的眼睛充滿了眼淚？我撿起熊，放在膝蓋上。我的手指摸著手臂的破洞，試著感受。我在惹了麻煩的羞愧之下發現了冰冷的恐懼。我竟然不瞭解我的潛意識。從開始團體治療之後，爲什麼我對嫉妒與失望的反應都涉及了銳利的物件？

「我要如何修補？」

羅森醫師的下巴稍微軟化了一些。「向團體求助。」

馬蒂接住了我的目光。「下午來我的辦公室。我可以縫好手臂。」在選擇精神科之前，馬蒂夢想成爲外科醫生。他似乎很興奮可以用上他的針線。

在馬蒂的市區小辦公室中，我盡量把尼龍棉花塞回到熊的身體中，然後把傷口對齊讓馬蒂來縫合。「就像這樣。」他說，把粗線穿過熊的毛皮。我縫了最後幾針，然後舉起來給他檢查。手臂縫合之後，白色的棉花就不會跑出來了。

§

當我剪破羅森醫師的泰迪熊時，他似乎很生氣。現在，收到我從德國寫的電郵之後，他似乎又擔心又悲傷。我知道不該要求快速修補。羅森世界沒有這種東西。

九點鐘了，聚會結束。我們都站起來，我伸手擁抱羅恩與派翠絲，但那只是身體的習慣，不是眞誠的接觸。他們的溫暖手掌沒有消解寒冷。他們個別與我擁抱，我也擁抱回去。我的肌肉習慣。完全沒有觸及我內心的冰凍。我沒有跟布萊德、麥斯與羅恩一起吃早餐。我沒有讓布萊德陪我走去辦公室。

我拒絕了他們殷勤的關切，不願意看他們輪流開玩笑來逗我開心。我想要一個人靜靜。我要他們讓我下沉到底。我走路回辦公室，關上門，打開《大河之舞》，一整天寫備忘錄，直到八點十五分天黑，然後回家。

28

我必須擺脫德國案子。

第二次回到奧格斯堡，發現我的房間還是俯瞰著赤裸的派對。我再次想要吞下一瓶止痛藥。第二次回到芝加哥時，羅森醫師建議我告訴傑克，因爲私人理由無法在短期內前往德國。我寫電郵給傑克，說需要討論私人事情。他立刻回信。**我們一起吃午餐！**

他是重要的合夥人，也很正直。他邀請我吃午餐、還用了驚嘆號。也許我可以在德國多待幾週？我想到了那間旅館，那個天體營，那些漫長孤獨的夜晚。我整個身體都拒絕。如果我因爲拒絕這個無趣的案子，而毀了我的法律事業，也只好如此。

傑克與我坐在餐廳的陽臺上，周圍大多是穿著西裝的人。我深吸了幾口氣，傑克點了生菜沙拉，我準備著如何坦白告知。

「什麼事？」傑克的表情如此開朗，我幾乎失去了勇氣。我在桌下伸展手指，身體往前傾。

「我無法去德國了——有一些私人事情——」

傑克舉起手。「不用多說。這裡有很多事情讓你做。我會告訴合夥人。」他拿起手機輸入了簡訊。我看著大街，祈禱我沒有搞砸了自己的事業。

§

我在電梯中碰到亞歷克斯兩次，兩次他身旁都有一位金髮女子，穿著杜克大學的運動衣與跑鞋。兩次我們都互不理會。兩次我都屛住呼吸，瞪著前方，但當他們消失在街上後，我就打給羅莉，哭訴亞歷克斯的苗條新女友。

§

「你應該買其他公寓。」麥斯說。

「以你的收入，可以買得起三臥房的。」布萊德說。

「你的職位應該要有房地產。」瑪姬婆婆說。

羅森醫師問我爲何不買間公寓，我坦誠回答：「我不想自己一個人去買。」單獨買公寓，將確立我是一個成功但單身的孤獨女子。一個人去看空房子，夢想著未來，只有房地產人員陪伴，眞是讓人沮喪。自己進行這麼重大的交易眞是孤獨。買公寓也許是女性主義的勝利，但感覺這正是我希望羅森醫師幫助我避免的遠景。

「去看看也無妨。」麥斯在離開時說。

一月底的一個週四，我穿著海藍色套裝，坐在一家房地產公司的十樓簽署一疊文件。我不是一個人：我僱用的一位律師坐在我右邊，羅恩的妻子芮妮坐在我左邊。我在一行印刷文字下簽了數十次名：克莉絲蒂．塔特，寡女（SPINSTER）。「哇……」我低聲說。

「有些標準房地產文件保持了古老的文字。」我的律師笑著說。

「哈哈，」芮妮訕笑著說，「應該要修改了。」她摸著我的背，我一頁一頁簽署文件。

幾分鐘之後我來到聚會，右手按下團體室的按鈕，左手勾著我的公寓鑰匙，很驚訝我現在與銀行共同擁有了一間在五樓的公寓，雙臥室。我覺得很有進展，能夠用一〇%訂金買下一處房地產。眞是運氣好，上天保佑。我就座時大家都恭喜我。但隨著療程進行，興奮感消退，我只有一個念頭：克莉絲蒂．塔特，寡女。

我打斷麥斯。我不記得他在說什麼，但我的驚慌讓我插嘴：「大夥兒，我對這間公寓不是很確定。」這麼多文件、這麼多正式的證據，在伊利諾州的官印下，證明了我的未婚身分。我必須自己來塡滿那些空蕩的房間。

麥斯對我的打岔感到不耐煩。「沒事啦，你會很好的，你做了正確的決定。」然後他繼續說自己的故事。我盡量安靜地坐著，但對於麥斯的憤怒與公寓的驚慌實在強烈地無法壓制。我握緊雙手，往前傾，準備尖叫。

「喔，又來了。」麥斯說。我沒有看他，但我聽得到他語氣中的翻白眼。去他的。我踢掉粉紅色的雪靴，朝麥斯的方向丟出一隻。我發誓自己是瞄著他頭上的牆壁，而不是他的臉。我沒有打中他，但很接近。鞋子飛過去的同時，我的「去你的」也跟著過去。我瞪著自大的麥斯：「我受夠了被你威嚇。受夠了你的嘆氣。你告訴我什麼才算好。你從來都不用去買——」

麥斯抓住我丟過去的鞋子，朝我衝來，把鞋子當成一把槍般指著我。他停在我前方，我也站了起來。

「我也去你的！」他對我的臉吼。

「我才去你的！」

我們站得非常靠近，我可以感覺到他外套的銅釦頂到我的腹部。我的怒火衝入他的嘴，他的憤怒也衝入我的嘴。我在他眼中看到金斑點與純粹的厭惡。厭惡我。我希望他也看到我的厭惡，厭惡他與圈子裡所有人，世界上其他人，不用一個人去買公寓，或三十來歲去約會，或經過數千小時的心理治療，結果還是得面對她希望避免的下場。**克莉絲蒂・塔特，寡女。**

「你根本不認識我，麥斯！」

「我認識！我當然認識！你爲何要說這麼蠢的話？」

「我不蠢！」

「那就不要做蠢事！」

我只知道，只要他對我吼，我也會一直對他吼。我不要癱坐在椅子中，用可憐的眼淚來打破僵局。我會站著尖叫，叫得跟他一樣久、一樣大聲。我會用自己的身體來展現力量。他無法得逞。

然後我們安靜下來。仍然距離彼此只有幾公分。憤怒仍在我們之間脈動著。他往後退，坐了下來。此時我才坐下。

羅森醫師沒有在爭吵後發表任何意見。沒有這意味著你願意親密。沒有引導性的問題，如：你曾經跟男人這樣爭吵過嗎？跟任何人？你瞭解其中的含意嗎，小姑娘？我的心跳劇烈到連自己也聽不見。在我這麼久的團體治療中，我首次沒有偷偷希望羅森醫師注意到我、讚美我的努力。我首次不需要他的肯定來證明自己有進步，努力成爲我想要成爲的人。

新公寓鑰匙在我的皮包裡。我對麥斯丟出鞋子，並在激烈的爭執中堅持立場。買房子不可否認是重大的生命改變，但我經歷了足夠的團體療程，知道我願意跟麥斯火力全開，可能比一間新房子更證明了我的轉變。我的身體充滿了滋滋作響的腎上腺素，雖然必將消退，但在爭吵後的暈眩中，有一個堅實而平靜的我知道：我以自己混亂、吵鬧、可怕的方式前進著。

聚會結束時，我站起來，不確定顫抖的腳是否支撐得住。我不是感到羞愧，但我不確定在擁抱時、走向電梯時，要如何應對麥斯。結果是他擁抱了羅森醫師後找上我。過去三十分鐘內的第二次，他與我相距數公分。這次他伸開雙臂。我也伸開雙臂。我們一個字都沒說，但緊緊擁抱了彼此。

29

我把紅色風衣掛在辦公室門後，坐進辦公桌，按下電腦開關。等待開機時電話響起。我查看了手中握皺的名片上的號碼。沒錯，就是他，如他所承諾的。

「我是克莉絲蒂．塔特。」我用辦公的聲音說，來穩住自己的情緒，假裝這是一通公事電話。我週二團體的新成員瑞德，二十年來都在進行股票交易——或避險基金經理人會做的那些事情。我只當了兩年的律師，他不需要我的法律建議。當他在電話另一端傳來笑聲時，我想像著他的酒窩，因爲我剛剛在聚會中才看到，我們因爲羅莉說了她父親的一些事情而笑出來。

「你聽起來像眞正的律師。」他說。

「那是因爲我眞的是律師。」我的體溫上升。我用他塞給我的名片搧風。

「你想過我會打電話來嗎？」

在這個未受控制，無人督導的聚會之外的空間，眞相也有同樣的效果嗎？是否能讓我免於落入肥皂劇的俗套？我以爲會發生什麼？這個已婚而且年齡較大，有著結實的手臂、削瘦的脖子，髮線有如海岸線般曲折的男士？這個無法阻止其他女人爲他口交，因此加入我的治療團體的已婚男士？

「我不確定。」但我希望他打來，很高興他打來。「有什麼事嗎？」

「你知道有誰會處理併購？」

輪到我笑了。世達法律公司的併購業務舉世聞名。另一層樓就有三十位併購律師。

「我可以告訴你部門的主管名字。」

「可以給我名字與電話。」

我告訴他那位合夥人的名字與電話。停頓了片刻。我把瑞德的名片釘在我電話後方的告示板，雖然我已經記住了他的號碼。

又是一段停頓。然後又一段。

「所以，」他說。我可以聽到他的微笑，想像出他眼睛的閃光。「如果我繼續跟你聊下去，我們會需要一個輔導老師嗎？」

「爲了什麼？」我要他說出來。

「爲了我們將說與將做的一切。」

我掛了電話後，仍帶著微笑，仍從大腿到頭頂感覺到溫暖與酥麻，我站起來絞扭著手，想要打破魔咒，因爲受到瑞德注意而引起的灼熱快感。我重溫我們談話的每一個字，很高興他戳破了我們的公事電話假象。

我轉轉脖子、彎曲背部，但我的身體渴望宣洩，所以我鎖上了門。推開椅子，躺在地板上。我的手滑到兩腿之間。我碰觸自己，咬緊下巴，想著瑞德的酒窩，強壯的雙手，硬挺的衣領。他在電話上的聲音。迷人的停頓。我的高潮來得非常猛烈，頭撞到了電腦主機的邊緣。

我坐回椅子上，仍然喘著氣，整理好衣服後，我開始回覆傑克與德國的電郵。

§

從聚會中，我得知瑞德覺得自己的婚姻是個僵局。他是有罪的風流丈夫、他妻子米蘭達的憤怒瀕臨爆發。他們的溝通限於簡短的訊息，關於誰送女兒們學體操與上家教。他們睡覺時背對著對方。

我也知道，在亞歷克斯之後，還跟他一頭栽入情感關係實在是太俗濫了。但我是用衝的。

接下來的週四與週一聚會，我沒有提到瑞德，因爲他在我的週二團體，所以我應該週二才談他。週二，我把鬧鐘提早了十五分鐘，讓我有多的時間來打扮。列車抵達車站時，我的心頭小鹿亂撞。**我可以跟他在一起九十分鐘。**

瑞德晚了幾分鐘。他把公事包放在我的椅子旁邊，坐下時，他把椅子朝我靠近了幾公分。大家都感覺到我們之間的熱度上升了嗎？我的心跳加速。羅森醫師與其他人一定都聽到了。

療程中，我看著瑞德的深藍色外套，他手腕上的細毛。當他說話時，我看著他的嘴唇移動；當他挫折時用手梳著頭髮，我無法移開自己的視線。但我也不斷看著時鐘，因爲到了九點，聚會就將結束，瑞德會朝北去他的辦公室，我會朝西去我的辦公室，開始我的文件審閱與大河之舞灰色生活。但在聚會時，距離瑞德不到三十公分，我的生活閃現了色彩與希望，因爲我可以看到他挑戰上校，我們的腳碰觸，聽到他的笑聲。

還有，我對瑞德的感覺不可否認是性愛的，意味著我應該與團體分享。透露的壓力頂著我的嘴唇，但瑞德比我快了一步。

「我時時刻刻想著克莉絲蒂。當我與米蘭達在床上，我希望她是克莉絲蒂。在女孩的足球比賽時，我希望是克莉絲蒂與我在一起。我們前幾天通過電話，那眞是——」瑞德看著我，似乎在徵求同意。我點頭。「那眞的很棒。」

大家都看著我，等待我這一邊的坦白。我承認自己喜歡跟他談話，但沒提到我們第一次談話後，我關上門摸自己。有什麼字眼可以描述我身體的感覺？不斷的酥麻，彷彿喝下烈酒或吸了笑氣的暈眩。我唯一能想到的字眼是「荒謬極了」。我不能告訴大家我墜入了愛河。

同時，我不是會搶走別人丈夫的女人。我上過女性研究的課程。我知道不該相信已婚的瑞德會離開他的郊區屬地。我這數百小時的療程，不會讓我落入陳腔濫調：寂寞女孩愛上自己治療團體中的不快樂已婚男人。我已經嘗試過跟羅森醫師的病人約會，結果不行。基於羅森世界的界線鬆弛，我可能成爲公開的恥辱，更別說我會危害到自己的治療基礎。

「你想要什麼？」羅森醫師問我。

「我不知道如何回答。」

「爲何不知道？」

「我不知道自己可以要什麼。」我反過來凝視羅森醫師，相信他知道答案：我要瑞德。

§

每天早上，我的手機會在床邊的桌子上震動起來。瑞德在天亮前就去上班。股市的時間。他總是在上午打到我辦公室問候，股市結束時也會打來。晚上他從辦公室走路去搭車時會打來。我聽到他的鞋子走在人行道上。有時我們從他一離開辦公室就開始談話，在列車上談話，一直談到他走到前門，拿出鑰匙，低聲說他必須掛電話。他教我如何用公司手機傳送私密訊息——可以越過我們公司的伺服器，據說不會留下紀錄。當我的公司手機閃著紅燈，我就知道是瑞德的私密訊息，我的身體會驚動一下。

他說我可以問他任何事情，所以我問了米蘭達。也許這樣她就會更真實，我就會退下：她聞起來如何？（乾淨）她多瘦？（四號）最喜歡她的什麼？（她對孩子的奉獻）他們最後一次上床是何時？（記不得了）爲何跟她結婚？（覺得應該這麼做）爲何還沒離開她？（女兒們）

我在腦中畫出她的形象：一個跟我一樣高的女人，穿著紅裙與銀涼鞋，有著完美閃耀的金髮，與苗條有錢又不用工作的女人慣有的冰冷。我想像她有常用的唇膏，吃東西很小口。我想像她完美無缺但冰冷、自視高但飢餓、指甲完美但脆弱。我的身體有更多的血肉，更溫暖，更有活力，更年輕，更有力量。

我感到內疚。原來我是個假女性主義者。一個搶丈夫的。一個陳腔濫調。

但是：我感覺前所未有地鮮活。

§

「我必須去中午的戒酒無名會。在那裡見。」瑞德一天早上說。

傑克等著我十分鐘後去開會。在他支持我不去德國之後，我不想再找麻煩。我願意爲瑞德冒多少風險？

我回傑克電郵：突然有事情。可以在一點半開會嗎？

我戒酒無名會距離我辦公室四條街，我穿著高跟鞋趕過去。雖然氣溫接近冰點，但我沒穿外套，沒帶皮夾，沒錢，腦中毫無條理。我只聽到瑞德邀請我去找他，與我無畏的接受。我穿梭於行人之間，衝過紅綠燈，只想快點找到瑞德，我就可以擺脫灰色無趣的生活，這一切都因為有了他而變得鮮明。對，我跑去參加一場戒酒無名會：

儘管我不算是有酒癮。

儘管我必須延後與老闆的會議。

儘管瑞德已婚，而且有很多外遇的紀錄。

我與他坐在最後一排。他的閃亮黑皮鞋靠著我的高跟鞋。我喘著氣。我往後靠，把手放在他手肘與腹部之間的空隙。我指尖的脈動是我自己的心跳，但感覺像是他的。聚會主席傳遞一張十二步戒癮營的傳單，我傳給瑞德時，我的手指碰觸他的掌心。皮膚接觸。一切都消失了。房間中戒酒的律師、祕書、交易人與按摩師。平靜徽章硬幣。折疊椅。穿著保全制服在角落吃東西的女人。全都消失了。還有街道，捷運，路上的交通。

只有我的指尖碰觸瑞德的手掌。

還有貫穿我身體的脈動。

他陪我走回我的辦公室。我配合他的大步伐，這樣每走幾步我們的手就會碰觸。我們都會立刻收回手，好像有電擊，或被逮到了。我們都帶著傻笑。

這是書中最古老的該死故事。年長的成功男人與他的年輕情婦。故事的結尾會是我縮在某處哭泣，留言給羅森醫師，對我的愚蠢決定咬牙切齒。但此刻在大街上，瑞德的手距離我只有幾公分，我的身體充滿了未表達的渴望，這才重要。這就足夠了。

「我要你知道我的一切。」他說，我們站在大旋轉玻璃門之前，我將被轉回到我的辦公室。

「例如什麼？」多謝團體聚會，我已經知道他父親是處方藥物成癮，要求瑞德讀企業管理研究所，即便他想成爲建築師。我聽過他的中學田徑教練在校外比賽時把他灌醉後侵犯他。我聽過他描述自己每天喝醉的情況，當然還有那讓他參加治療的口交、其他破壞婚姻的婚外情。我知道這些事情。知識就是力量，感覺像愛情。

「一切。我如何打開一瓶水、如何握方向盤，或在游泳池繞圈子。我無法在聚會或在街上讓你看到的事情。」他靠過來在我耳邊低語，「我要你知道，當我說我愛你時，我是什麼樣子。」

§

「我昨天做了一件事。」我在週一早上的聚會說，這裡比較容易透露，因爲瑞德不在這個團體。數週以來我一直與瑞德試探偷情的邊緣。每次都合理化爲無害，因爲沒有明顯的性愛。在戒酒無名會碰觸他的手掌不算偷情。跟他在車站下方的黑暗小酒吧共進午餐也不是，或晚上當他家人入睡後跟他談話。我們甚至沒有接吻。我騙自己我毫無過錯，儘管內心深處懷疑我與瑞德就像偷吃了幾十顆蘋果，但宣稱已經治好了飲食失調。

「什麼事？」羅恩說。他預言了數週，我與瑞德的「友誼」可能太友善了。他妻子芮妮在未結婚時，曾與瑞德參加過團體治療，他們差點偷情，這應該讓我可以借鏡。但是沒有。

「我們昨天通電話——結果，有點失控。」

「什麼意思？」派翠絲皺著眉頭，表現出母親的擔心。瑪姬婆婆偷笑，好像知道是什麼。

「他從超級市場打來。」週末時，瑞德與我會打一連串隨機的電話，只要他離開家就會打。我時時都守著電話。「他說了一些事情——他在冷凍食品的區域……」

「老天，我們不在乎冷凍豆子！」羅恩打岔。

「好啦。我們做了電話性愛。」

「在他去爲妻子女兒買食物時。」派翠絲熱心地補充。

「你要知道，他也這樣跟芮妮做過。」羅恩說，「他有沒有說你很特別？他愛你？」

我告訴自己所有這種情況中的女人都會告訴自己的：我不一樣。但我肚子中的糾結——爲了瑞德的妻子與女兒們——越拉越緊。我閉緊嘴唇，看著羅森醫師，他示意我多說一些，所以我描述了我躺在衣櫃旁的地板上觸摸自己，瑞德要我想像他進入我之中。他說他愛我，願意爲我做一切。當我聽到收銀員問他要紙袋或塑膠袋，我試著掛電話，但他要我不要掛，直到他上車。

「爲什麼是衣櫃？」麥斯總是提出有關的問題。

當我與瑞德的談話變得火熱之前，我站在衣櫃前找一件運動衣。接下來我就躺在地板上，手指伸到兩腿之間，電話夾在耳朵邊，望著我掛著的衣褲。

羅森醫師開口：「還有什麼比衣櫃更能隱藏性愛？這是很明顯的選擇。」我無法正視羅森醫師的眼睛，因此看著他的下巴。他問我有什麼感受。只有一個答案：羞愧，羞愧，羞愧。所有脈動的興奮都變成了液態的羞愧，沖刷著我的身體。

「我是個該死的陳腔濫調。我應該更好的。我在倒退了。」一個已婚有孩子的戒酒男子會被以前的我標上「谷底」。從單身但不愛我的亞歷克斯，換成已婚的瑞德，羅森醫師不可能說服我這是正確的進步。但他堅持我在進步。

「我要我自己的丈夫與我自己的孩子，不是其他人的！我要的不只是電話性愛。」

「如果這是達成你的目標必須經歷的呢？」

「你不可能是說真的。」

「你上次讓自己被一個想上你的男人所愛慕是什麼時候？」

「實習生——」

羅森醫師搖頭。

「你應該警告我，在我面前舉起紅旗。」不可能的。羅森醫師堅決要讓我們自己找到路，而不會批判我們。如果我這個所謂的性愛厭食者需要跟已婚男人偷情，才能到達不適宜男人的谷底，那就只好如此。對我而言，瑞德是一個排山倒海而來的六級颶風，我要羅森醫師把我拉到高處。但他不會這麼做。他是一個見證者，不是救難人員。

派翠絲對羅森醫師的放任態度感到猶疑。「也許你不應該在聚會之外跟他說話，克莉絲蒂。」

我點頭，知道自己應該聽她的建議，但又很確定自己應該繼續遵照金恩博士的不朽名言：**成為一個罪人，勇敢觸犯罪行**——雖然金恩博士說的不是一邊聽著已婚團體成員的甜言蜜語，一邊在衣櫃前自慰。

「這要如何帶我到達自己的目標？」我問。

「我們自然會知道。」羅森醫師聳聳肩——不是很讓人放心的表示，我朝著無法避免的災難前進。

「麥斯，幫我。」我說。

自從我們吵過之後，我感覺在這個圈子中，我最能夠信任的是麥斯。當你面對面吼過一個人，你就知道對方有多麼穩固。麥斯是一棵紅木，他的樹根比圈子中任何人都更深更廣。如果他叫我逃離瑞德，我會考慮綁緊鞋帶。

「我覺得你應該玩到底。」雖然麥斯的嚴肅表情嚇到了我，我也聽到他祝福我的愚行。

但羅森醫師是權威角色，是醫生，是哈佛畢業生。他應該做出決定或建議。「你祝福偷情不算醫療疏失嗎？」

「你認為躲到地下，更祕密地偷情會有幫助？拜託。」

我的團體成員們思考著瑞德成爲我伴侶的可能時，他們停在他左手的金戒指上。我沒有忽略那個細節——甚至當他暗示我可以成爲很好的繼母、他可以搬進我的新公寓時也是。但我想的是，他比我約會過的其他男人要好太多了。每次我跟他談話，他都說他愛我，所以他是亞歷克斯的相反；他不在乎宗教信仰，所以他是實習生的相反；他在三十秒內就會回我的電郵，每兩天都邀我共進午餐，所以他是傑若米的相反。我合理化地認爲，沐浴在瑞德的愛與注意之下是很好的練習。最後我會把自己的注意力轉移到一個很像他的男人，只是他手上不會有金戒指。

當瑞德在週二的聚會一坐下來，他會朝我伸出手。我在聚會時握過許多人的手：派翠絲，馬蒂，楠，艾蜜莉，瑪麗，瑪妮，麥斯，瑪姬婆婆，羅恩與羅森醫師。有時這些手支持我，有時我的手成爲其他人的支持。但這不一樣。握著瑞德的手感覺不像支持。感覺像是前戲。

我們首次在聚會中握手，羅莉與馬蒂都驚呼。派翠絲挫折嘆氣。上校低聲說：「姑娘，拜託。」羅森醫師裝模作樣看我們手指交纏相握，但什麼都沒說。當我看到羅森醫師的眼睛，擔心與挫折就變成了抗議。

「你有什麼計畫，羅森醫師？」我舉起我與瑞德的手。

「計畫？我又不是上帝。」

「瑞德的妻子呢？你關心她嗎？」

「她不是我的病人。你是。」

他問我有什麼感受。我的回答總是一樣：羞愧與飢渴。羅森醫師問我想要什麼。「瑞德。我要瑞德。你能幫助我嗎？我來這裡尋求幫助與情感關係——」

「我是在幫助你。」

「你給我的全部治療建議就是來這裡，感受情緒，透露一切？」我質問羅森醫師時，瑞德握著我的手，他的大拇指在我掌心畫圓圈。

「對。」

羅森醫師覺得瑞德與我應該在一起嗎？*真正在一起*？我瞪著羅森醫師——他不眨眼的眼睛與挺直的脖子，稍微下垂的肩膀，鞋子緊貼著地板。當他凝視著未來，他看到我的什麼？與瑞德和他女兒們一起生活？或一個很像瑞德的人，但完全屬於我一人？

派翠絲與瑪姬婆婆求我停止；羅恩舉出芮妮與瑞德的往事當前車之鑑；麥斯繼續說我必須玩到底，高級班的神祕力量會讓我免於被徹底摧毀。羅莉、馬蒂、卡羅斯與上校望著羅森醫師，他高深莫測地微笑，攤開手掌。一個週二早上的電梯中，羅莉低聲說：「我不知道羅森醫師在對你做什麼。」她的眼睛害怕地避開我的目光。

二月底，史蒂芬為克萊兒舉行慶生派對，邀請了法學院的所有朋友。當我走進黑暗的餐廳，看到克萊兒穿著絲質上衣與苗條的牛仔褲。我感覺彷彿剛從遙遠的異國旅行歸來。我與瑞德的關係占據了我，我忘了手機的小螢幕之外還有一個廣大的世界，我只是不斷地讀著瑞德的簡訊，等待他擺脫家庭好打電話給我。

整頓晚餐，我的公司手機一直作響。每次震動時，我都假裝翻皮包找口紅或口香糖或筆，來讀瑞德的簡訊：我想你。兩分鐘之後：你何時回家？十分鐘之後：我可以說幾句話，你能接電話嗎？你在哪裡？五分鐘之後：我們很快就要開車回家。我一小時不能上線。

「塔特，你的手機到底有什麼好看的？」克萊兒在廁所前的排隊人龍中問我。

我說自己正跟某人交往，她想知道為什麼他沒一起來。我的微笑凍結，因為我突然明白了：克萊兒沒見過瑞德。我是一個祕密，一個情婦。必須看著克萊兒的眼睛告訴她，我所交往的男人，現在正與結褵十九年的妻子看姪女的芭蕾舞表演，這種現實讓人難以接受。我說他算是「有牽掛」，她立刻瞭解。

「你們彼此相愛嗎？」

我從皮包中拿出瑞德給我的情人節卡片。她打開大聲念。「我愛你。」

「你怎麼認識他的？」克萊兒知道我的團體治療，但真相卡在我的喉嚨裡。我說出來時帶著瘋狂的震動。「團體治療。」

「嗯，他顯然愛你！」她揮舞著卡片，再次擁抱我。我吸收著她對於我虛偽情感關係的真誠祝福。

幾小時之後，我爬上床，我的公司手機亮起了紅色的私密訊息。我輸入密碼，但沒有點選他的訊息。當我告訴克萊兒，瑞德已婚，她的表情讓我想把腳縮回身體內，大聲呻吟。瑞德永遠不會離開米蘭達與女兒們。如果他離開她們，我們還會彼此吸引嗎？以他的歷史，我怎麼可能信任他？如果這段感情的真正吸引力是來自於不正當、祕密、羞愧？這不是所有通俗劇的基本題材嗎？

我把公司手機丟到衣櫃裡。睡前沒有聯繫瑞德帶來了肉體的痛苦——彷彿內臟攪拌的肚子痛。瑞德也許愛我，但他已經有別人了。我不是要真實嗎？跟著已婚男人亂搞怎麼會讓我真實？我把枕頭的一角塞進嘴裡用力咬。手機的閃亮紅燈就像心跳。

31

週五晚上六點半，我躲進一家星巴克。通勤的人想要回家，虛弱的冬季太陽已沉入地平線下。瑞德的電話晚了十分鐘。克萊兒那天晚上派對後出現的決心，在第二天就消失了，我們恢復了日常的通話。還有一天晚上，我們去購物中心幫他買一件冬季外套——購物中心打烊後，我們在他的廂型車中愛撫。很高尚的偷情。

我的手機終於響起，我移到距離咖啡機較遠的安靜凳子上。瑞德的呼吸蓋住了聲音。聽起來他跑過了一條街。我想像他跑回家。回到他的家人。**我要他跑向我**。他聲音中有某種冰冷銳利，讓我坐直起來。他總是發誓自己對我沒有祕密，我可以問他任何問題。現在我鼓起了所有勇氣來問：「你要去哪裡？」

「我帶姑娘們出來吃披薩。」姑娘們無疑包括了他妻子。我喉嚨中哽著穿紅裙與金髮的她。「今晚會早睡。我們明天回愛荷華州。」米蘭達的父親最近被診斷罹患末期肝癌。我確定這個診斷會讓瑞德與妻子更緊密，但他說，目前她比以往更拒絕他。

「你還好嗎？」我在凳子上前後搖晃，一隻手拿著手機，另一隻手摸著胸口。

「對這趟旅程感到緊張。」他聲音中的冰冷仍銳利。

「如果有需要，我在這裡——」咖啡機發出噪音，蓋住其他聲音。

「我必須掛電話了。」

他首次掛電話而沒說**我愛你**。星巴克的喧嘩櫃檯進入我的視線，讓我開始感覺到眞正的驚慌。我以前感覺過。瑞德正在鬆開他對我的掌握。現在他將潛入水中消失，就像其他那些男人，如我一直都知道的。

瑞德的私密訊息在晚上十一點前出現。**抱歉**，他寫著。

我不想質問他。我是米蘭達的相反——從來不懷疑，從來不吃醋，從來不找麻煩。我回信：**不需要抱歉！我愛你！我們明天談**。我當然沒問為什麼要花四小時與姑娘們吃披薩。

「我騙了你。」那是翌日早上六點的電話。我四點就醒來，在公寓中踱步，喝著紙罐中的低脂牛奶來安定自己的胃。

「老兄，我已經知道妻子與孩子。」我擠出微笑；他沉默著。

「昨晚，米蘭達與我出去——」我屏住呼吸，他還沒說出來我就知道了。「慶祝結婚週年。」

我的背靠著臥室牆上往下滑。

週年慶祝。美麗的字眼，在我的口中卻變得苦楚。他說謊的眞相停頓在我的胃部。我的身體渴望噴發：嘔吐，眼淚，尖叫。但我靠牆坐著，我的身體與腳成九十度。

他從來沒有在聚會時提到他的結婚週年慶祝。根據我們手牽手參加過的所有療程，我的印象是：如果沒有女兒們在場，瑞德與米蘭達就無法有禮貌地一起用餐。現在我腦中都是他們一起享用巧克力蛋糕的畫面。我看到燭光，彼此道歉地撫摸所有那些傷痛。

我顫抖顫抖又顫抖。

「我愛你，請別懷疑我愛你，」瑞德回答，「說一些話吧。」

「這很無趣。」我聰明得知道我們無法持久，但又笨得希望有不同的結局。

抓著電話，我爬到浴室，望入馬桶，我青少年時就熟悉的舒適畫面。沒有吐出任何東西，因為我無法吃下任何晚餐，不像瑞德與結褵**二十年的妻子**享受了美妙的結婚週年慶祝大餐。

「我要掛了。」我用力把電話丟向浴室的鏡子。它落在浴缸旁邊。我關掉公司手機，鎖進我的車子行李廂。

不再有私密訊息。

不再有電話性愛。

不再有祕密的激情。

我身體中的憤怒——對我自己、對瑞德、對羅森醫師所謂的「進展」——讓我無法保持靜止。我也氣憤麥斯鼓勵我「玩到底」。氣憤羅莉、派翠絲與瑪姬婆婆一直都是對的。我穿上跑鞋，到湖邊跑了二十公里。我超過了一群群的跑者與在海軍碼頭拍照的遊客。我把帽沿拉到蓋住眉毛，不與任何人視線接觸。我把音樂開到最大音量，蓋住任何對於瑞德的思念，與我是個笨蛋的聲音。跑完後，我還是覺得很躁動。我可以再跑二十公里。我可以跑到肌肉拉傷、肺部嗆傷、腳趾流血。

但我眞正需要的是大哭一場。

我參加了一場戒癮聚會，沒有聽見或說一個字。有幾個人來問我是否還好，我搖著頭。我的手指緊握到發白。我並不好。

聚會之後我坐在車中，不知道要去哪裡。陽光從四方射進來，歡笑的學生與遊客走在街上。我車子外的世界太吵鬧、太可怕。

我打給派翠絲。「我關掉公司手機。我不玩了。」

「我好擔心你。你現在不應該一個人。」

我開車到羅恩的住處，抱著他的沙發抱枕哭泣，忍住衝動，不去打開行李廂拿手機查看瑞德的訊息。羅恩的妻子芮妮摸著我的頭，訴說當她明白瑞德永遠不會離開妻子後，她也哭了許多晚。羅恩與芮妮的兒子羅曼在我腳邊的地上玩耍，發出可愛的幼兒聲音。

悲傷折磨著我，我不斷產生荒謬的念頭，是我不公平地拋棄了他。「他的岳父快死了。也許我應該夏天再跟他分手。」

羅恩與芮妮搖著頭。

「羅森醫師會對你感到很驕傲。」羅恩說。眼淚從我眼中湧出。羅森醫師看著我與瑞德手握著手，描述我們去購物，我們沒出櫃的性生活，眞不知道他怎麼想？這段時間他在聚會中保持著撲克臉，但他在辦公室裡一定搖著頭，不知道這個笨病人何時才會恢復理智？

「我有個點子。跟我來。」芮妮帶我到她書桌，讓我坐在電腦前。她按了幾個按鍵，螢幕上出現一對微笑的情侶。背景有模糊的影像，人們拿著火花圍著那對情侶。螢幕上的字是，探索猶太情感關係，從這裡開始。

「猶太約會網站？」

「這些男人都是單身——」

「尋找著猶太女人。我的名字等於是來自基督。」

「相信我。他們會愛上你。我們就稱你『德州姑娘』。等他們見到你，就算你是修女，他們也不會介意。」

我遲疑著，但她的眼神說：你到底要不要？就在她與瑞德分手不久之後，她與好猶太男孩羅恩建立了快樂的生活。現在她有個美麗的兒子、沙發抱枕，冰箱中有農場的新鮮雞蛋。她似乎很確定可以幫助到我。在治療的第一天，羅森醫師說，我如果讓他與團體參與我的決策，我應該會好起來。這樣當然不算是「孤軍奮戰」。

芮妮指導我塡寫簡介問題。我不是阿什肯納茲猶太人。我沒有每週上猶太會堂。芮妮堅持要我勾選遵守猶太潔食，因爲我討厭火腿。我對猶太約會網站上的男人不抱持太大希望，但芮妮讓我破涕爲笑。她給了我安息日剩餘的猶太麵包。「祝平安。」我在告別時說。

從北邊通往市區的湖邊大道，無雲的深冬夜晚是讓人難以想像的美景——大飯店如城堡矗立，摩天大樓由星辰襯托著。我雖然因爲瑞德而一團糟，看著城市夜景也無法不讚嘆。我加入猶太約會網站的第三天，剛結束一場戒癮聚會駕車返家。我知道我的公寓將冰冷空虛，但我寧願孤獨的刺痛，也不要試圖與瑞德建立生活的焦躁不穩定。目前我還沒有砸破任何盤子或挾帶拆信刀。

我打給羅森醫師，他出城開會，不知道結婚週年晚餐的謊言。「我放下了瑞德。我不會在聚會之外與他有任何接觸。」我在他的語音信箱留言。

我深吸一口氣。還有好多話要說。這幾個禮拜，我很想知道羅森醫師怎麼能讓自己看著我與瑞德的偷情。團體成員不斷爲了我而質疑羅森醫師：你爲什麼不做點什麼？克莉絲蒂會受傷。這樣很沒有醫療道德。羅森醫師對所有的質疑都是中性的表情，問自己到底應該做什麼來阻止我。

我在羅森世界時，不少團體成員都說羅森醫師很傑出。我看過他與上校和麥斯用流利的德語交談；我看過他順口說出希伯來祝福詞。他把團體成員生活中看似無關的事情建立起深沉的關聯：寵物雪貂與猶太人大屠殺、吉他課程與氰化物藥丸、蟯蟲與信用卡卡債。他很敏銳，但那算傑出嗎？也許吧。

我最佩服羅森醫師的，是他的鋼鐵膽量。他有足夠的自信讓兩個團體成員幾乎在他的監視下偷情。他看著我做出一個接一個的可疑選擇，耐心等待我恢復上天賜予的理智。如果我為此而自殺了，他一定得面對執照委員會。但他相信自己——他也相信我。等我恢復理智，一定就像是去拔牙而沒用麻醉藥。我永遠無法看著我所關心的人做出如此可疑的決定。

我很感激他能夠如此。

32

我赤裸著，顫抖著，手臂交叉在胸前，不足以遮住我的胸部。這樣有點傻，因爲我才剛與他做愛。我的衣服在房間另一邊的散熱器上。唯一的亮光是衣櫥中的音響。莎黛那永恆的低吟嗓音。

我站在那裡幾分鐘，看著布蘭登穿好睡衣。他把床單鋪好，拉平毯子後折起來。他沒有理會站著發抖的我；他在另一個世界，一個失憶的狀態，由床單、毯子、直線與無皺紋的平面所構成。我的手臂在胸前顫抖，肚子起了雞皮疙瘩，我的頭腦試著回到布蘭登尚未陷入整理被單前的時刻，但不成功。

布蘭登後退，手扶著腰，審視著床鋪。他點點頭，自言自語。他走到床側，小心地掀開床單。他仔細躺下，不想弄亂平整。他的頭躺在枕頭上，轉向我，露出無防備的笑容。

「上床嗎？」

芮妮幫我加入猶太約會網站後，很多尋找猶太伴侶的男人拒絕了我，因爲發現這個「德州姑娘」是個名字來自新約救主的異教徒。阿倫與歐林似乎受到冒犯，覺得被我的簡歷所騙；而丹尼爾、艾瑞克與馬克，則對於我宣稱遵守猶太潔食感到有趣；看起來六十歲的傑瑞，提議帶我去餐廳吃猶太香腸。我讓自己的會員資格過期，來到另一個交友網站。

布蘭登的第一封電郵立刻吸引了我。他問我是否喜歡在晚餐時吃早餐玉米片，開始了一場活潑的辯論，比較糖霜玉米片與燕麥棒。從他的文字中，我猜他對約會有經驗，因為他知道如何用電郵來調情。我也猜他有高等教育程度，因為他知道如何用標點符號。

布蘭登符合我唯一的約會條件：他不是我治療團體中的已婚男人。他有男人年近四十的沉穩，想要找穩定的女友。

我們首次午餐約會是在芝加哥的東岸俱樂部，以歐普拉與歐巴馬夫婦為會員而出名。他穿著藍外套，帶著微笑，目光和善。他比我高三公分，頭髮比他的簡歷照片中更長。他看起來孩子氣又可親，就像披頭四之一準備首次上電視表演。我們的第二次約會是去看劇場表演，然後到日本餐廳吃晚餐。

布蘭登是那種會點特餐，平日穿著卡其褲的男人。他總是付帳，為女士開門，堅持一起吃甜食。他讀的大學，教育出數十位總統與最高法院的大法官。他也在那裡讀了醫學院。當他笑起來，會害羞地用手遮住嘴。他最近開始攀岩，鼓勵自己學習不是與生俱來的天賦。他的衛生習慣無可指摘——他在我們親熱前後都會刷牙，每天沖澡兩次。他從來不說髒話、不喝酒、不發脾氣。我九〇%確定他是共和黨，但他沒有表現出任何對女性的厭惡、種族歧視或優越感，所以我讓自己被他的高尚儀態與和善性格所吸引。

與布蘭登交往，不會有突然的欲望讓我在辦公室地板上自慰以尋求高潮解放。我們看了劇場表演後在我的沙發上首次接吻，我感到愉快，不是特別興奮。我覺得很好。與實習生在一起時的忘記進食，與瑞德在一起時的不當激情，都讓我精疲力竭。與布蘭登在一起時，我的身體是六月清晨的平靜湖水。

有時候，在聚會中，我低聲說自己幾乎感到無聊。

「很好，」麥斯說，「健康情感關係的特徵是無聊。」

「真的，小鬼。」瑪姬婆婆說，朝我微笑，「所有婚姻都有這部分。」

羅森醫師同意：如果我覺得無聊，我就做對了一些事情。但我聽著其他人談到戀情的開始——克萊兒或瑪妮或芮妮——她們會說無法成眠，食不下嚥，無法專心。沒人說到平靜的湖泊。部分的我懷念先前愛人們帶來的刺激衝擊，就算我知道對我沒有好處。現在，我想像可以在我的心上看到瑞德刮出的溝、亞歷克斯與實習生的幾條線、傑若米的一些刮痕。當然，每個團體成員與羅森醫師都留下了痕跡。我試著想像依附著布蘭登。有次晚餐時，我看著他的白襯衫，想像著他的心。他的刮痕是否與我的相符？

現在我看到布蘭登鋪平床單，一齣好像有人演出強迫症的短劇。我想，他的鋪床習慣意味著什麼？我只能想像什麼不能說的兒時創痛，導致他對床鋪整齊有如此的要求。我想問，但他的眼神已經充滿睡意。被單蓋著他的肩膀，他看起來像個孩子——我覺得應該給他一杯牛奶與一片餅乾。

我們的性愛也很奇怪。我們從他最喜歡的泰式餐館走路回家，手牽手。回到他的住處時，布蘭登播放莎黛。他帶領我到他的黑暗臥室，我們在他的床上親吻。我肚子的平靜湖泊輕微盪漾，他脫下襯衫，然後我的。當我們的衣物都褪去，他坐在床邊套上保險套。他爬到我身上，雙腳跨坐在我的髖部。這比我想像或想要的前戲來得少，但他從十五年前的醫學院後就沒有交過女友。我不怪他有點生疏，我也不想說出來。

不是我所預期的傳統傳教士性愛姿勢，布蘭登把右手伸到我左肩下，一下就把我翻過身。一切變得漆黑，因爲我的臉埋入枕頭。我還沒抬頭或說什麼，布蘭登扶起我的臀部，進入我之中。布蘭登的衝刺快速而準確，但不會不愉快。我腦中很忙碌：驚訝而有點高興如此一表正經，如此共和黨的人會從後面來。

但我不想把臉埋在枕頭裡。我要看他，聽音樂，自由呼吸。能讓我翻過身的字句——**等一下，停下來，把我翻過來，這不是我喜歡的**——沒有從我的口中說出。我躺在那裡，想著要如何告訴團體這個翻身。布蘭登的手指伸到我雙腿之間，我的腦袋一片空白，快感貫穿了我，又快又熱。我的背彎起，然後我的臉往下用力埋入枕頭裡。等我翻過身看他，他正在穿上睡衣。

思緒吞噬了所有的身體感受，我的身體彷彿如窗簾般捲到腦中：**睡衣是怎麼回事？我**

喜歡剛才的感覺嗎？莎黛跑去哪裡了？

還有這個：我的聲音怎麼不見了？

從我們進入他臥室後，就完全無聲。沒有呻吟，沒有喘氣，沒有喔，沒有啊。沒有對話——沒有「你喜歡什麼？」或「這是什麼感覺？」很整齊乾淨，就像他衣櫃中那一疊老式的睡衣。

布蘭登睡覺時，我在心中重演整個場景，從翻身性愛到鋪床單。這些都沒有讓我卻步——沒有完全卻步。他不是凶惡或怠慢或不專心。我判斷他對於面對面性愛有點畏懼，對床單有點執迷。但我們都有自己的包袱。我可以把自己的所有判斷，不安全感，恐懼，妄想，與對這一切的情緒都帶到聚會中。他們可以幫我整理。

§

「你是與翻身醫生約會，」羅恩開玩笑，「但他比瑞德好。」

麥斯說，他還不清楚鋪床單是代表親密或很僵硬固執，但他建議：「你也許要勸他做一下心理治療。」

我說我們還沒談到心理治療，麥斯揚起了眉毛。「我沒有隱瞞，只是還沒談到。」

「你要等他問你是否每週參加三次團體聚會嗎？」麥斯嘲弄地說。

規矩是告訴羅森醫師與我的團體一切事情，而不是告訴我可能的愛人關於心理治療的一切。「我不確定自己是否喜歡他。我的身體對他不是真的有反應。」

「你有高潮嗎？」羅恩問。

「有。」

羅森醫師的笑容有如無雲夜空中的一輪滿月。

§

在我的三十四歲生日，布蘭登站在我的廚房中，我準備著過夜的袋子。我們總是在他的閣樓公寓過夜，可以俯瞰海軍碼頭，而且有進口家具，一套環場立體音響，當然還有他的睡衣。

「那是誰？」布蘭登指著冰箱上的一張照片，上頭貼滿了照片、十公里賽跑紀錄、還有票根。有數十張臉孔可以由他挑選，他挑的那一張偏偏是我不想談的。我們眞的要在我過生日時談這個嗎？

「那是我的——」我停頓。

他歪著頭等待，手指繼續放在照片上。

「我的導師。」

布蘭登靠得更近研究照片。「眞的嗎？」那是羅森醫師的一張臉部特寫，在凱瑟琳的婚禮上拍的，就在我介紹他認識亞歷克斯時。「什麼樣的導師？」

我不想告訴布蘭登關於羅森醫師，因爲我不知道他對心理治療的想法。數週之前，我說自己參加了戒癮聚會來治療飲食失調，他皺起眉說：「我不懂爲何那麼多人——或爲何吃飽了還無法停止吃東西。」

「其實——」管他的啦，「他是我的心理治療師。」

他靠近照片，仔細端詳。「心理治療師？你怎麼會有他這張照片？」

「婚禮上拍的。他的兩個病人結婚——我是新娘的朋友。」

布蘭登的眼睛出現一絲警訊。「兩個病人結婚？他們在候診室碰到，然後就墜入愛河？」我解釋了團體治療，羅森醫師不禁止療程外的互動。布蘭登的嘴唇拉成了一條緊張的直線。他踱著步，問了十幾個關於團體治療的問題，我的團體成員來自哪裡，怎麼進行。我說那就像一般的心理治療，只是更多人。他想知道我有沒有談到他，我點點頭，他把手插入口袋中。房間裡的溫度似乎突然下降了幾度。

回到他的住處，性愛比平常更快與更機械：他把我翻身，我們二十分鐘後就蓋上床單了。我的頭靠著他的胸部，但我可以感覺到他凝視著天花板。我坐起來。

「怎麼了？」我問。

布蘭登的視線沒有移開天花板。「請不要在你的團體中談到我。」

「什麼？」他瞭解心理治療嗎？

「不要提到我的名字。」我還沒告訴他，我其實有兩個團體，我一週去三次。

「他們都知道我與你約會。」他們知道**一切**。在一次週一聚會結束後，麥斯與布萊德上網查詢布蘭登，發現他的公寓價值超過百萬，他母親是天主教慈善機構的主要捐款人。

「他們知道我的名字？」

我點頭，我感覺自己的臉變得火紅。我不應該說出他的名字嗎？

「拜託，」他轉身面對我，「不要把我扯進去。」

我點頭——不表示我同意，而是我瞭解他的意思。他把我的沉默點頭當成了同意，靠過來親吻我的臉頰，然後回到他的枕頭上。

33

「生日過得如何？」麥斯說。

我讚美了餐廳的鮭魚與黑松露奶凍。

「他有沒有送你禮物，例如搞你時看著你的臉？」羅恩問。我對羅恩送上中指。

「可以換話題嗎？」

麥斯瞇起眼睛。「你通常說個不停——他說了什麼，如何親吻你，他如何否認自己的強迫症——」

「他如何把你翻身——」羅恩說，我又給了他兩個中指。

「現在你卻一臉好像這不關我們的事。」麥斯說。

我看著羅森醫師。「你能幫我嗎？」

羅森醫師與我在生日後的早上通過電話。他說不會強迫我在聚會中談布蘭登，但他強烈建議我讓團體知道布蘭登對我的要求。現在他示意我繼續說。我深吸一口氣，解釋了布蘭登的請求，與我沉默地同意不在聚會時談他。

大家都問了同樣的問題：為何他要破壞我的治療？我抿著嘴。他們的反應太誇張了。

布蘭登只是要保持隱私。只因爲我願意告訴團體我吃了什麼，我如何做愛，不表示他也願意。試試布蘭登的方式有何不好？如果我又有了自殺念頭或蘋果暴食，我總是可以改變做法。

團體對我拋出更多問題。瑪姬婆婆要知道我如何尋求幫助來改善關係。羅恩要知道布蘭登是否知道自己的綽號是「翻身醫生」。麥斯的問題最困難：這段情感是否值得我同意的犧牲？

羅森醫師安靜地看我接著這些問題。我看了他好幾眼。有一次，我似乎看到了同意我接受布蘭登的請求。我又看了一眼，他緊閉的嘴唇讓我背脊僵硬起來。我想要遮住耳朵尖叫。爲什麼我的每一個對象都如此奇葩？何時才會容易一些？

到療程結束時，我與團體達成了協議：我不會說關於布蘭登的事，但當我覺得這段關係需要協助，我會留言給羅森醫師，他會在聚會之外諮商我。然後我會告知團體，不是諮商的內容，而只是他在團體之外諮商我。

「這樣永遠不會管用。」羅恩說。我再次用中指向他敬禮。雖然我似乎對協議很有信心，但我感到擔憂。我花了五年時間，學習讓自己接受羅森醫師與團體，學習「讓他們進入」。現在關起來，會有什麼樣的代價？

「克莉絲蒂，」麥斯用他最嚴肅的聲音說，「說眞的，這究竟是爲什麼？你爲何不能在你的心理治療中談到他？」

我想他是要保護一些久遠的家族祕密、對於血緣的忠誠。我猜他對某些家族歷史感到羞愧，如習癮，心理疾病，或未婚懷孕。我知道布蘭登還很小的時候，父親就過世，我感覺其中交織著痛苦與羞愧，但布蘭登只提到過一次。將來，布蘭登會從我這裡學到，祕密是有毒的，揭露祕密將通往自由與親密。

那天晚上在壽司餐廳，我告訴布蘭登，我願意不在團體中提到他，只要我可以告訴羅森醫師任何我想要說的。他說他可以接受。我站起來走到他旁邊擁抱他。他對此公眾舉動臉紅了。我們點了一份檸檬蛋塔與兩根湯匙來慶祝。

接下來數週的聚會有點尷尬。在布蘭登的禁令之前，我在每次療程都參與火熱的討論，談著我跟誰上床、誰甩了我。我撕了布料、扯掉我的頭髮，要求知道團體如何幫助我。他們教導我笑自己，以多重角度來看我的情感關係。現在談到性愛或情感時，我縮回了自己，咬著嘴唇提醒自己與他們所有人，我不會分享任何東西。

每次與布蘭登約會之後，我在羅森醫師的語音信箱留下滿滿的資訊（「我們與他的大學室友共進晚餐」或「我週五、週六與週日都在他住處過夜！」）。我沒有觸犯孤軍奮戰的大忌。我仍然每天晚上打給羅莉，報告我吃了什麼。

§

布蘭登與我坐在他的訂製橡木餐桌旁，在一個週四早上吃著燕麥片。他穿著睡袍，我已經穿好衣服準備上班。我們約會了三個月，在週間早上有自在的交流。《紐約時報》攤開在桌上，我們各有自己的版面：他看商業版，我看頭版。

「我要走了。」我說，折起報紙，「一小時後有客戶的電話。」

「現在幾點？」他問。

「八點半。」

他繼續看報。「我要到十點才看診。」

我想他是說他的病人。當我靠上他親吻道別時，他說，「我要見德瑞克——」他停了一下，然後說：「我的心理醫生。」

「你的什麼？」

他笑了，抓著睡袍綁住腰的地方。

「我的心理醫生。」

他繼續笑。我突然覺得布蘭登不是古怪或無經驗或書呆子，而是算計與無情。我深吸一口氣，把皮包從右肩換到左肩。

「你看多久了？」他假裝用手指計算，還是在笑。「布蘭登，多久了？」

「其實他是精神分析師。」

「多久？」

「不是團體治療。我不知道你們怎麼做的——圍成一圈，聽著別人的問題——」他笑著，很仔細地折起報紙，「團體治療永遠不會對我有用。」他跟著我到門口。「你爲何這麼生氣？」我氣沖沖地走向電梯，他在背後說。

「你在嘲笑我。」我按下按鈕。布蘭登的臉上有著後悔的表情。

電梯來了。

我走進電梯。

門關上時，我聽到，「九年。」

我以爲布蘭登是個好人——有點古怪、壓抑，但基本上是好人。他的微笑、輕聲細語、完美無缺的儀態，讓我覺得他有溫柔的靈魂，像我一樣，正在尋找他的道路。雖然他有錢也有地位，卻很尊重所有人。他給優渥的小費。我告訴他。我很喜歡《李爾王》，他就買了票去看表演。就算我知道他的古怪臥室習慣，也不像潛在的變態。他只是社交上笨拙，就像大法官蘇特或比爾．蓋茲，或我。

但這件事太過分了。他對我要求太多了——不能在治療時談他——而沒說他自己也有心理治療師。這樣不行。如果我可以放下其他人，那些人讓我的身體對生命醒轉過來，我也可以放下他。我想像著打電話給他：「祝你此生幸福。享受你的閣樓公寓與你的財富。」

但我不認爲自己可以被允許放手。這眞的是我腦中的字眼：被允許。我對愛情吶喊了許多年。我投資心理治療數千元。我加入了該死的猶太約會網站，儘管我的名字是來自基督。我之前還與已婚男人偷情。因此，我不被允許放棄布蘭登。他單身、有能力，而且算是善良。當計程車停在我的公司前，我知道自己不會與他分手。逃脫的衝動被克服，我知道必須證明爲了達成親密關係，我所需要付出的努力。我學會了控制憤怒，學會直接面對。我已經接受太多治療，不能就這樣逃脫。但現在我面臨了眞正的難題：我是否該告訴團體剛才發生的事？

我有四個半小時來決定。

§

「九年？」麥斯說。技術上而言，我沒有違背自己對布蘭登的承諾，因爲我說「昨晚跟我上床的人說，他看了一個心理治療師九年。」

「對，幾乎十年。混蛋。」

羅森醫師舉起手。「我們能不能放慢一點？」

我指著羅森醫師。「他知道你很多個月了。你應該看看他取笑我的樣子。還有他的祕密——」

「那不是祕密。他告訴你了。」羅森醫師用他的平靜聲音說，這只讓我更火大。

「你對我不抱更多希望嗎？」

羅森醫師揚起眉毛。「什麼意思，更多？」

「他把我從團體中切斷，卻不說他自己的治療。這個情感關係是另一個死巷。我的專長。」

羅森醫師擺出他的思考表情，凝視著我。他摸著下巴，想要說一些話。最後他提供了他的智慧箴言：「我不知道。」

但我每個月付他八百四十元，不是要他不知道。我要他用他的高級學位來轉變我的生命，教導我情感關係的技巧，讓我可以用在健康的關係中。我問是否應該要分手。

「你為何要跟他分手？」羅森醫師看起來好像我剛說要偷布蘭登的錢。

「他隱瞞騙了我幾個禮拜。我會再次重蹈覆轍。就我所知，他可能已經有妻子小孩了。」

「不可能。」羅森醫師說。

「為什麼不可能？」

羅森醫師戲劇化地朝我靠近，好像他要告訴我一個祕密。「噓。只告訴克莉絲蒂。這是你有過最好的情感關係。」

我想給他半禿的腦袋一拳。這是我最好的？「去你的，羅森醫師。」

「眞的。」派翠絲說。瑪姬婆婆也點頭。

「瑞德從來沒有對我隱瞞他的治療。」

「他對你說了很多謊。」布萊德說。

「好吧。但是亞歷克斯——我們日出騎單車，總是做愛——」

麥斯長嘆一口氣。「他不愛你，記得嗎？想想那把拆信刀與那袋破盤子。」大家都提出了理由，表示布蘭登是我目前最好的一段關係。羅森醫師露出了滿意的微笑。我不想吵了。我犧牲自己與瑞德和亞歷克斯的激情，來跟一個可交往的男人建立所謂眞實的關係，但他有一些深層的問題讓我感到害怕。

「在性愛上吸引你的，是被遺棄的可能性。」羅森醫師說。

我想要跟他爭論，但我要怎麼做？在所有先前的關係，至少有一半的吸引力來自於必須克服阻礙——實習生的宗教，瑞德的妻子，亞歷克斯的曖昧。

「布蘭登不會離開。」羅森醫師說。在接下來的沉默中，我發誓自己聽到他說，「你也不會。」

布蘭登那天晚上來到我辦公室，帶著請原諒我的微笑。「我難以與人親近。」他說。我的所有分手勇氣都消失了。我沒有說「我無法繼續下去」，而是說「我們要去哪裡吃晚餐？」那一晚，當他把我翻身時，我察覺他的衝刺有一些緊急，我想像他是害怕失去我。我困擾我們從不談性生活——翻身，親密之後陷入的奇怪沉默。睡著前，我腦中只有一個問題：我真的能與此人建立家庭？這樣比孤單更好嗎？

34

我測試了布蘭登。如果我可以在團體中談他，我是否還會這樣？也許不會。我想知道他是否認爲他可以愛我、他是否覺得我們有未來、他是否在乎我如他在乎床單平整。測試他似乎比直接問他要容易一些。

第一項測試：當公司一位高大內向的律師約翰邀請我共進晚餐時，我答應了。我只知道約翰喜歡高爾夫，家裡沒有電視，說故事時很冗長。我答應約翰，因爲與另一個人約會可以推動布蘭登談未來何去何從。

我告訴布蘭登與約翰的晚餐，他甚至沒有從報紙中抬頭：「聽起來很有趣。」他說。第二天，我取消了約會。

一天夕陽西沉後，布蘭登與我在湖邊吃著三明治與黑橄欖。他伸手摟著我，我們看著密西根湖水安靜地拍打著沙灘。他在樹蔭下吻我，我想像深處有些動盪。不是欲望的刺激，而是更實質的。這是成人戀愛的運作嗎？他凝視著我：「你也許不知道，但我通常在倫敦過冬。」他說，握住我的手，「今年，我要留在這裡，看看有什麼發展。」

稍後，我們做愛時，他沒有翻過我。

幾週後的週一晚上，布蘭登從我公寓外的人行道上打電話給我。問我要不要一起散個步？我來到外面，布蘭登正在手機上打字，臉上有不愉快的表情。他開始往前走，沒說話，我跟上去，等待他開口。他突然停下來。一輛巴士駛過。

「我要告訴你一些事，但你不能告訴任何人。包括羅森醫師。這完全是我們之間的事。」

我望著一家運動用品店的紅色招牌。現在我要被測試了。他爲什麼要這樣問我？更糟的是，我爲何要同意？

五年來，我從來沒有把對羅森醫師的忠誠轉到男友身上。切割我與羅森醫師的依賴是否能幫我往前進？也許必須對某些事情劃下界線，排除羅森醫師。但我是否該把我的心理健康，放在一個對平整床單的關愛更勝於我的人身上？答應了這個要求，是否能在我的心上刮線？或拒絕了才會？

是的。在等綠燈的時間，我正式拋棄了我的治療，讓我可以接受布蘭登最深的祕密，讓祕密把我與羅森醫師隔開，他在法律上必須守住我告訴他的任何祕密。

布蘭登承認。「我沒有性欲。」

我爆出大笑。眞正的羅森式大笑，我抱住肚子往前彎腰。第一，我早就知道了。第二，誰在乎羅森醫師知道他的性欲？沒人期待布蘭登做愛時像個搖滾歌手。我全身舒緩下來，感覺溫暖有力量。我們可以解決這個問題。

他搖著頭。「可能永遠無法改變。」

「德瑞克怎麼說？」

「我有親密障礙。」喔。

「還有呢？」

「其實沒有了。」

麥當勞速食店的燈光照亮我們前方的人行道。街上交通擁擠。性欲不是致命傷。如果我們一起處理這個問題——他與德瑞克，我與——嗯，我剛承諾要一個人來承受——那麼誰知道我們會怎麼樣？我不要因爲他的重大「透露」而放棄。

「我應該想要扯掉你的衣服，但我不想。」他摸著我的手臂，說他從來沒有對任何人如此。他的眼睛訴說著自我折磨的故事。我知道這個故事。我一輩子活在這個故事中，認爲自己有重大缺陷。我多年來都在尋找對策，好解決自己的問題。我與自己應有的身分掙扎，女孩，舞者，德州人，學生，與女友，導致我多年來必須靠馬桶來解決。

就像我，布蘭登在學業上很傑出，在醫學上步步高升。但他的私人生活——他對自己的感受，如何處理早年喪父、如何與其他人互動，尤其是女人——都被忽略了多年。我怎麼能背棄布蘭登，當他與我正用同樣的方式尋找出路？他尋找著情感上的安全，而我愛他，足以嘗試他的做法。至少一段時間。

當我翌日參加聚會時，我焦躁如松鼠。每十分鐘就有衝動想交叉雙腿。我與布蘭登的對話片段充滿我的腦中，但我什麼都沒說。九十分鐘的時間，我幾乎沒說一個字。

兩天後，同樣的情況發生在週四聚會。羅恩問我與翻身醫生的情況如何，派翠絲問我還好嗎。當我拒絕給予任何有意義的回答，大家都沒有繼續追問，直到聚會結束之前，麥斯問我覺得保密的做法是否有效。派翠絲說她也有同樣的問題。

羅森醫師想說什麼，但又停下。「什麼？」我問。我曾留言告訴他，我同意為布蘭登守住一個祕密，但我沒說細節。

「我能不能說說關於你的留言？」羅森醫師說。

「說吧。」

「我不會說出你的祕密，但是——」

「祕密？」羅恩問。

「克莉絲蒂，」麥斯以低沉的聲音說，「你想搞什麼？」

羅森醫師向我保證，我不需要說出布蘭登的祕密，但他要確定我瞭解祕密的功能。

「當你同意守護某人的祕密，你是守護他們的羞愧。」我已經知道這是羅森醫師的哲學。我不瞭解的是，為何幫助我男友處理羞愧是一件壞事？為他保密同時處理我們的關係，這樣會要我的命嗎？情感關係不就是要有所妥協，不會死時孤單，抱著一罐嬰兒的骨灰？

團體的好奇心被激起。他們猜想是什麼祕密：盜用公款？破產？祕密妻子？賭博？空頭支票？戀童癖？布蘭登不相信的陌生團體，現在懷疑他可能洗錢與性侵兒童。我望著羅森醫師，求他叫他們閉嘴，但他搖著頭，堅持說他們在幫助我承擔羞愧。

「他們正在讓你知道你所付出的代價。」

我看著圈子裡的臉孔。剛才的輕率已經消失了。我渴望告訴他們布蘭登所說的。我可以說出他的祕密，麥斯會笑一笑，說有關男性貪得無厭的性欲神話。羅恩會說些翻身的俏皮話。派翠絲會撫慰我的手，瑪姬婆婆會指指她的婚戒。布萊德會問布蘭登的財務狀況。

我愛我的團體超過我愛布蘭登，但我晚上無法帶他們回家。他們無法成為我的約會伴侶。他們無法在晚上握著我的手或與我建立家庭。他們無法防止我死時孤獨一人。

羅森醫師問我有什麼感受。我聲音破碎地說：「孤單。」

35

感恩節之前的週一，我安靜地度過整個聚會，大家討論著他們的感恩節計畫：麥斯與妻子吵架，因爲沒有訂購正確的餡料；派翠絲的女兒們回來，但花太多時間陪她們的父親；瑪姬婆婆的繼子從亞利桑那州過來，違反了她的規定，在地下室抽大麻。羅森醫師聆聽並給予每個人回饋。他有幾次看著我，但我保持著面無表情。

麥斯碰碰我的腳尖。「你很安靜。」

我點頭，聳聳肩。

「所以呢？你可以告訴我們什麼？能不能談你的感恩節計畫？」

我轉動椅子看看我後面牆上的鐘。還剩五分鐘。我能拖延他的問題三百秒嗎？眞相是，我沒有計畫。雖然有很多人——克萊兒、羅莉、瑪妮、派翠絲、羅恩與芮妮——都很樂意招待我，但我不好意思去別人家占一個位子。我告訴家人，我要留在這裡陪我的男友，因爲我以爲布蘭登與我會一起過節，但他週五晚上說，他第二天要與家人展開爲期一週的旅行。我沒時間處理我的所有情緒——羞愧，孤獨，傷心與憤怒。它們都綁在一起，有如我腹部中的一枚自製炸彈。

「布蘭登呢？」麥斯問。

我望著羅森醫師，希望他知道我快要爆了，因爲再次面對節日而無處可去，即便我有了男友。這是傑若米的義大利之旅重演。

「說吧。」羅森醫師說。他知道。

我搖著頭，抗拒著。

「你要自己一個人承擔？」羅森醫師說，瞄著時鐘。還剩兩百秒。

「不要！」我尖叫。不要！不要！不要！不要！

「不要什麼？」羅森醫師看著我的眼睛。

不要這一切——不要爲了一個約會多月，卻不想跟我共度節日的傢伙封口。不要布蘭登在他搭機四十八小時前才告訴我。不要這種孤獨。不要翻身，不要整個聚會都沒有發聲。不要孤單，不要塞滿了祕密。羅森醫師看我的樣子就像我從德國回來時一樣。他還是擔心我，他的小失敗病人。他應該討厭我。我討厭我自己。

「你要什麼？」他問。

「不要對我好！」

「我不會停止愛你，這個團體也不會。」

我緊閉眼睛。我討厭他們所有人的種種：不喜歡的親戚、健忘的配偶、吸毒的繼子。

食譜。家人。有地方可去、有人可陪伴。如果我睜開眼睛，會看到他們聽我承認無處可去的表情。我跪倒在地，抓住頭髮拉扯。很用力。尖銳的疼痛帶來了紓解。我的拳頭裡都是自己扯下的頭髮。

我要心理治療直線進行。我要每年指出可測量的進展。此時，經過五年與兩個月，我應該免於那種讓我用手扯掉頭髮的憤怒。

派翠絲用手摸著我的背。「請不要傷害自己。來我家。」

「我不要憐憫！我要我自己的！我要我自己的家庭！我以爲你可以幫助我，羅森醫師！」窗戶被我的尖叫震動。我又成爲了團體治療中抓著頭髮的啜泣女人。我還能有所不同嗎？

「你能與傷痛同在嗎？」羅森醫師問。

「不要！」這個療程沒有時間了。我的頭脹痛。

「與傷痛同在。」

我站起來，從窗邊拿起一盆花。我用雙手把它舉到頭上，然後往下砸——就砸在我的前額與髮際線上。白炙的寂靜震撼了我，然後疼痛衝上來。我讓花盆從手滑下。泥土撒在地毯上，還有一塊植物。羅森醫師抓住我的手腕，帶我坐回椅子上。我沒有掙扎。我摸著頭上開始隆起的腫塊。房間一片死寂，除了我斷續的喘氣。

「說吧，羅森醫師，我們今天到此爲止。結束了。」

九點二分。沒人動。沒有抬頭，我問：「我該怎麼辦？」我是問所有人。我們一週不會見面。卡在我胸中的啜泣冒了出來。「我以爲自己好起來了。」

「不要再傷害自己了，」派翠絲說，「拜託。」

「克莉絲蒂，」麥斯遲疑著，「守住布蘭登的祕密並不管用。」

我點頭，打開雙手，希望這個姿勢可以拯救我於我自己。羅森醫師建議，一如往常，我在節日週末要盡量與其他人在一起。參加聚會。睡在羅恩與芮妮的沙發上。像在幼稚園時那樣，我應該與團體成員或戒癮聚會成員相約出來玩。

九點五分，羅森醫師深吸一口氣，雙手合起來。我們都站起來做結束儀式。我伸出右手，現在沾著我自己的血，伸向派翠絲。眼淚流下我的臉，我的頭跟著心跳一起脹動著。我們放開手後，大家動作都很慢。我彎腰拿起自己的袋子，背對著團體。我對自己的發作，頭上流血的傷，在治療上的非直線進展都感到難爲情。

「你們能多待幾分鐘嗎？」羅森醫師說。麥斯，布萊德，派翠絲，瑪姬與羅恩都安靜地站在他們的椅子前。「我要爲克莉絲蒂的傷口上一些藥。」羅森醫師從檔案櫃拿出一個小急救箱。他擠了一些藥膏到手指上，塗在我的前額。他溫柔地拍拍我的頭。「你會沒事的。」他說了兩次，「幸好你的腦袋很硬。」

我拉開窗簾，讓明亮的十二月陽光照入整個房間。太平洋的海水如舌頭捲上岸。沙灘在上午的陽光下閃耀著，碼頭旁的渡輪後方是一片完美無雲的天空。

今天是聖誕節，布蘭登與我在加州聖塔莫尼卡。

花盆事件之後，我鼓起勇氣更直接了一些。布蘭登從感恩節假期回來後，我就直接告訴他：我希望一起共度下一個節日。不是測試或要求——只是我需要。他建議我們去洛杉磯幾天。「我知道海邊有一家很棒的旅館。」他說。他沒問我額頭上的瘀青。

羅森醫師對於我與布蘭登的關係似乎抱持未知狀態——他沒有暗示我應該放開祕密——但我的團體成員都很質疑。他們在聚會之外的時間私下討論。談那個祕密、他是否仍在做愛時把我翻身，我們還能持續多久。*她到底是不是享受這段關係？*

假期時，布蘭登與我放鬆且恩愛。他更會開玩笑、刮鬍子時會哼歌。我們更常做愛，一起唱廣播中的歌曲，吃新鮮的酪梨。我們看《當幸福來敲門》，威爾·史密斯在電影中飾演一位窮困的推銷員，找到一家高級證券公司的無薪實習工作，最後成爲有錢人。布蘭登從頭到尾都握著我的手。這部電影證明了，看似不可能的轉變也是可能的。在加州的明亮天空下，大海是我的見證，我讓幸福來敲門。

§

「我週日要與我媽一起吃早午餐。」布蘭登在我的客廳踱步。那是一月的某天晚上，我正在查看公司手機上的工作電郵。「你要不要一起來？」我猛然抬頭。手機掉落在流理臺上。早午餐，他母親。「好啊，好啊，我願意與你和你母親一起吃早午餐。」

那是一月的第一個禮拜，芝加哥寂靜而冰冷：樹上結冰，路上有積雪，冰冷的鐵軌。但在我的羊毛衣、外套與羊毛帽之下，我活蹦亂跳著。我從來沒有在五星級飯店與一位母親共進過早午餐。我的心溫暖著我的身體。我向團體暗示一切很順利。「也許我週日會與一位朋友和他母親共進豪華的早午餐。」很含蓄。

當天，一家之母的司機駕駛黑色長賓士轎車來接我們。她穿了很厚的貂皮大衣，幾乎看不到她的頭。她握我的手，露出一點笑容。我們點了相同的主食：蛋白義大利煎蛋佐農場蔬菜、羊乳酪。她的貂皮大衣掛在肩頭，但她笑容增加，對我的笑話也會笑。

稍後，布蘭登說他母親很喜歡我的「活潑陪伴」。我想，下一步將是見他住在倫敦的弟弟，然後在我父母春天過來時，他可以見他們。在我想像的每一個未來畫面，我都把布蘭登列入其中。在畫面之外，我可以感覺到我的團體成員與羅森醫師爲我加油，儘管沒人看得到他們，除了我。

36

布蘭登不與我親嘴了。當我問他時，他說我嘴巴的氣味讓他止步，儘管我刷了牙、用了牙線、用了漱口水。我很傷心，因此更用力刷牙、用更多漱口水。還是沒有親嘴。

然後他開始工作更長時間。他約診城外，不讓我開車送他去機場。我們仍每週做愛一次，我的臉總是埋在枕頭裡。百分之百翻身。每次我的聲音都無力——它躲在我的頭旁邊發抖。上班時，我想像下次他翻過我時，我會說些什麼。或在車上講、在晚餐時談、在簡訊中說。我向自己承諾，如果不討論我們的性愛，我就不再跟他上床。但在他的臥室，他的豪華白床單上，我一個字都說不出來。

聚會時，我也保持沉默。我非常想全盤托出，尋求回饋。我已經太久沒有與他們分享，我無法想像他們會有什麼建議。他們會叫我去要求親嘴嗎？討論我對翻身的感受？接受他的一切？完全拋棄一切？我與團體成員和他們聲音之間的關係已經化為回憶，這讓我感到害怕。

週日早上的布蘭登感覺很正常。我們睡到很晚、讀《紐約時報》、上健身房。在那幾個小時，互相傳閱報紙，跑完跑步機後互相擊掌，我相信我們的情感要比布蘭登工作上的事情更堅強。真實的情感關係有起伏。大家都這樣。我們的心也許不是完美配合，但當然有足夠的刮線來附著。

二月初的一個週日，我們在健身房前碰到布蘭登的大學朋友比爾。我們三人站在停車場，跳動著保持溫暖，大片雪花從灰色天空中飄落。我聽著布蘭登與比爾談著認識的朋友、整形外科與道瓊指數。

「瑪西還好嗎？」比爾問布蘭登。我在秋天見過瑪西——他們的大學朋友——她來芝加哥談生意，有自己的高級鏡框生產線。我嫉妒她的鬈曲長髮、她的酷帥皮夾克、她的古怪鏡框。在她時髦的紐約風格旁，我覺得自己像塊中西部的麵團。

「我會在兩週後見到她。」布蘭登說。我第一次聽到。

「去紐約？」比爾問。

「其實是去墨西哥坎昆。」

如果我的生命是一場電影，我會在此時吐出自己的食物或噴出滿口汽水到某人臉上。我交往十個月的男友，剛剛隨口說出他下一個假期將與另一個女人在國外度過。我一定是聽錯了。布蘭登沒有注意到我的震驚。幾分鐘後，比爾碰碰我的肩膀，道別離開。布蘭登朝健身房走去。我沒有動。幾步路之後，他轉身問我怎麼了。

「你是說真的嗎？」我的聲音低沉有力，從我體內最深處發出。

「什麼？」

「你在開玩笑，對不對？」我轉身朝我的車走去。我不玩了。

等我打開了車門，他追上來。在車上，我往前看，把鑰匙插入，暖氣開到最大。我用手圍住嘴，呼出熱氣。一張光碟開始播放音樂，我把音量開到最大。他坐上乘客座，把音量關小。

「克莉絲蒂……」

我把音量又開大。他關掉音響，拉住我的手。

「你爲什麼這麼生氣？」

「請下車。」他沒有動。這次我沒有歇斯底里，雖然我知道日落後，我將單身一人。

「不要裝傻。很不好看。況且德州高中生在春假都會去坎昆喝個大醉——」

「她在那裡開會，邀請我去——」

「告訴我實情，不然就下車。」他長長嘆了口氣，讓我想揍他的臉。可憐的布蘭登，眞是沉重啊。

然後他說了一些話如：「你應該找想與你在一起的人」和「你値得更好的人」。

「如果你要分手，像個成人一樣。」

「我是說，你値得想跟你在一起的人。」

「你是說，那不是你。」

他沒回答。

§

「你看起來不太好。」麥斯說。

我還穿著一天前的同一件衣服——皺的運動衫，沒紮好的襯衫。「布蘭登與我昨晚分手了。」

驚呼。所有人睜大了眼睛。

「你暗藏了任何銳器嗎？」羅恩問。

我投降地舉起雙手。沒有武器。我沒有傷害自己或砸東西的衝動。這次分手不像其他次，反而有一種新的感受：強烈的解脫。現在我可以停止假裝布蘭登是我的靈魂伴侶，繼續生活下去。當我告訴他們瑪西與坎昆，似乎沒人驚訝。

「翻身醫生有嚴重的問題。」羅恩說。

「金錢無法治好瘋狂。」麥斯說，朝布萊德看了一眼，後者仍然堅決相信可以。

羅森醫師深深地注視著我良久。

「我知道你要說什麼。」我對羅森醫師說。我的雙手攤開，一切鬥志都流光了。羅森醫師攤開他的雙手。與我有如鏡中倒影。

「我在聽。」

「你要說這個團體愛我。另一個團體愛我。你愛我。我會沒事。」當然他會堅持說坐在圈子中，穿著皺衣服，把我的想法與情緒都交給他與團體，這樣就足夠了。

「等一下——」羅恩的臉如南瓜燈般亮了起來，「你現在可以把他的祕密告訴我們了嗎？」

我看著羅森醫師，他的表情完全深不可測。我想要告訴他們一切——回到我選擇布蘭登之前的狀況，但不是像這樣。不是為了滿足羅恩的好奇心，不是當我還這麼生疏時。我搖著頭——我晚一點再告訴他們。我開始無法控制地顫抖起來。我的牙齒打顫，如硬幣掉落地面。我的膝蓋上下跳動。我用手臂抱住身體，試著坐好不要動。不可能。

「怎麼了？」羅森醫師問。

我搖著頭。再怎麼努力也無法阻止越來越激烈的顫抖。

「給她一條毯子。」派翠絲說。我望著羅森醫師那一堆抱枕與一條舊褐色毯子。

「不用了。」我打顫的牙齒說。

羅森醫師站起來，把椅子往後移。他坐到地板上，伸直雙腳，伸開雙手。

「天啊。」麥斯低聲說。

「你在幹什麼？」我問。

羅森醫師笑得很開心。「我有一個點子。」他把手伸得更開，「我覺得你需要被扶持。你快要有一個新的身分，與對自己的全新想法。」他把手臂伸得更開。

「他願意扶持你。」麥斯說。

「怎麼扶持？」

麥斯丟給我一個抱枕。我走到羅森醫師坐下的地方，把抱枕給他，他放在地上。我跪下來，然後坐到地上。我伸直雙腳，我的身體與他的身體成九十度。他彎曲左膝來撐住我的背。他的右膝越過我的雙腳上方。我仍在發抖，手與腳抽動著。

「深呼吸。」他說。

我吸氣，直到肺部快爆炸。我慢慢吐氣，一個分子、一個分子吐出。繼續顫抖，但比較減弱。一股羞愧湧上，我在這裡的記錄又增加了一次失敗。我讓這種情緒進來。我沒有想要在心裡克服它，或想到死時孤單一人來嚇自己。羅森醫師扶持著我。我讓他扶持。

幾分鐘之後，我的頭靠在羅森醫師的肩膀上。他伸手扶著我的背部，讓我更靠近。我的臉如孩童般埋入他的襯衫，我開始前後搖晃。他輕輕拍著我的背。我一直搖晃著。我來到了另一個時空——牙牙學語之前，我像小女孩一樣被搖著入睡，還不知道什麼是**失**敗與**迷失**。

聚會如常進行：羅恩說了他前妻的故事，麥斯提到他女兒的大學申請。他們都在那裡，但我在遙遠的地方——我是個小孩，幼兒，嬰兒。當羅森醫師說話時，他的脖子靠著我的頭皮震動。我閉著眼睛，但不時會睜開，我看到羅森醫師的手錶，麥斯的鞋子，舊地毯。二十分鐘過去了。然後又過了二十分鐘。

到了某個時刻，羅森醫師說：「我們今天到此爲止。」我們還坐在地上，現在聚會結束了。我睜開眼睛坐直起來。我的臀部痠痛，不確定自己是否能站起來。麥斯抓住我的一隻手，布萊德抓住另一隻。我站起來，加入了圈子。

37

爲了幫助我放下布蘭登，羅森醫師給了我兩個處方：隨時隨地感受我的情緒、不要做出任何需要戴護目鏡的事情。

我同意，決定這次要用不同的方式來面對單身。我要擁抱與探索單身。我要放下單身就是死刑或絕症的想法。晚上，我坐在沙發中眺望芝加哥的天際線。當我的手指想要砸什麼易碎的東西時，我會打給羅莉、羅恩或派翠絲。我從孤獨爬到他們熟悉的聲音中，帶來了舒慰。

一天晚上，寂靜感覺像詛咒，無人陪伴。我從廚房走到臥室，我站在門口瞪著我的床，想像著傑若米、實習生、亞歷克斯與布蘭登的鬼魂飄浮在我的毯子上。*再見*，我低語，然後回到我的筆電，我搜尋家具店，想找一張新床。我喜歡這種象徵，一張新床代表著我生命新的一章，不管是什麼內容。就算是只有我一人。

點選，點選，點選。

現在我擁有了一張巨大的木床，沉重的橡木巨物在兩週內運來。溫暖的勝利感讓我舉起了拳頭。在我剪了羅森醫師的泰迪熊那一晚，我想像訂婚的年輕表妹家中有這張床，但現在我占爲己有了。

一週後，我給了自己一項挑戰：接受任何社交邀約。毫無問題，不用任何條件。冥冥之中，我的新決心大概傳播四方，因爲邀約滾滾而來。我要不要與一位同事去看從來沒聽過的鄉村樂團？我要不要陪楠去店裡買情趣用品？要不要去芝加哥西邊二十公里，一家從舊銀行改裝成的電影院看黑白老片？願意，願意，願意。**我接受。我活著。我存在。**

在二月的一個微風早晨——我醒來時陷入羞愧與憤怒的霧中。我握緊拳頭，頭腦脹痛。

就在這裡。我要失控了。布蘭登與我本來要去外地參加一場婚禮——如果我們還在一起，就會去那裡。布蘭登大概會帶瑪西去，做著二月能做的事情：取楓樹的糖漿？冰上釣魚？在營火旁做愛？我眼前是空虛的一天：公司放假，我沒有其他計畫，除了聚會。陰沉的假日總是讓我失控。我幾乎喘不過氣來。爲了擊退絕望，我穿上慢跑鞋來到外面。

天空仍然灰沉沉的，溫度在零下十二℃左右。人行道上有一層冰，所以我在馬路上慢跑。空氣冰冷而稀薄，呼吸需要費力。太陽剛從半冰凍的湖水升起。每一步，我都呼出了一股白霧。這趟慢跑近乎自虐——周圍的一切都冰凍著——但我決定：如果我在兩分鐘內看到另一名跑者，我就繼續跑下去。如果沒有，我就找輛計程車，去羅森醫師辦公室附近的咖啡店，直到聚會時間。

前方八百公尺，我看到了一名穿綠夾克的孤獨跑者，我跟著她，有如追隨北極星。

左腳，右腳，呼吸。

左腳，右腳，呼吸。

跟著綠夾克，綠燈。跑，跑，跑。

當太陽整個露出地平線後，我停下來看著那頑強的白炙從密西根湖上升。我也對它舉拳示威。當我跑到了迴轉處，我停下來，手扶著膝蓋，試著放緩呼吸。有一些狀況正在發生。我整個身體感覺到難以解釋的溫暖——來自於內在。

然後，凝視著那團光線，我聽到了一個聲音。「你很好。」我回頭，沒有人。那是誰的聲音？我這輩子從來沒有這樣的聳動意念：我這樣子就很好，就算沒有同伴，沒有愛人，沒有前途，沒有夥伴，沒有自己的家庭，沒有充滿了熟識朋友的閃亮未來。

我的鼻子開始結霜，所以我必須繼續跑。我的步伐加速。一種安靜臣服的速度。**我很好，我很好，我很好**——伴隨著每一次心跳。這是一種瞭悟。而且不斷地出現。布蘭登並不擁有我的好；其他人也沒有。甚至羅森醫師也無法讓我很好。他所做的就是參與療程，見證我私人生活中的種種鬧劇，當我瀕臨崩潰時扶持著我。我很好，或夠好了，我這輩子首次有這種感覺。因爲我這麼說。

我不準備在聚會時提到這些想法，因爲我覺得瞬息萬變。但是在聚會中又發生了。羅恩正在讀著監護權官司的最新法院命令，那種感覺又上來了——感覺此時此地很好。

「大夥兒，我發生了某種狀況。」

派翠絲用手背摸摸我的臉。「你凍僵了。」

「我有了一種了悟，但難以描述。好像有人與我說話，但那是我自己。我告訴自己，我很好。就像此刻，在此瞬間，我很好。」羅森醫師的臉露出了感興趣的笑容。「就算再也沒有重要的情感關係，就算我必須單親收養一個孩子，就算從今天之後所有的愛情都失敗——我都很好。我可以活著、有工作。我也可以來這裡。」

羅森醫師朝我靠近。「我們都愛你這樣——就是這樣——已經很久了。」

他們一直都愛我。我的週二團體也是。當我憤怒，引爆自憐的炸彈，痛哭流涕，掙扎，用我的痛苦霸占了療程，他們都陪著我。我不會死時孤單一人。這些人會圍繞著我。他們會協助我家人好好安葬我。他們會說關於我的好話，向我困惑哀傷的母親解釋耶利米寶寶。

我想像我的心，看到每次團體療程的刮線，我約會過的每一個男人，我與羅森醫師或團體成員的每一次爭執。我對羅森醫師說的每一次「去你的」都是一道痕。每一個尖銳的語音留言，療程時的每一次發作，每次拔頭髮與砸盤子。擦，刮，割，砸，挖。我的心，一團脈動，上面的刮痕伴隨著每次嘗試，每次錯失，每次親近，那些願意愛我的，以及那些不願意的。

除了我的願意政策之外，我開始明確表達希望自己從其他人那裡得到什麼，算是補償我對布蘭登的無聲妥協。我再也不會在性愛上放棄自己。但要達成誓言，我必須開始在非性愛的情況下發聲。*我週末時想出去玩*，我電郵給朋友們，而不是較安全的*我們應該出去玩*。當同事安娜回應說想去聽藍調音樂會，我在日曆的空白格中寫上去。我的聲音對著空氣發出，開始塑造了我的生活。

然後我又寄出一封電郵。*我們有一群人要去聽音樂會，我要你也一起來。*我按下寄出，然後笑了出來。我竟然突然寄給約翰一封電郵？約翰是我曾經用來測試布蘭登的世達同事。這封電郵是發出聲音的表達練習。就在我按下寄出之前，我對這行字微笑：*我要你也一起來。*我從來沒有對任何男人這樣說過。

我沒有隱藏的結婚計畫，沒有偷偷希望約翰與我可以交往。我只是突然想到他。按下寄出後，我回去工作，沒有強迫自己去查看電郵回信。老實說，我不在乎他是否會來。

秋天時取消與約翰的晚餐之後，我想再也不會聽到他了。但在我與布蘭登分手的六週前，約翰請我去看普契尼的歌劇《杜蘭朵公主》。我告訴布蘭登，他當然並不在意。當時我不是要測試他，我們已經與他母親吃過早午餐。但是在我與約翰去聽歌劇的三天前，布蘭登打電話到公司，問我晚上有什麼計畫。那是週三晚上，在一月初的大雪中——我的計畫是窩在床上詛咒芝加哥的天氣。他問我那天晚上要不要去看《杜蘭朵公主》。他母親有季票。第四排的中央座。以我們慣常的失調方式，沒人提到週六晚上我要跟約翰去看同一齣歌劇。我微笑聽著他說，因為布蘭登顯示了他在乎我、在乎我們。也許他感覺到了約翰的威脅。

三天後，我從第二層看臺與約翰和他的兩位朋友看了同一齣歌劇。結束後，約翰的朋友麥可開車載我們回家，光碟播放著《公主徹夜未眠》。我在後座聽著麥克與約翰談論芝加哥最好的點心店。整晚我想著約翰比我記得的更有吸引力，然後我想到他也許是同性戀。

邀請一個可能的同性戀一起去聽音樂會：風險很低。

我很樂意去音樂會。告訴我時間。

音樂會的六小時前，我心情惡劣地參加聚會。我迎接新生活的方式很勞累與昂貴。音樂會門票、新木床、一個人去壽司餐廳——這些都不便宜。我感覺很厭煩、很挫折。我對羅森醫師吼叫。說了很多**去你的與這不管用與你為何不承認自己無法幫助我？**羅森醫師與團體成員說的話我都沒有聽進去。我心裡只有一個念頭：**我討厭自己這麼糟糕**。

聚會後，我衝回辦公室，擔心在音樂會時必須強顏歡笑。六點鐘到了，我還在辦公桌前。然後快七點了，我應該在二十分鐘內去找他們，包括約翰。我從辦公室打電話給羅莉哭訴，太陽西沉芝加哥河，我的辦公室一片黑暗，只有電腦螢幕的光線。四周無人，只有清潔工。「我受夠了接受一切。」

「你能不能去一個小時？只要一個小時。」羅莉一直勸說，直到我同意。

下班前，我去廁所查看哭泣數小時的後果。我的妝全掉了。我沒有任何毛刷或唇膏之類的美容物品。我用手指把頭髮挽成一個髻，希望自己看起來性感與狂野，而不是一直有著存在上的危機。走到酒吧的路上，我從外套口袋找到一個護唇膏，感覺就像宇宙丟了一根骨頭給我。地上還有積雪，但可以聞到春天準備登場。我越靠近我們準備碰面的酒吧，我就感覺越好。我想起了我很好。一個小時之後，我就可以回到家中的大木床上。

安娜與其他人窩在酒吧的角落。有人給我一盤乳酪與乾果，我塞進口中。約翰十分鐘後進來。我突然有股擔憂：我是否必須照顧他？他走過來時，我看著他自信的步伐、平靜的微笑。他問候這些幾乎不認識的同事們，摟了我一下。他聞起來如新鮮的空氣與乾淨的衣物。這傢伙懂得照顧自己；我隨時都可以離開。

「抱歉遲到了。」他朝我靠近，讓我在吵鬧的酒吧裡聽得見。「我剛買了一張新床，必須等貨運送來。」我也說起了自己的新木床。這段關於床的談話有點暗示性，讓我有點感覺。也許他不是同性戀。

更多朋友抵達，我們在酒吧中穿梭。我總是會來到約翰旁邊。

我看著他。他沒有多說什麼，但他的眼睛閃現著活力，聆聽著對話。等我們要走去音樂會時，約翰又與我同行。他的穿著簡單：藍運動衫，牛仔褲，有鞋帶的圓頭黑鞋。他的夾克很溫暖，但不時髦或嚴肅。我沒有感覺到他有隱藏的羞愧祕密——沒有孤獨或黑暗面，讓人想要去修補而發狂。

我皮包中的手機發出簡訊音，羅莉問我是否回到了家。我在廁所回傳她：**還在外面，還滿好玩的！**

藍調音樂會擠滿了穿運動衫與靴子的醉漢。約翰給了我一瓶水。我發現自己很希望他不是同性戀。他讓我想起某人，但我無法確定。一個模糊的聯想。我不想質問他。那只是一個問題。對一個相談甚歡的男人提出的無害問題。

「你有宗教信仰嗎？」我不知道自己為什麼要用這些字眼來問那個問題。

他揚起了眉毛。「我倒是沒想到你會問這個。」他喝了一口水，然後回答，「我是猶太人。」

一切都靜止了下來：舞池。酒吧。坐在舞臺上的人。此刻將延續到第二天，我也僵住了。這個人，我幾個月前曾經拒絕過，然後當成同性戀，但現在又想要吻他的人，讓我想起了羅森醫師。

猶太人的背景讓我有所了悟。一切突然變得非常明顯：他們都很內向，有著敏銳的幽默感，溫和又堅定的陽剛氣息，不需要顯露出來。單純的風格，看不出地位或時尚。他們都有著一種自信，有時候會顯得自大。他們都很直接——不會對事情視而不見。老天——我面前這個年輕的單身漢，年齡適當，工作正當，讓我想起了自己的心理治療師。

其餘的音樂會是一片模糊的舞動，我讓自己迷失在音樂中。約翰站在一旁觀看。凌晨兩點，他走路送我回家。城市的街道上有片片積雪卻相當空曠，只有一個夜晚的遛狗者。我感覺到與其他男人在一起時從來沒有的感受：平靜、安靜、快樂與興奮。我想要親近他。我想要聽著他的聲音入睡。我想要聽他談我們共同認識的人、他去哪裡旅行。我喜歡他，感覺我皮膚下累積著祕密的力量。我們又笑著兩人都在過去二天內買了新床。這是有意義的——我們兩個人的新床。一個好預兆。

第二天約翰留了語音：「我不知道你是不是單身，如果是，我們應該多見面。」

我對約翰感受到的興奮是座穩定的希望之塔，可以引導我，不會誤導與毀掉我生命中的其他東西。比實習生與瑞德的強風要穩定。比我對布蘭登的欲望更明亮與激昂。但不是難以負荷。我仍然有胃口。我的睡眠正常。我在工作時寫簡報，然後去參加戒癮聚會。

「他是猶太人，單身，英俊，好職業，自由派，善良，而且剛買了一張新床。」我對團體清點約翰的優點，「我們明晚要出去。」

「他還帶你去聽歌劇，」麥斯說，「我現在就可斷言：就是約翰了。」

「不要這樣。」壓力太大了。「只是晚餐。」

我坐回椅子中，與羅森醫師的微笑相呼應。「他讓我想起了你。」

羅森醫師摸摸胸口。

§

從街上看起來，餐廳不太起眼，但內部明亮，有奶油煎大蒜的氣味，侍者端著盤子穿梭。數十人在門口等待，但約翰對領班說了一些話，他立刻帶領我們來到角落一張安靜的桌子。我們分享著蝦仁義大利麵與香辣番茄義大利麵。談話內容從大學的事情到對工作同仁的感覺、多常回家探視家人。我的視線在接下來三小時從未離開我們的桌子。當燈光亮起，音樂停止時，我真的嚇了一跳。「很抱歉，」侍者說，「但我們必須睡覺了。」我剛與約翰相處了三個半小時，沒有去廁所打電話給我的團體成員。我的心仍帶著他那一晚陪我走路回家時的那種穩定的愉悅。

約會結束時，約翰捏了一下我的手，我全身爲之觸動。回到家中，我沒有寫電郵向團體報告細節，或打給羅莉報告我的食物。我爬上我的木床，臉上帶著微笑入睡。

第二天工作時，我專心做簡報，然後去參加了一場戒癮聚會。我前一天有畢生最棒的約會，仍然可以好好工作。在我上床前，我查看電郵，看到是約翰寄來的。

我想，我剛完成了自己最後一次的首次約會。

我讀了一次又一次，然後輕輕走到床邊，彷彿動作太大會讓我胸中澎湃的感覺消失不見。我的頭躺在枕頭上。這麼多年，我等待一個機會來與人建立情感關係，沒有喧鬧，沒有疑惑，沒有酗酒，沒有護目鏡。現在這個機會就在我的收件匣中。

我把雙手放在胸前——我美麗的，被刮線的心。

38

我等著約翰喝醉，在我身上撒尿，但他不喜歡喝酒。他不打電玩、沒有妻子、不守嚴格的宗教規矩。當他說自己在洛杉磯長大的故事時，我注意他是否有迷戀母親或潛意識氣憤父親的跡象，但他似乎只是情緒穩定與腳踏實地工作。他好像沒有什麼極端性格。他會健身，但適量；他的企業法律工作需要長時間投入，但他只付出案子所須的努力；他注意自己的財務，但不會小氣。

我準備對他的穩定感到無趣，讓我的身體如冬天的葉子般捲起來。但跟約翰在一起，就像吃著烤得很完美的馬鈴薯與蘆筍。飽足、好吃、有營養。我的口味改變了，約翰非常美味。他讓我感覺可以像海星一樣伸展，爆發著生命力。

「一定有問題。」我對羅森醫師與我的團體說，「我怎麼會在幾週內就從布蘭登到這個？」我認爲分手後要等待幾個月時間才能找到健康的對象。「他是不是我的反彈對象？」

「問他過去的情感關係——有沒有，或如何結束。」羅森醫師說，「你也許會看到他畏懼承諾的證據。」

羅恩發出呻吟。「別那樣。男人不想談對於承諾的恐懼。」

「別擔心，我提到時會超級隨性。」

那天晚上，約翰在晚餐後點燃壁爐，我窩在沙發上的一條白色羊毛毯中。他坐在我旁邊，閉上眼睛——他前一天晚上工作超過半夜。

我掀開毯子面對他。「你以前有沒有長期女友？」

他睜開眼睛看著我。「我們現在要談那個？」

「我想知道你有沒有……」

「跟任何人認眞過？」

「對。做出承諾，如果有，後來怎麼了？」

「這是測試嗎？」

我點頭。他溫和地笑了笑，然後描述兩位認眞的前女友。一個是大學畢業後，另一個是幾年之後。他說她們都是好人，如果不是前女友，可能還是朋友。第一段關係結束，是因爲她劈腿了，發生了很多戲劇場面。第二段關係，他們分手是因爲兩人太相似了。

「跟一個想法與行動都與我一樣的人在一起，不是很刺激。」

我也許會給超過他胃口的更多戲劇場面，但我們不用擔心我們太相似。我對任何事情都不會適量，我一小時之內的情緒超過了他一整個月的份量。

約會第二週，約翰與我停車在我住處外，親吻著——我們都不想說晚安。我有一吐爲快的衝動。

「我參加戒癮聚會來治療飲食失調，也每週參加三次團體心理治療。如果你不喜歡這樣，我們應該立刻分道揚鑣。我不會對我的團體保密，所以連提出都不要提出。他們會知道你的陰莖尺寸，你在做愛時會不會把我翻身。」我等待著強烈的協商。

「翻身聽起來是個好故事。」約翰沒顯露任何苦惱。

「我對於團體治療很認眞。」

他聳聳肩。「你在心理治療時需要談什麼都可以。」

「我也不吸髒老二，永遠不要。」

「記住了。」他微笑，似乎是說還有什麼？

我伸手摸他的臉頰。他到底是從哪裡冒出來的？

我們又親吻，但約翰拉開我，往下看著他的手。表情嚴肅。

「怎麼了？」我問。

「我早就知道你的心理治療與戒癮聚會。」

「什麼？怎麼會？」

「我讀了你寫的一些文章。你儲存在世達系統中的。」

天啊，我都忘了那些東西。有時候在等待合夥人編輯回覆我寫的簡報——有時要等幾個小時——我會寫些東西、一些故事。關於在德州成長、上天主教學校，與團體治療的小故事。我把這些文章用我的名字儲存在公司系統中，取了欺騙性的標題，如：「塔特帳單資料」或「塔特法律檔案」。我覺得是藏得很好的復活節彩蛋。

「你找到了？」

他臉紅了。「我想要更瞭解你。」

「藉由讀塔特帳單資料？」

「很有效。」

我們繼續親吻。但我又停止了。我的良心肌肉痠疼。

「我與前男友去看了《杜蘭朵公主》，在我跟你去看的三天前。」

他臉上出現了驚訝。「但你看起來好像完全不知道劇情。」在看歌劇之前，約翰邀請我去他家看他準備的投影資料，關於普契尼的生平與《杜蘭朵公主》的大綱。他加上了一段卡通，關於普契尼完成蝴蝶夫人之前發生的車禍。他對於我的歌劇教育所做的努力，讓我非常著迷，所以我跟他一樣享受。我不會舉手說自己從第四排看過了歌劇。

「我不想讓你難過。」

「要讓我難過不容易。」

「我有嗎？」

「差一點。」

§

約會三週之後，一天晚上我在午夜之後起身離開約翰的住處。他說歡迎我留下，但我還沒準備好。我在布蘭登床上過夜，只是六週之前的事。

「我們不用做愛。」他說。

「我只是還沒準備好。」

他陪我走到我的車旁，在夜空下擁抱我。

「我不想跟沒有愛上我的人做愛。我不感興趣。」我美麗又清晰的聲音說。

「我愛你，你知道的。」他在我耳邊低語。

「什麼？」

他看著我的眼睛，又說一遍。

「你怎麼知道？」

「我感覺得到。」

「我們只約會了三週。」

「所以我已經知道了三週。」

我們後來進展到在彼此的住處過夜，聊天不睡覺，什麼都做就是不做愛，直到天亮。當我們到了晚上要或不要做愛的時刻，我會後退。「我還是沒準備好。」我會說，無法解釋原因。他遠比我曾經睡過，或在購物中心停車場愛撫過的任何男人更適合我，但我在性愛上無法前進。

「你爲何折磨他與你自己？」麥斯說，「我爲他感到好抱歉。」

「你害怕什麼？」大家都想知道，包括我自己。

羅森醫師指出，這是我所等待的健康情感關係。我有了自己的聲音，設下了界限，與他在一起時守身。他認爲我害怕性愛，因爲那會讓我與約翰更親密。這次我完全同意他，但我仍想知道：「爲什麼我還沒有跟他做愛？」

「小姑娘，你準備好就會的。」

然後，一個春天的夜晚，我不再需要與約翰保持距離。我們的身體相互配合。我們的肉體關係是我們所有活動的延續——談話，進食，歡笑，親吻，碰觸與睡眠。我首次明白性愛對我很重要，不是因爲這關係到私處，或修女說這是神最在意的，或母親說如果在婚前做就會下地獄。它很重要，是因爲性愛讓我把身體單獨獻給約翰，他也把他的身體獻給我。我們一起分享著這種給予的愉悅。儘管他很溫和、很努力、很深情，也超級火辣。

39

我的三十四歲生日快到了，約翰與我只約會了四個月。我希望有預約座位的晚餐，與寫在卡片上的一些眞情字句，署名愛，約翰。羅森醫師暗示我可能會得到訂婚戒指，但我打斷了他。我現在最不需要的，就是替我四個月大的戀情加上沉重的期待。結果鬧笑話的是羅森醫師，約翰送我一把電動牙刷與手做的木頭相框。很可愛，但不是代表了「終生承諾」的寶石。

我的生日過了幾個月之後，約翰與我展開兩週的印度之旅，同行的還有他的高中朋友們。去一個無法控制自己腸胃的第三世界國家旅行，是最能考驗情感關係的。約翰握著我的手參加排燈節，幫我在超市找衛生棉，用他的行李箱裝我為所有團體成員買的紀念品，包括一個象徵幸福與財富的銅製印度符號，看起來像反過來的納粹十字。那是要送給羅森醫師的。

十二月，我首次在洛杉磯與約翰一家人共度聖誕光明節。在他家族的盛大三十人光明節交換禮物，他母親送我一張維多莉亞祕密的內衣禮券；他祖母送我一個白色大理石盒，那是她很久以前去印度時買的。約翰的表親們教我做薯餅；他哥哥給我看他們俄國祖先們的舊家族相片——嚴肅的男人蓄著長鬍鬚，戴著黑帽，女人穿著高領黑裙裝。約翰把相機架設在腳架上拍攝團體照，我站在他身邊，他伸手摟住我。我窩進了他家人的歡迎臂膀中。

一天下午，我們從正式的節慶中溜出，到安靜的海邊散步。明亮的加州陽光照耀著炙熱的白沙，幾乎刺痛了我的眼睛——就是我與布蘭登在一年前散步的海邊，同樣的海水奪走了大衛的生命。看到波浪依然朝岸湧來，帶來了慰藉。我捲起牛仔褲，脫掉靴子來感覺沙子溫暖地摩擦著我的趾縫。我們站在一塊石頭上看著海洋。在不眞實的藍天之下，我尋找在海灘上遛狗的名人。約翰很安靜，直到我們回到車上。

「我要往前進，與你一起。」他說出了我從來沒想到有男人會對我說的：專注的確定、緊密的未來。我的手摸著雀躍的心。

§

三月的一個週一早上，我遲了幾分鐘來到聚會，坐在羅森醫師右邊的空椅子上。我安靜地坐著，不想做太多動作讓人注意到我的左手。

「抱歉，我差點被克莉絲蒂的戒指照瞎了眼睛。」羅森醫師等我開口等了很久後說。我笑著跳起來，在房間中打轉，把手伸到每個人面前。

「不太大，也不太小。」麥斯贊同地說。

派翠絲把我的手舉到窗前，在陽光下檢視。

瑪姬婆婆笑著說。「我就知道，小鬼。」

我從來都不在乎珠寶，但這枚戒指的意義超過了寶石。約翰與我一起設計的。中間有一顆較大的鑽石，兩旁各有三顆小的襯托。大的象徵我與約翰，兩旁三顆較小的象徵了羅森醫師與我的團體。那些小鑽石是我生活的基礎。他們讓我認識了我自己，我的胃口，我的憤怒，我的恐懼，我的喜悅，我的聲音。他們讓我成爲了眞實的人。沒有他們，就沒有「約翰與我」。我婚姻的每一日都要獻給我的團體聚會，我無法把自己的愛情與我在團體中所付出的時間相切割，我在團體中成長，擁有了我的生活。

「我難以相信約翰能容忍你。」羅恩眨著眼說，「找到一個不會在每天晚上把你翻身的男人眞的很棒。」

羅森醫師對我的戒指讚嘆了一番，眞誠地恭喜我，感覺是眞正的祝福。我可以接受這次的恭喜，不像七年前第一次約診時，他對於我得到班上第一名的恭喜。現在我知道羅森醫師愛我，我值得他的讚美與恭賀。但我還要更多。一個特別的祝福。不是准許，不是加持。我看著他說：「我要你給我更多。」

「你想要什麼？」

「不太清楚。」

「在聚會中談談，看看是否能弄清楚。」

§

羅森醫師從他的小白屋應門，穿著牛仔褲與褐色涼鞋，露出腳趾。應該看到自己的心理治療師打赤腳嗎？我想不應該，所以我把注意力轉移到他的明亮廚房。然後我感覺到頭痛欲裂——這是很強烈的焦慮頭痛，因為我要與未婚夫在我的心理治療師家中共進晚餐。約翰駕車帶我們來到羅森醫師的安靜郊區住處，我有點輕微的反胃，但現在我只想要一顆強效的止痛藥。我握著約翰的手，想安撫自己的情緒。**在心理治療師家中吃晚餐，是再自然也不過的事了**。我送羅森夫人一束淡粉紅色芍藥花，她聞了聞，說是她最喜歡的花。

「可以上一下廁所嗎？」我問，不是因為我想上，而是我還沒準備好與我想結婚的男人，和見證多次暴怒與蟯蟲獨白的男人，一起聊手機應用程式。我坐在馬桶上按摩著太陽穴，命令我的頭痛消失。我計算自己用了幾張衛生紙（六張），壓了幾次洗手乳（三次）。想打開藥櫃的誘惑讓我的手指發癢，但想到下週聚會時得承認自己窺伺，就讓我忍住了。

我走回廚房時經過客廳，想看看書架上的書、相框中的照片、咖啡桌上的小擺設，但我太害怕了。不應該巡視心理治療師的私人物件。況且要是我看到什麼難為情的東西，如言情小說或羅森醫師與妻子在迪士尼樂園的合照？

他的妻子好心地請我們坐下。她有很重的俄國口音與溫暖的微笑。約翰與我的餐盤之間有一個包好的禮物。「打開來。」羅森醫師微笑說。約翰打開包裝，拿起一塊白色陶板，上面有彩色的花朵與一行文字：**祝福大夥兒**（Shalom Y'all）。他們最近去以色列時找到的，很喜歡這段文字彰顯了我們兩人的傳統：希伯來文與德州腔。我簡直說不出話——我只能看著這段文字，想著羅森醫師去到地球另一端，仍然在心中扶持著我。我與約翰。

羅森醫師點亮兩根蠟燭，用希伯來語說了一段祈禱。然後，如我們在聚會中討論過的，他把雙手放在我頭上，念了希伯來語的祝福兒童詞。他的手停止了我的頭痛，但當他移到約翰時，頭痛又回來了。羅森醫師在約翰頭上說祈禱詞時，約翰的眼睛湧出淚水，也讓我流淚。

羅森醫師的妻子抱歉著說，現在不是歐洲蘿蔔的季節。我看著羅森醫師，他笑了笑。一週前，羅森醫師在聚會時問我，我最喜歡的食物是什麼，我一開口就哭了。我想得到食物，但它們如圖片般卡在我腦中說不出來。

我記得當我剛開始治療暴食，自己想出幾十條規則，讓我不至於暴食與嘔吐。我不吃糖、麵粉、大麥、玉米、香蕉、蜂蜜或馬鈴薯。我不在用餐時間之外或晚上九點之後吃東西。我絕不會回去吃第二份或站著吃東西。在我開始戒癮之後不久，我與父母從達拉斯開車到巴頓魯治參加我哥哥的大學畢業典禮，我父母在他們最喜歡的餐館停下來吃午餐。菜單上只有蜂蜜火腿三明治與四種派。我問女侍是否可以用三明治的生菜為我做一份沙拉。她說不行。我很餓，就點了兩個火腿三明治，只吃了生菜配胡椒鹽，沒有吃火腿與麵包。我的餐盤看起來像犯罪現場。我看著父母吃掉他們的火腿三明治與兩塊派，一個巧克力派，一個檸檬派。我不知道要如何叫他們帶我去吃我可以吃的東西。我不知道要如何告訴他們，我相信遵守著飲食規則才能讓我活下去。我只知道坐在餐廳中傻笑，空空的胃發出響聲，求我拿起叉子吃一塊派。

在療程中，羅森醫師從第一天就對我使用食物的隱喻。但在他家的這頓晚餐不是隱喻：羅森醫師與他妻子要餵飽且祝福我與約翰。他要給我吃我想要的、我最喜歡的。在聚會時，羅莉要我閉上眼睛大聲說出我最喜歡的食物。我握拳壓住眼睛低聲說：「歐洲蘿蔔、芒果、鮭魚、馬鈴薯。」

羅森醫師的妻子端上鮮橘色的胡蘿蔔湯，中間有融化的奶油。我用湯匙攪一攪，奶油就消失了。吃起來很濃郁。羅森醫師說出每道菜的食材，雖然現在我已經放下了幾乎所有飲食規則。鮭魚是完美的粉紅色，馬鈴薯有一些迷迭香與鹽巴。我們吃完後，他們把空盤子拿回廚房時，羅森醫師與他妻子用另一種語言輕聲交談，聽起來像一半俄語與一半希伯來語。

我不記得整晚有說過話，雖然我一定有說話。我完全是感受：腫脹的頭疼。舌尖上的味道。約翰的手摸著我的腿。沒有理由地想要哭，只因爲這一晚太溫馨，食物太可口，場面太難以置信。我記得羅森醫師的妻子像是名主廚，告訴他要去哪裡找喝茶的銀湯匙與切乳酪的刀。看到有人使喚著羅森醫師眞是過癮！我等不及想告訴麥斯。

甜點時，羅森醫師拿出一塊木頭砧板放在桌子中央，上面放著一些硬乳酪、葡萄與乾櫻桃。我把一顆葡萄放入口中。甜味讓我的頭疼消退了一些。最後的日光射進窗戶，投影在桌上。羅森醫師說他們有時會看到鹿跑進後院。我的身體因爲太飽而痠疼。我吃了太多；我準備好要回家了。

從郊區回到芝加哥的路上，我把座椅放平，調大暖氣，把出風口對著我的臉。我哭了三十多公里的路回到城市。約翰握著我的手。

「這是眞的嗎？」我哭著。約翰把我的手握得更緊。

「你是從哪裡來的？」我又哭了一些。

一里又一里，我哭著。情緒宣洩而出。「我無法相信這一切是眞的。我怎麼到這裡的？」

約翰握著我的手，都市天際線在前方閃耀著。

「我覺得害怕。」我說，我們開到我的住處。

「怕什麼？」約翰問。

「你。」他揚起眉毛微笑。「我們現在無法離開彼此了。我感到一種奇怪的孤獨。我不確定自己的位置。」約翰捏捏我的手，似乎表示他瞭解。

我以爲一旦訂婚後，就會對將要一起結婚建立生活的人感到確定與幸福。我以爲找到我的結婚對象，就會治好我根深蒂固的孤獨。但我沒有感覺到全然的幸福。我感覺到恐懼與孤單的低語。我仍然是那個我。

「這些年來，我一直都是最單身的人，不管去何處──聚會，法學院，德州朋友們，家人們。克莉絲蒂──無牽掛、單身、無伴的克莉絲蒂。我討厭那個角色，但現在那不是我的角色了。我感覺自己在墜落。好像我失去了什麼。感覺我不特別了，現在我不會四處哭訴自己的感情爛生活與空虛的週末。現在我就像其他人一樣。這樣說得通嗎？」那些蘋果呢？蟯蟲呢？我扯出線的紫色毛巾呢？現在我是誰？那個舊的我去哪裡了？

約翰摸摸我的臉頰。「你還是比大多數人愛哭。那大概永遠不會改變。」

歐巴馬還有幾小時就要贏得第四十四任美國總統大選。整個芝加哥都瘋狂了——快樂的群眾從辦公室湧向公園，等待歐巴馬以勝選總統身分來演講。一位同事在下午四點探頭到我辦公室，給我參加遊行的票。雖然約翰與我爲歐巴馬助選，對勝選非常興奮，但我婉謝了。我在身體上感覺不像自己，已經有幾天了。那天下午，我必須在一場電話會議中按下靜音，因爲我差點跟堅持我們客戶詐欺的對方律師吵架。我太用力敲桌子，把文具震到了桌邊。一小時之後我過於疲倦，趴在桌上睡了二十分鐘。我懷疑自己感冒了，並深信如果我在冰冷的十一月空氣中跑到公園去，我會因肺炎住院。

那天晚上，約翰與我叫了食物，等待歐巴馬演講。電視鏡頭拍到了距離我們八公里外的群眾，讓我後悔沒有去那裡。約翰看到他的法學院朋友站在歐普拉旁邊。「我們也可能在那裡！」我到底是怎麼回事？這是我這輩子最歷史性的一晚，我卻選擇坐在沙發上，沒戴胸罩，嘴裡吃著沙拉，腳翹在兩個家具紙箱上——約翰的姑媽提早送我們的結婚禮物。

麥肯的臉在螢幕上承認敗選。他身旁是穿著黃色衣服的欣蒂・麥肯。我沒有投給麥肯，但當他摸著胸口向支持者道別，來自於深處的啜泣湧了上來，讓我全身顫抖。我縮進我們新的紅毯子，爲可憐的約翰．麥肯哭泣，彷彿他是我的摯友。我無法停止哭泣，不管我多麼努力想說服自己，相信麥肯終將再次知道什麼是幸福。

接下來我記得的是約翰搖著我的肩膀。「你會想看這個。」他說，把音量調大。我抬起頭——我到底在什麼地方？「你剛剛爲麥肯哭泣，然後就睡著了。」我們敬畏地看著歐巴馬演說。眼淚再次噴出。這次是純粹的喜悅。

第二天晚上，我在晚餐之後再次很快就睡著，然後在凌晨兩點醒來瞪著臥室天花板。約翰也睜開了眼睛。我告訴他，我要上廁所。「我要趁機驗一下孕。」他笑了，祝我好運，好像我在開玩笑。

我蹲下來在洗手臺下找驗孕棒。我們在我月經的第十四天，有未避孕的性愛，所以有可能懷孕。但我認識太多想要受孕的女性，直覺得自己沒機會。我的婦科醫生說可能要花一段時間，因爲我已經年過三十五。我尿在驗孕棒上，然後回到床上。

「烤箱中有麵包了嗎？」約翰詼諧地問。

「可能是雙胞胎。我們需要更大的地方。」

三分鐘後，我推推他。「去看看。」我不想爬出溫暖舒適的被窩去確認沒有懷孕。我把枕頭翻面，把臉貼在較涼的一面。我聽到約翰尿尿，然後一片寂靜。他走回來，浴室的燈光在他後方，他的臉在陰影中。

「我想好像有兩條線。」

「哈哈。」我甚至不確定我經期晚了——我沒有注意，是因爲十月忙著一件和解案。我縮在被窩中等約翰回來，但他站在浴室門口，凝視著驗孕棒。他很嚴肅，我掀開被子，衝去看驗孕棒。

小圓孔中間兩條線，如斑馬線一樣明顯。

我喜悅尖叫跳躍。一個寶寶！一個寶寶！一個寶寶！

幸運的斑馬線。幸運的我們。

41

你參加過婚禮，你看過雪白的婚紗，黑領帶，色彩繽紛的伴娘。你聽過弦樂四重奏與感人的誓詞。你知道過程：先是音樂，朗誦，誓言，然後是代表政府的宣布。

以下是你在我們的婚禮上可看到的：

請看我與我的六位伴娘，其中四位是羅森的病人，我們跑過芝加哥的千禧公園，讓攝影師可以拍攝我們在太陽消失於西邊天空前的身影。請看我們跑進一幢大樓的大廳，笑著告訴困惑的攝影師：「我們要去見我的心理治療師！」請看六週身孕的我腳踏白高跟鞋與很緊的上半身，因爲我在懷孕前期進補了碳水化合物。

請看羅森醫師穿著很帥的灰套裝、閃亮的黑皮鞋，打開門歡迎七個尖叫的女人，彷彿我們是去後臺私下會見搖滾巨星。請看羅森醫師微笑招呼我們進入我在地球上最熟悉的房間，角落的燈光，窗戶旁的咖啡漬，歪斜的百葉窗。請看他把椅子排成一圈——就像聚會。但這是週六夜晚，我婚禮的九十分鐘前。請看他坐在他慣常的椅子上，問我們去了哪裡。他問我是否準備好了。是的，我準備好了。請看我閉上眼睛，深吸一口氣，因爲懷孕前期的反胃正湧上來。請聽我驚呼：我忘了我的餅乾！請看羅森醫師進入另一個房間，帶著一杯牛奶泡玉米片回來。請聽我問：這是你早上療程前吃的嗎？你看起來像吐司派的。

請看我與約翰在典禮之前待在另一個房間。請看我們擁抱，體會此時此刻。請看我被刮線而膨脹的心能容納多少的愛。請看我與約翰一起走下紅毯——沒有讓步，只有選擇，接受，現身。請聽我們許諾建立一個家庭，一起生活，有愛著我們的人來支持。請聽我們以言語實現我們的家庭。

請看我們在證人面前立下誓言。請看我把手放在腹部，我寶寶的心跳是每分鐘一百七十五下。

你也參加過婚禮招待會。你很清楚中央擺飾，椅子布套，手寫的座位卡。你嚐過蘑菇與乾酪的開胃菜，香檳酒，奶油糖霜。你聽過對新婚夫妻的敬酒與開舞。

以下是你在我們的婚禮招待會可看到的：

請看第五桌，羅森醫師夫妻旁邊是麥斯、羅恩、派翠絲與他們的配偶們。請看第六桌是我週二下午聚會的女性成員們。請看第七桌，羅莉、馬蒂與卡羅斯彼此傳遞著義大利麵與魚。看他們整晚與我擁抱，祝福我，扶持我——一如往常。

說到了奇蹟，請看瑞德與他妻子米蘭達，在第二道菜之後穿過群眾朝我走來。恭喜，他們說。請看我擁抱他們倆，對人心的能力感到讚嘆，能夠驚訝與喜悅，能夠恢復，重啓，原諒，越過傷痛的大海，孤獨的深谷。多謝光臨，對我非常重要。

大多數婚禮是家庭的融合，如我的德州天主教家族與約翰的西岸猶太家族。婚禮的舞池擠滿了人，一些來自一邊，一些來自另一邊。約翰的家人把我放上一張椅子，把我高舉超過他們的頭，我從上方看著我們的招待會。我的父母與家人都在一旁拍手，享受著不屬於他們的傳統。羅森醫師與他妻子被他的病人簇擁著，手挽著手圍繞著我們，唱著他們都熟悉的歌詞。約翰的兄弟、父母與表親們揮舞著餐巾。我下方的混亂快樂場景是一幅由臉龐與手臂織成的織錦，托著我與約翰。

在婚禮前幾週，我問羅森醫師是否可以在婚禮時共舞。我想慶祝我與他在團體治療中的努力，讓我與約翰和我們寶寶的生活成爲可能。

「我不想搶走你父親的位置。」

「別擔心，我父親當然會跟我共舞。我們晚點可以跳傳統婚禮招待會的『心理治療師與病人華爾滋』。」

「在聚會中與你的團體談一談。」

我越討論就越想與羅森醫師共舞。我想要紀念自己參加了數百次的療程後，不再是孤立的年輕女子，只有加班賺錢的未來。在一切的哭泣、撕扯與尖叫之後，現在到了跳舞的時間。

我想要跳舞。

約翰與我訂婚之後，克萊兒問我，如果我沒有這麼多年的團體治療，是否會找到約翰。我說，我很懷疑，但我眞正想要說的是絕不可能。

請聽《屋頂上的提琴手》經典歌曲——就是那位父親歌詠著時光流逝與向日葵的開花與播種。請看我帶領羅森醫師從他妻子旁邊來到舞池。請看他把我轉到左，然後轉到右，然後不再旋轉，因爲懷孕前期的反胃湧上。請看舞池被我的團體成員所包圍，過去的與現在的，他們完全知道此刻對我的意義，或許也知道對羅森醫師的意義。當音樂停止，請聽他再次祝福我。請聽我說，謝謝你的一切。週一見。

因爲這個故事不會結束於一場婚禮。

第二天，約翰與我和我們的家人擁抱道別，送他們去機場。下午雪花飛舞，十一月的太陽完全沒有露臉。在家中，約翰與我躺回床上，周圍是禮物與剩下的蛋糕。約翰閉上沉重的雙眼進入夢鄉，但我睡不著。我摘下蛋糕上的糖霜奶油玫瑰，丟入口中。我打電話給羅莉，然後打給派翠絲。

「現在該如何？」我問她們，「我感覺怪怪的，是的，我知道怪怪的不是一種情緒。」我愛約翰，也很高興結婚，但我也感覺孤獨、疲倦與焦慮。怪怪的。有點像我想要對剩下的結婚蛋糕大哭。

兩人都說了我知道她們會說的。「聚會時告訴團體。」

大家都坐在慣常的椅子上。我的身體仍因爲腎上腺素高昂而顫抖，充滿著家人、朋友、快樂與蛋糕的周末。我仍然震驚自己懷孕了，瘋狂愛著我們的小胚胎。

麥斯一開始就問，爲何放唱片的人爲我與羅森醫師的共舞如此大費周章；派翠絲問我妹妹是否喜歡婚禮前跑去羅森醫師的辦公室；布萊德與羅恩調侃羅森醫師的服裝剪裁；瑪姬婆婆讚美羅森醫師妻子的晚禮服。

然後，就這樣，我們談下去。羅恩報告他前妻與孩子的最新狀況，我們討論麥斯是否應該考慮一份可能的新工作。羅森醫師輪流看著成員們，我們都盡力讓自己完全投入其他人的問題。我感覺自己的心在跳動——被刮線的表層保護著心室、心房、瓣膜、動脈。我把手放在胸口，聆聽著我們團體的音樂。

§

後記

十年之後

在我溜下樓之前，我親吻女兒的頭。她動了一下，低聲說：「再見，媽媽。」沒有睜開眼睛。「今晚見。」她弟弟在隔壁房間沉睡，我摸他頭髮與親臉頰時都沒醒來。他們不期待在每週一的早上看到我。他們知道我與羅森醫師有約。他們已經大到有了好奇心：「你為什麼要去那裡？」「你會做什麼？」「你希不希望羅森醫師一個人陪你？」我不知道他們如何想像我的描述。我與羅森醫師和我的團體成員圍成一圈坐著——他們從小就認識這些人——我們會談話與聆聽，有時哭泣或吼叫。而且不會，我絕不把團體聚會換成私人療程。有時候，在週一的晚餐，孩子們會問起派翠絲或麥斯。我笑著想，我的孩子心中也有我的團體成員，就像我一樣。

我在廚房把午餐裝入袋子，然後趕去搭乘六點四十五分的捷運。列車朝市區駛去，我想著在聚會中要談什麼議題。我也許會告訴他們，約翰前兩次出差回來後與我的爭吵。他把行李箱推進門後，孩子們會纏著擁抱他，要求他看他們的美術作品、他們的拼字測驗、他們的新舞蹈。他脫下外套，給予他們全然的關注。讚嘆不絕，把他的愛投射在他們身上。我在廚房洗碟子，準備翌日的午餐，我愛聆聽他們再次建立聯繫。我知道這些心靈；他們屬於我，屬於彼此。爭吵是稍後的事，約翰爲他們讀了故事，檢查了他們的算術作業，他們很快就入睡。

等我們也都上了床，我開始述說工作上的一些怨氣或朋友的怠慢。約翰努力保持清醒，但他早上五點就起來了，參加了一些會議，還旅行了很長的距離，然後把孩子送上了床。他的表情顯示了勞累的過程。我在理智上瞭解他有多麼疲倦，睡神正拉著他進入夢鄉。但我也要他聆聽我。我要他把自己的一些光芒留給我。

羅森醫師會問我的感受，我會說：「感到孤獨而需要約翰，感到羞愧，因爲我嫉妒自己的孩子。」麥斯會嘲弄說：「這正是你想要的生活，記得嗎？」然後團體會提出建議，我該如何在他回家後再次建立聯繫，而不會忽略他的身體狀況或孩子的需求。有人也許會建議約翰與我在他回來後安排一次性愛約會。

我也可以讓團體知道我週五在工作時與上司的對話。我很驚訝自己說：「我努力工作，表現很好。我不需要更多金錢或大辦公室，但我希望聽到謝謝你。」我在過去三十天交出了破紀錄的簡報，希望得到認可。布萊德會對我豎起大拇指，然後鼓勵我要求更大的辦公室。還有加薪。派翠絲會與我擊掌。在工作上，我不太能設下界線，並拒絕接受不被感謝與沒有明顯好處的工作，但至少我說出了要求認可。

團體也會對我家在週末的暴衝感到有趣。

我的孩子有一場鋼琴演奏會，他們對這個活動的喜愛排在洗牙與流感疫苗之下。當他們去演奏廳的時間到了，孩子們的抗議是穿上破舊的短褲與睡衣。約翰與我解釋這個活動要穿比較正式的衣服，強調我們應該尊重其他學生、老師，與他們所做的準備。「想想你們練習《聖者的行進》多少次。」他們的反應是跺腳與用力關門，並在街上拒絕走在我們旁邊。

我很確定我會收到一封手寫的信，如我不讓他們買大包的軟糖時所收到的：**親愛的媽媽，謝謝你毀了我們的生活**。但他們沒時間寫信。我會告訴團體，我設法慶祝了我孩子的強烈情緒，而沒有要他們乖乖當個小孩。我效法了羅森醫師二十分鐘，然後才失去端莊，咬牙怒斥他們像樣一點。我們來到演奏會時已經遲到，大家都氣沖沖的。

其他人的怒氣仍會讓我害怕，但我知道這是親密關係的一部分。我知道容許是沒關係的。我盡力用深呼吸來應對。

我的所有原始衝動仍活在我之中，等待著。衝動想保密我與食物之間的奇怪關係；衝動想責怪約翰，因為他出差了幾天，回來後理性決定把精神放在孩子身上；衝動想陷入絕望，而不是深呼吸來感受所有浮現的情緒；衝動想接受工作上的挫折與不被重視，而不是慎重地表達我的想法與情緒、我的希望與需求；衝動去做任何事情好讓別人不生我的氣。

我仍需要幫助來克服這些衝動。我需要幫助來想出最好的字眼以描述我的情緒。說出我眞正的渴望，就算我感到羞愧。包容其他人的強烈情緒。包容我自己的。

有時我會碰到以前的羅森病人。「你還跟著羅森醫師？」他們問。「對，我是固定班底之一。」我有衝動想解釋，我不是無望地破損或被困在災難模式。我有了當自己初次進入羅森醫師辦公室所渴望的情感關係。現在，我需要幫助來加強。

我有了新的夢想：更有創意的生活；與我兩個孩子的親密關係能邁向他們中學、高中，以及更遠；優雅地度過即將來臨的停經，與照料住在三州之外的年邁雙親。

羅森醫師與團體引導我度過剛成年後的問題。何不也處理中年問題？我難道不應該有人支持與見證？有一個地方來提出我的困惑與內心掙扎，就算我不再拔自己頭髮或開車希望被流彈擊中腦袋？我爲何要結束？只因爲我們的自立自強文化說，心理治療應該在三十個療程之內就見效與完成？羅森醫師讓我們可以終生受用，只要我們願意。而我願意。

列車到站後，我朝西走兩條街到羅森醫師的辦公室。前方，我看到一位一年前加入團體的新成員。他三十來歲，一位高明的醫生，會說六種語言，厭倦了孤單一人。他在芝加哥沒有朋友可共度週末，他交往的女人總是在第二次約會後就消失不見。他在聚會中悲嘆可能永遠無法改變自己畢生的狀態。他擔心永遠無法有自己的家庭，要改變已經太遲了。

我借用了團體成員的步數，他們安慰了我這麼多年。當他陳述又一個女人沒有回覆他的簡訊，我拍拍他的手臂。當他報告做出了他不想做的事來試圖贏取一位已有對象的女子，我安慰著他。我也經歷過。我也做過這種事。你有沒有聽過我吸髒老二？我在週日下午或週二晚上會接聽他承受不了孤單的電話。我告訴他，我毫無疑問相信他開始了轉變生命的過程。在聚會中，當羅森醫師安慰他，參加聚會與分享自己就足夠了，他轉頭看著我，我點點頭。

「我保證，這樣就足夠。」

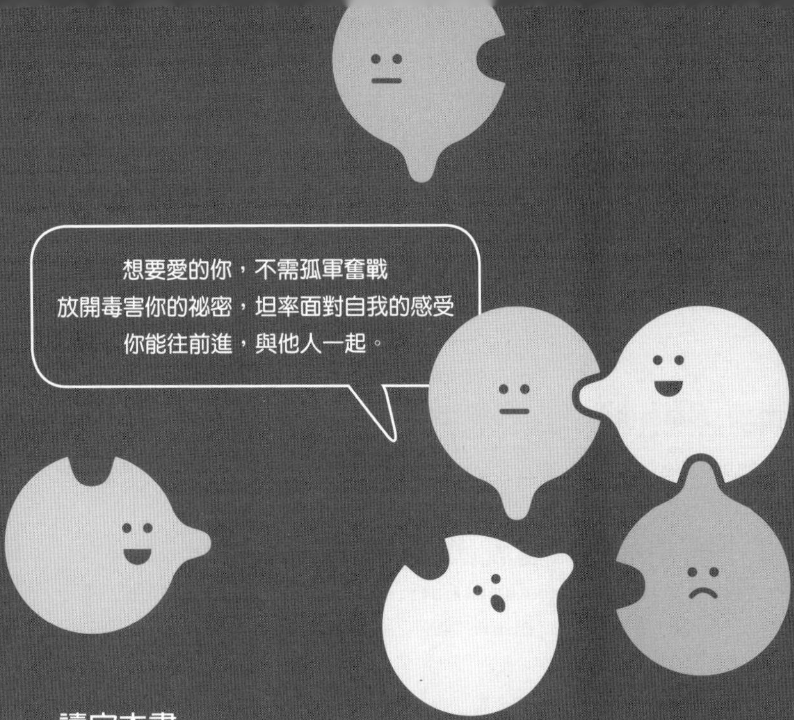

讀完本書，
你是否想瞭解改變作者的魔力？

隨書超值好禮送給你！

購書即可上網免費下載，一次擁有
「精采導讀」「讀書會討論議題」「作者訪談」三大精華

請上圓神書活網
（https://www.booklife.com.tw）
搜尋《你不需治療，只需說出口》
進入書籍介紹頁直接下載

國家圖書館出版品預行編目資料

你不需治療，只需說出口：心理師和那群拯救我的人/克莉絲蒂・塔特（Christie Tate）著；魯宓譯. -- 初版. -- 臺北市：究竟出版社股份有限公司，2021.03
368 面；14.8×20.8公分 --（心理；62）
譯自：Group : how one therapist and a circle of strangers saved my life
ISBN 978-986-137-313-3（平裝）
1.塔特（Tate, Christie） 2.自傳 3.心理治療 4.團體輔導
785.28 110000376

Eurasian Publishing Group
圓神出版事業機構
究竟出版社
Athena Press

www.booklife.com.tw reader@mail.eurasian.com.tw

心理 062

你不需治療，只需說出口：心理師和那群拯救我的人
Group: How One Therapist and a Circle of Strangers Saved My Life

作　　者／克莉絲蒂 塔特（Christie Tate）
譯　　者／魯宓
發 行 人／簡志忠
出 版 者／究竟出版社股份有限公司
地　　址／臺北市南京東路四段50號6樓之1
電　　話／（02）2579-6600・2579-8800・2570-3939
傳　　真／（02）2579-0338・2577-3220・2570-3636
總 編 輯／陳秋月
副總編輯／賴良珠
責任編輯／蔡緯蓉
校　　對／蔡緯蓉・林雅萩
美術編輯／金益健
行銷企畫／陳禹伶・林雅雯
印務統籌／劉鳳剛・高榮祥
監　　印／高榮祥
排　　版／莊寶鈴
經 銷 商／叩應股份有限公司
郵撥帳號／18707239
法律顧問／圓神出版事業機構法律顧問　蕭雄淋律師
印　　刷／祥峰印刷廠
2021年3月　初版

定價 390 元　ISBN 978-986-137-313-3

Printed in Taiwan